지나간 것은 다 그리움이다

지나간 것은
다 그리움이다

글 · 이응수

북캐슬

지나간 것은 다 그리움이다

1쇄 인쇄 2012년 3월 5일 **1쇄 발행** 2012년 3월 15일
글 이응수 **펴낸곳** 도서출판 북캐슬 **인쇄** 삼화인쇄(주)
펴낸이 박승규 **마케팅** 최윤석 **디자인** 진미나
주소 서울시 마포구 서교동 463-3 성화빌딩 5층
전화 325-5051 **팩스** 325-5771 **홈페이지** www.wordsbook.co.kr
등록 2004년 3월 12일 제313-2004-000061호
ISBN 978-89-968367-0-4 03810 **가격** 12,000원
*잘못된 책은 바꾸어 드립니다.

Prologue

만남

  우리가 누구를 만난다는 것은 많은 의미를 갖습니다. 관계의 호불호(好不好)를 떠나 만나는 그 순간, 다른 운명의 인생을 살 수도 있다는 말입니다.
  세상의 모든 일은 누가 누구를 만남으로 해서 일어나는 현상들입니다. 그만큼 소중한 일들이지요. 그건 일상이기도 하며 역사이기도 합니다.
  세상에 태어나서 가장 먼저 만나는 사람이 부모입니다. 이미 그때 그 사람의 인생역정의 태반은 결정되었다고 봐도 좋을 겁니다. 그 뒤로 살아가면서 형제와 일가친척을 만나고, 친구를 만나고, 배우자를 만나고, 스승을 만나고, 종교를 만나고, 학문을 만나고, 예술을 만나고, 이런 만남들로 하나의 인격체로 형성된다고 봅니다.

그가 어떤 사람인지는 그가 만나고 있는 사람들이 누군지 알면 답을 쉽게 얻을 수 있습니다. 좋은 만남은 곧 내가 좋은 길, 좋은 삶을 살아가고 있다는 것이겠지요. 물론 사람만이 만남의 대상은 아닐 것입니다.

우리나라 고전 가운데 이본(異本)이 가장 많은 게 춘향전이라고 합니다. 무려 100여 종이 넘는답니다. 필사로 전해지다보니 저마다 가필로 윤색이 되어 그렇답니다. 그러니까 줄거리만 살아 있지 가지들은 여러 사람들의 이야기로 채색되어 있다, 그런 말인 것 같습니다. 이야기로 전해지다 보니 그건 어쩌면 필연적일 수밖에요. 아마 춘향전의 작자가 미상으로 전해지는 것도 그런 것과 무관하지 않을 겁니다.

〈열녀춘향수절가〉에 보면 남원에서 성춘향을 얻은 이몽룡은 상경해서 이판(吏判), 호판(戶判)에다 좌우 영상(領相)을 다 지내고 슬하에 3남 2녀를 두어 백년해로로 만세유전 했다고 되어 있습니다. 물론 성춘향이 정경부인이 된 건 말할 것도 없고요.

그런데 만약 오늘날까지 인판술이 없었다면, 거기에다가 나 같은 어중이떠중이를 만나 필사로 전했다면 그 말미를 이렇게 이끌어나가지 않았을까 한번 생각해봅니다.

"…청렴하고 올곧기만 했지 융통성이 모자란 이몽룡은 조직 내의 인화를 감당 못해 상경 한 달 만에 파직을 당한다. 그러나 산 입에 거미줄 칠 수는 없는 일, 이번엔 춘향이 발 벗고 생활일선에 나선다. 배운 게 도둑질이라 강남에서 기우는 한 카페를 인수한다. 자신의 미색에다 친정어머니인 퇴기 월매에게 어깨너머로 배운 노하우로 신장개업을 하자, 그날로 그 카페는 강남의 토호들로 문전성시를 이룬다. 마침내 그녀는 화류계의 새로운 여왕, 우리시대가 만들어 놓은 팜므파탈로 등장한다. 한편 이몽룡은 춘향의 주선으로 춘몽(春夢)문화재단을 만들어 그 이사장으로 재등장하니 그들의 명성이 천추만대에 길이 빛나더라."

윤색을 해도 너무 심하지 않았나 싶은 생각이 듭니다. 나도 모르게 내 가슴속에 흐르고 있는 속물근성이 작용한 건 아닌지 모르겠습니다. 이쯤 되면 아마 열녀 춘향이라기보다는 여걸이나 요부 춘향이 되겠지요.

아는 사람들 가운데 춘향전을 읽어봤다는 사람은 거의 없습니다. 그럼에도 불구하고 춘향 이야기를 모르는 사람도 거의 없습니다. 이를 보면 결국 춘향전은 모름지기 엉망이 될 수밖에 없는 숙명을 안고 태어난 이야기인지도 모르겠습니다.

더군다나 요즘에 와서는 이설이니, 퓨전이니 하는 말을 앞세워

〈변학도전〉, 〈월매전〉, 〈방자전〉, 〈향단전〉으로도 쏟아져 나오니, 어느 장단에 춤을 춰야 할지, 이상하게도 그만 춘향의 고귀한 명성이 엿장수 가위장단에 놀아나게 되고 말 운명에 놓였다고나 할까요. 잘 만나고 못 만남을 떠나, 만나는 사람들마다 들쑤셔놓았으니 그런 운명에 버려질 수밖에 없을 겁니다. 〈춘향전〉의 저자가 없다는 게 어떤 의미로는 다행인지도 모르겠습니다.

잘못된 만남은 서로가 비참하게 되는 경우가 많습니다. 바로 이것이 우리나라 최고 고전인 〈춘향전〉의 현주소입니다. 누가 누구를 만난다는 것은 바로 이런 엉뚱한 결과를 낳습니다.

"불우한 일생을 보냈다"는 말이 있습니다. 보통 '가난한, 또는 힘든' 삶을 보냈다고 해석하지만, 여기에서 '불우(不遇)'는 대상이 무엇인지는 모르지만 "만나지 못했다"는 뜻입니다. 참다운 상대를 만나지 못했기 때문에 일생을 불행하게 살았다는 이야기입니다.

되풀이하는 이야기지만 누가 누구를 만난다는 것은 그만큼 소중한 일입니다. 국민은 현군을 만나는 것이, 배우는 사람들은 멘토를, 그리고 결혼 적령기에 있는 사람들은 훌륭한 배우자를 만나는 것이 좋은 만남이 될 것입니다.

우리가 잘 알고 있는 강태공은 50여 년을 위수에서 낚시로 세월을 보내다가 주나라 문왕을 만나 훌륭한 재상이 되었습니다. 우리 국어사전에도 나오는 '궁팔십, 달팔십(窮八十, 達八十)'의 주인공으로 여든 나이에 '불우'에서 헤어나 뜻을 이룬 사람입니다. 바로 좋은 만남은 그런 것입니다.

  오늘을 살고 있는 우리는 누구 할 것 없이 만남들로 해서 오늘을 만들어 왔으며, 앞으로도 계속 만남을 통해 새로운 삶을 열어갈 것입니다. 어떤 만남이든 만남은 다 의미가 있으며, 운명적이지 않는 것이 없습니다. 이런 좋은 만남을 오래 오래 보듬기 바랍니다.

  잠시나마 외람되게 춘향을 아무렇게나 갖고 놀아 송구스럽습니다.

2012년 봄

이 응 수

 차 례

프롤로그 · 만남 5
차례 10

하나, 나는 누구인가

까치밥은 없다 16

너의 불행이 나의 행복(?) 21

무소유, 글쎄요…. 28

왜 노사정(勞使政)인가 36

저런 씨팔눔이 42

돈, 돈, 돈 52

결론 없는 논쟁 65

둘,
새벽 미명을 바라보며

묘지 공화국　　76
다방마담의 주례사　　88
100세 장수, 행복인가 재앙인가　　102
사랑 공해　　113
묘수와 꼼수　　121
거름지고 장에 가는 사람들　　130
'…위하여'를 위하여　　141
어떤 행복론　　147
마지막 남은 떡 하나　　155

셋,
세월 끝나는 곳에 서 있는 사람들

아웃사이더(Outsider) 신드롬　164

드레스코드(Dress-code)　171

고스톱, 국민오락?　177

떠나는 사람들　190

이름값이냐, 작품값이냐　200

친구여, 아! 친구여　212

미완성의 완성　221

아담과 이브의 사랑싸움　226

거짓말 하여가(何如歌)　234

넷.
지나간 것은 다 그리움이다

아파트 골목길　　248

'월드메르디앙' 아저씨　　254

그 푸르른 날들은 어디에　　260

마른 꽃 걸린 창가에서　　268

스마트폰, 그 올레길을 거닐며　　274

달빛 연가　　282

운명　　288

두견총(杜鵑塚)을 아시나요　　296

절(인사)과 악수　　303

하나,
나는 누구인가

당신은,
자신과 마주해본 적이 있나요?

조용한 올레길
혼자서 한 시간만 걸어보세요.
내 안의 또 다른 내가 도반(道伴)으로
나를 맞아줄 것입니다.

그리고
당신이 어떤 사람인지
스스로에게 이야기해줄 것입니다.

까치밥은 없다

 늦가을, 아니 초겨울이 더 좋겠다. 그때쯤이면 시골의 키 큰 감나무들은 빨갛게 홍시가 된 감을 몇 개씩 달고 있다. 높고 푸른 하늘을 배경으로 앙상한 감나무 우듬지에 달린 그 감들은 시골의 정취를 한껏 아름답게 만드는 그림이다. 우리나라 가을 농촌풍경의 대표적 장면이라고 해도 좋을 것이다. 우리는 곧잘 그렇게 달린 감을 까치밥이라고 말한다.
 까치밥.
 이 얼마나 정겹고 고운 이름인가. 거기에 담긴 이야기를 들으면 더군다나 놀랍다. 자연이 우리에게 베푼 은총을, 그 혜택을 인간만 누릴 것이 아니라, 까치와도 함께 나누자는 배려가 담겨 있으니, 그 마음씨 또한 얼마나 고운가. 인간의 후덕함과 생색이 뭉클 배어나는 미담이다.

어느 핸가 늦가을에, 지금은 고인이 되었지만 〈대지 Good earth〉의 작가 펄 벅 여사가 우리나라에서, 빈 수레를 끌고 가는 소 옆에서 지게에 짐을 따로 지고 가는 농부에 이런 질문을 했던 모양이다.

"수레를 두고 왜 힘들게 짐을 지고 가시나요?"

"오늘 밭 가느라 소가 너무 고생을 했습니다. 그래서 짐을 좀 들어주려고 그럽니다."

이 말을 들은 펄 벅 여사가 한국 농부의 심성이 참으로 아름답다고 피력해 놓은 글을 오래 전 신문에서 본 일이 있는데, 아마 까치밥 이야기를 듣는다면 또 한 번, 이번엔 무릎을 쳐며 감탄하지 않았을까.

그런데 과연 정말로 인간이 까치와 나눠 먹기 위해, 다시 말해 상생과 배려심으로 감을 따지 않고 달아놓은 것일까? 배려가 아닌 인간의 알량한 속성이 사탕발림으로 묻어 있는 감언이설(甘言利說) 류의 생색이 아닌가 하는 그런 생각이 문득 고개를 든다. 양심과는 거리가 있는 낯간지러운 말장난으로 보인다는 이야기다.

나는 어린 시절을 시골에서 보냈다. 우리 집에만 감나무가 세 그루가 있는 그런, 감나무와 더불어 어린 시절을 보냈다. 우리 옆 동네 이름이 '감나무골'이라면 알만 할 것이다.

5월이 되면 나는 새벽마다 눈등을 비비며 감꽃을 주우러 이집 저집 돌아다녔다. 그걸 실에 염주처럼 꿰어 말려 두었다가 새콤함이

덜해지면 주전부리로 먹곤 했다. 감꽃이 떨어지고 달포쯤 지나면 감이 병뚜껑 만하게 자란다. 그쯤 되면 감나무는 자기 힘에 알맞은 양만 달아두고 나머지는 저절로 떨어트리는데, 우리는 또 이 낙과를 주우러 감꽃이 필 때처럼 부지런히 골목을 기웃거렸다.

그것을 소금물에 한 이틀쯤 담가 삭혀먹으면 그 즐거움 또한 지금 기억으로는 대단한 것이었다. 주전부리라곤 그런 것밖에 없던 당시로서는 그것도 경쟁이었다.

그렇게 어린 시절을 감나무와 함께 자라면서도 그때는 까치밥이라는 말을 한번 들어보지 못했었다.

감나무 우듬지에 몇 개 남아 있는 감을 까치밥이라 부른다는 건 뜻밖에도 서울 사람들이 쓴 동화책을 보고 처음 알았다. 그것도 어른이 다 된 뒤에서다. 조금 미심쩍긴 하나 사람에 따라서는 그렇게도 생각할 수 있겠구나, 그렇게 파악하고 보니 일견 그럴싸하기도 했던 것이다.

한 번 더 제기해, 과연 그 까치밥은 우리가 까치들을 위해 배려의 차원에서 달아놓은 감일까.

남이 공들여 만들어놓은 미담에 초를 친다는 건 좋은 모양은 아니다. 그러나 그건 까치밥으로 둔 게 아니고, 다 따고 싶지만 힘이 미치지 못해 그냥 달아둔 것뿐이다. 다른 사람들은 어떻게 생각하고 있는지 모르지만, 나는, 내 경험으로는 그렇게밖에 생각할 수가 없다. 어쨌거나 까치가 먹으니까 까치밥이 맞는 건 사실 아니냐고 반문한다면 거기엔 할 말이 없다.

자연산 감나무는 꼭지가 엄청 높다. 그리고 감나무는 은행나무나, 밤나무 같은 유실수에 비하면 가지가 약해 잘 부러진다. 많이 올라가봤기 때문에 누구보다 나는 잘 안다. 사다리를 놓고 따보기도 했고, 장대 끝을 쪼개 틀을 만들어 감나무가지를 꺾어 따보기도 했고, 홍시 같은 건 주머니를 달아 따기도 했다. 그렇더라도 아주 높이 꼭지에 달린 건 포기할 수밖에 없다. 잘못되면 사람이 다칠 수 있으니까 말이다.

이왕 이렇게 되었으니 아깝긴 하지만 인심이나 쓰자, 이건 까치 몫으로 남겨두는 거야, 그래서 '까치밥' 이야기가 탄생되지 않았나 생각된다.

이솝우화에 이런 이야기가 있다.

여우가 포도나무 밑을 지나다가 넝쿨에 매달린 포도를 발견했다. 배가 고픈 참에 마침 잘되었다고는 폴짝폴짝 뛰어본다. 하지만 너무 높이 달려 따먹기가 쉽지 않았다. 이윽고 제 능력으로는 불가능함을 알고 포기한다. 여우는 한사코 이런 말을 남기고 떠난다.

"참 포도는 시잖아, 나는 원래 신 건 안 좋아했지."

자신의 부족함을 넌지시 상대방한테 덤터기 씌어 스스로 위안을 삼는다는 이야기다. 자신의 무능력을 합리화시켜 자구책으로 만드는 일종의 기만행위다. 여우는 약고, 영리하고, 영악한 동물로 우리는 알고 있다. 그래서 여우를 빗대 그런 우화가 생겨나지 않았나 생각해본다.

우리가 못다 딴 감나무의 감을 까치의 먹이로 배려, 까치밥으로 이름 지은 것도 같은 발상으로 본다는 이야기다.
　까치밥이 정말 인간의 참된 배려에서 비롯되었다면 사과나무에도, 배나무에도, 오얏나무에도, 참외밭에도, 다 까치밥이 있어야 옳다. 그런데 왜 하필이면 유실수 가운데 가장 키가 큰 감나무에만 까치밥을 달아놓았을까. 이거야 말로 편협하고 아리송한 배려가 아니고 무엇인가. 만약 그게 아니라면 이 반론은 누가 어떻게 설명할 것인가.
　배려라는 말을 다시 한 번 생각해보자. 얼른 보기엔 무척 아름다운 단어로 보인다. 관용, 베풂, 아우름, 감싸안음 등 자존의 인간적인 좋은 감정은 다 녹아있는 말로 들린다.
　그러나 한발 물러서서 생각해보면 다른 냄새가 나는 데야 어쩌랴. 내 힘으로는 닿지 못한, 패배의 못마땅함을 해결하는 자구책의 한 방법으로, 화해를 가장해서 먼저 내미는 약자의 가증스런 손짓일 수도 있다는 말이다. 거기에는 그런 인간의 알싸한 속성이 묻어 있는 것이다.
　감나무 우듬지에 몇 개 달린 홍시, 남들은 까치밥이라는 인간미가 푸근하게 담긴 이름까지 지어놓고 좋아들 하고 있는데, 혼자 괜히 엉너리 짓을 하는 것 같기도 하다.
　이유가 어디에 있든 까치밥은 어디까지나 까치밥이리라. 세상 사람들이 다 그렇다는데 혼자 우겨서 될 일은 아니니 말이다.

너의 불행이 나의 행복(?)

 우리 집 베란다에는 폭 두 뼘, 높이 대여섯 뼘쯤 되는 동백분재가 하나 있다. 꽃집 차린 친구를 축하하러 들렀다가 구입한 것이다.
 구경만 했지 분재라고는 생전 처음인데다가, 모처럼 밑천까지 들여 마련한 것이라 잘못 키워 죽이면 어떡하나 걱정을 했더니 친구 이야기가 걸작이다.
 "굶겨서 키워야 한다. 볕 잘 드는 데 내놓지 말고. 다른 화분 물줄 때 물이나 조금씩 줘라. 잘 키우겠다고 거름 같은 거 자꾸 주면 나무 죽인다. 그럼 되는 거야. 이상한 거 같거든 들고 와라. 내가 키워주마."
 걱정에 비해 방법은 쉽고 간단했다.

그의 이야기인 즉, 분재는 실존의 축소판이라 너무 커도 가치가 없으니 목숨이나 연장시켜 나가라는 주문으로, 본래 그렇게 고생시켜 키우는 것이 분재라는 것이다.

분재를 직접 키워보지는 않았지만 구경은 많이 했다. 언제 봐도 앙증맞고 아름답다. 멋들어진 분재는 꼭 아이들한테 예복을 입혀 내놓은 것처럼 한번 붙은 눈길이 잘 떠나질 않는다. 그리고 그런 걸 볼 때마다, 참 재주도 용하다, 어떻게 나무를 저렇게 키울 수 있을까, 나중에 나도 기회가 닿으면 저런 분재를 들여 한 번 키워봐야지 생각했던 것이다.

기암절벽에서 만고풍상을 이겨낸 고목이며, 여러 가지 풍물 형상을 한 분재를 대하노라면, 그리고 그런 고상한 분재를 사시장철 옆에 두고 감상하며 사는 사람들을 생각하면, 그 분재와 함께한 그런 사람들까지 귀공자처럼 품위 있게 보이기도 했었다.

그런데 분재를 직접 키워보니 그게 아니었다. 당하는 나무도 그렇지만, 그렇게 관리를 해야 하는 사람도 서로가 할 짓이 아니었다.

옆에서 가만히 들여다보고 있노라면 그리도 가련하고 불쌍해 못 볼 지경이다. 어쩌자고 나무를 이 지경으로 만들어 놓았는가 싶은 생각이 먼저 든다. 마디마디 비틀고, 꿍쳐서 어느 곳 하나 성하게 제대로 자라도록 둔 곳이 없다. 곳곳이 칼자국이며 상처투성이다. 담은 그릇까지 모양 찾느라고 작고 얕은 것을 써 뿌리마저 마음대로 뻗을 곳이 없다. 거기다 제대로 얻어먹지도 못하니 세상에 그런 고통이 어디 있는가.

나는 분재를 고사목(枯死木)같은 사경을 헤매는 나무들을 가져다가 재생시켜 키우는 것쯤으로 생각했던 것이다. 그래서 정원사의 마음까지도 착하거니 생각했다. 그런데 실상을 알고 보니 그게 아니었다. 물론 그런 것도 전혀 없는 것은 아니지만 대부분은 딴판이다.

산야에서 멀쩡하게 잘 자라는 나무들을 뽑아다가 톱과 칼로 자르고, 철사로 비틀어 묶어 곱사등이에 난쟁이를 만들어놓고, 그것을 보기 좋다고 희희낙락 즐기고 있는 것이다.

심지어 무슨 나무건 이상한 형상을 한 가지가 보이면, 그 부위에다가 흙을 처발라 뿌리를 그쪽으로 내리게 해서, 그 부분을 싹둑 잘라다가 분재를 만든다는 이야기를 들었을 땐, 아무리 상대가 말 못하는 식물이라지만 너무한다는 생각이 든다. 학대도 이런 학대가 없다. 솔직히 천벌 받을까 겁도 난다.

괴로움을 참고 버티며, 역경을 헤치며 살아가는 그들의 애처로운 승리를 감상하는 것이 아니라, 멀쩡한 놈을 데려다 꺾고, 자르고, 비틀어서는 그들이 괴로워하는 고통을 구경하고 있는 것이다.

그런데 사람들은 그것을 보고 예술작품을 감상한다며 입을 벌려 탄성도 지르고 손뼉을 치기도 한다. 세상에 이런 악취미가 어디 있는가.

하루는 다른 화분에는 물을 줄만큼 다 주면서도, 유독 분재에만 물을 아끼는 것이 죄를 짓는 듯한 기분이 들어 식물원 친구에게 전화를 한번 냈다.

"분재를 키우면서 느낀 건데, 사람 할 짓이 아니다. 우리가 너무 잔인한 거야. 양계장에 닭 가두어놓고 키우는 거 한 번 봤제. 마음대로 고개도 한번 돌리지 못하는 좁은 통에다 가둬놓고, 먹고는 알만 낳도록 해놓았잖아. 난 그걸 보고도 그런 생각을 했는데, 사람한테 인권이 있다면 그들한테도 최소한의 누릴 자유는 줘야 하는 거 아냐. 이거 우리가 힘 있다고 너무 하는 거 아닌지 모르겠다."

그러나 그의 대답은 전혀 뜻밖으로 돌아왔다.

"여기 휴머니스트가 또 한 사람 났구먼."

"아니, 내 말이 잘못된 거여?"

"우리 쉽게 얘기하자. 돼지는 왜 잡아먹나? 어떤 방법으로든 죽여야 우리가 먹을 거 아냐."

"야 이 사람아. 그것과는 다르지."

"다르긴 뭐가 달라. 똑같은 거지. 난 그런 얘기 수도 없이 들어, 이젠 아무렇지도 않아. 자네한텐 놀란 발견이지만 내겐 뉘 집 개가 짖는가보다, 정도라고."

"…"

"내가 얘기 하나 할게. 공옥진이라고 들어봤지. 요새는 잘 안 보이더라만 왜, 병신춤 추는 사람 있잖아. 장애인들이 그 사람 무대에 오르는 걸 보면 어떻게 생각하겠어. 언젠가 얘기 들어보니까 본인도 그런 걸 다 알고 있더라고. 그들의 눈총이 어떻다는 걸 말야. 더 얘기는 안 할게. 서로가 고통인 거야. 하지만 좀 더 멀리 보라구. 예술행위로 승화시켜 보란 말야. 남사당놀이에 곱사등 춤이 필요한 것도 마찬가지 아냐. 이제 좀 이해가 되냐."

"하긴 세상 사람들이 다 그걸 보고 즐기는데 내가 뭐 잘났다고…."

"이왕 얘기가 나온 김에, 우리 인간이 얼마나 잔인한가 하면, 경마장에서 어쩌다가 삐걱해 다리 부러져 나온 경주마 있잖아. 그런 말, 상처가 심하면 치료도 한번 안 해준대. 그대로 용인 동물원에 맹수 먹이로 가는 거야. 그중 운 좋은 놈은 종마(種馬)로 지내는 수도 있다 그러더라만, 그건 극소수고. 말로 태어난 거, 나무로 태어난 걸 원망한다면 모르지만 나한테는 그런 말 안 먹힌다. 알았제."

"그거 너무 비약하는 거 아닌가."

"너두 참 딱하다. 세상일이 다 그런 거 아니냐. 잘은 모르겠다만 예술작품이란 게 원래 다 그런 거 같더라. 명작이라는 소설이나 영화를 한번 봐라. 주인공들이 모두 하나같이 기구한 운명을 짊어지고 살아가고 있잖아. 반대로 그들이 부잣집에서 태어나, 호의호식으로 할 일 다 하고 평범하게 살아간다고 해봐, 그걸 누가 무슨 재미로 보겠나. 나도 첨엔 너같이 그런 부처님 생각도 해봤는데, 그건 아니더라고. 낚시나 사냥도 마찬가지 아냐. 우리는 스포츠니, 레저니 하고 즐기고 다니지만 그거 다 살육행위 아냐. 운이 나빠 우리가 물고기 처지에 있다고 생각해보라고. 통탄할 일….'

"됐다. 이제 알았으니까 그만하자고."

내가 서둘러 그의 말을 끊는다.

친구의 일가견이 제법 전문가다운 냄새를 풍긴다. 말을 들어보니 그런 이야기를 처음 듣는 건 아닌 듯했다. 그러나 좀 더 세월이 흐르면 생각이 바뀔는지 모르지만, 아직 나에게는 그의 대답이 시원하게 받아들여지지 않는다.

식물이건 동물이건 햇빛도 보고, 비바람도 맞고, 더우면 더운 대로, 추우면 추운 대로 계절이 가져다주는 자연환경과 더불어, 그들에게 주어진 해방을 마음껏 누리고 살아야 그게 바람직하고 행복한 삶일 것이다.

못할 짓을 다 해, 남을 불구의 상처투성이로 만들어놓고 그걸 좋다고 감상이라니, 이거야말로 너의 불행을 나의 행복으로 즐기고 있는 것과 무엇이 다르랴. 너무 감상(感傷)에만 젖은 감상법은 아닌지 모르겠으나 아직 시원하게 해방이 안 된다.

우리 인간에게는 본능적으로 가학성(加虐性) 쾌락을 얻으려는 심성이 숨어 있다. 사냥을 즐기고, 낚시를 즐기고, 하는 것도 그 바닥엔 약육강식의 생존본능이라기보다, 그 즐거움에 더 비중을 두는 것 같아 마음이 무겁다.

그래서 그런지 언제부터인가 분재를 들여다보고 있노라면 화초를 본다는 즐거움보다 딱한 생각이 들 때가 더 많다. 심지어는 감옥 같은 구석방에다가 사람을 가둬두고 종일 주먹밥 하나로 연명시키는 듯한 죄의식을 느낄 때도 있다. 같은 생물로서 역지사지의 처지에서 생각해보자. 이 얼마나 가혹한 형벌이며, 학대인가. 이런 게 나만이 생각하는 알량한 감정의 낭비인지, 다른 사람들도 더러 그렇게 생각하는지는 잘 모르겠다.

작년 가을, 분재가 좀 이상한 것 같아 친구를 찾았더니, 이것도 하나의 작품인데 이리 뒀다간 분재를 다 버리겠다며, 웃자란 순은 잘라주고 휘어진 가지에는 철사를 다시 감아주었다. 지금도 분재는 마치 구렁이한테 감긴 것처럼 답답한 몸뚱이로 힘겨운 나날을 보내고 있는 상태다.

이름난 수목원의 '토피어리'라고, 나무의 형상을 동물모양으로 망가뜨려놓은 것들이며, 자연스럽게 자라야할 농원의 과수(果樹)들까지도 요즘은 난장이에다 곱사등으로 만들어 놓는다. 과일 따기가 어렵다고 사람들 키에 맞춰 키우다보니 그렇게 된 것들이다.

요즘 수상하게 떠벌리고 있는 상생이며, 윈윈(Win-Win) 세상이란 게 다 우리 인간만이 잘 살겠다고 내세우는 세상은 아니라고 본다. 모든 동식물과 더불어, 다시 말해 자연과 더불어 모든 구성체들이 서로 돕고 도우며 조화롭게 어울리는 세상이 아름다운 세상일 것이다.

베란다에 있는 저 동백분재가 우리 집에 와서 한 식구가 된 지도 그럭저럭 사오 년쯤 된다. 나의 답답한 속을 저 분재가 어찌 알랴만 그런 푸대접 속에서도 해마다 여남은 송이씩 자줏빛 화사한 꽃을 피워주니 그렇게 고마울 수가 없다. 아니, 대하기가 민망하고 송구스럽기까지 하다.

"세상에 어느 것 하나 필요에 의하지 아니하고 생성(生成)되는 것이 어디 있겠는가."

조용히 이렇게 뇌어 자신을 다독거려본다.

무소유, 글쎄요….

어쩌다 아파트 단지의 운영위원을 뽑는 선거관리위원 일을 보게 돼 호별 방문한 일이 있었는데, 내 눈에 재미있는 집이 하나 들었다.

현관 붙박이 신발장 외에 또 신발장을 하나 더 만들어 놓은 집으로, 신발장에 여자신발이 가득했다. 흡사 신발가게 진열장 같았다. 종류도 다양해서 장화에서 샌들에 이르기까지 형형색색이다. 얼른 눈대중으로도 백 켤레는 넘지 싶은 숫자다.

다른 집에 없는 신발장이 하나 더 자리하고 있는 현관이 불편할 만큼 좁았다. 알아보지는 않았지만 많은 신발을 필요로 하는 예능계 종사자는 아닌 것 같고, 일단 내 눈에는 좀 그랬다.

"아이고, 신발이 참 많습니다."

나도 모르게 내 입에서 나온 말이다.

"예, 좀 그렇습니다. 전부 우리 집사람 건데…."

구체적인 설명은 없었지만 아마 부인이 신발을 수집하듯 좋아하기 때문에 그렇게 됐다는 듯한 표정 같았다. 여느 집과는 다른 현상이 호기심을 유발했으나, 한 짝 보태준 일도 없이 타박조로 묻는 것이 그렇고 해서 혼자 속으로만 남다른 취향을 가진 사람이구나, 조금 심하게는 이집 남편이 골치도 좀 아프겠구나, 내 나름대로만 짐작하곤 나왔다.

그 댁 신발장이 쉽게 망막에서 지워지질 않았다. 가끔 "세상에 이런 일이" 같은 TV프로그램에 그런 내용이 한 번씩 등장하곤 해도 대수롭잖게 넘겼는데, 우리 이웃에도 그런 사람이 있다는 게 조금은 다르게 받아들여진 것이다.

집에 와서 아내한테 이야기삼아 꺼내놓았다. 나도 모르게 부정적인 뉘앙스로 지껄였는지도 모르겠다.

"이런 사람도 있고 저런 사람도 있지 그게 뭐 큰 얘기꺼리라고. 돈이 없어 그렇지, 누구든 다 하고 싶은 거 아니우."

대수롭잖다는 대답이었다. 자기가 아는 사람들 가운데도 옷가지가 많아 노는 방 하나를 온전히 농짝 대신으로 쓴다는 얘기를 덧붙였다.

"신을 하루에 한 켤레씩 돌아가면서 신는다고 해도 너덧 달 만에 차례가 돌아올 판인데 그걸 어느 천 년에 다 신는단 말야. 어디 우리야 한 사람이 많아야 서너 켤레밖에 더 돼."

"사람 싱겁긴. 딴 데 가설랑 당최 그런 말 꺼내지도 말아요. 욕 얻어먹기 십상이니."

"저런 사람들이 법정의 〈무소유〉를 한번 읽어봐야 하는데…."

이윽고 내 입에서 나온 말이다. 자신이 살아가는데 직접 필요 없는 것, 거추장스러운 것, 생활에 방해가 되는 것, 그래서 운수납의(雲水衲衣) 생활에 방해가 된다며, 누가 주는 난초화분 하나도 혹 죽이게 될까 걱정한 법정의 무소유론을 한번 꺼낸 것이다.

"참, 걱정도 팔자다. 혼자 조선 걱정은 다 하고 있네. 그 사람도 다 필요해서 샀겠지. 나도 돈만 있어 봐라. 그보다 더 샀으면 샀지 적게 사진 않았을 거구먼."

내 말이 못마땅했던지, 아내가 염장을 지른다.

"…."

입을 다물었다. 잘못하다간 일이 엉뚱한 방향으로 뛸 조짐이 보여서다.

"그럼 하나 물어보자. 당신 책 사는 거, 그거 다 읽을라고 사는 거요. 내 알기로 반은 안 읽었지 싶다. 그거랑, 저거랑 뭐가 다른데?"

그만 말문이 탁 막힌다. 해마다 걸러내도 아이들이 사놓은 것들을 보태 5, 6백 권은 될 책이 서가에 꽂혀 있다. 사실 거기 있는 책 반은 제대로 못 읽은 책이다. 가운데는 머리글만 읽고 덮어둔 것도 있다.

"당신도 참, 책하고 비교해서는 안 되지."

"그거는 당신 생각이고. 그 사람들한테 한번 물어봐요. 어떤 말이 나오는강. 어떻게 신발을 책에다 비교하느냐 그럴 거요."

이야기는 그밖에도 더 오갔다. 인터넷으로 찾아보면 더 쉽다면서 백과사전은 왜 거기다가 신주처럼 모셔 놓았느냐는 이야기에서부터, 스님이야 당연히 무소유를 찾아야지, 그런 사람들이 호의호식으로 산다고 해서야 누가 따르겠느냐며, 일반인들을 그런 스님의 잣대로 재지 말라는 이야기까지.

그때서야 내 머리를 치는 게 하나 있었다. 미국의 크리스토퍼 차브리스가 쓴 〈보이지 않는 고릴라〉라는 인지심리학(認知心理學)을 다룬 책이다. 동영상 속 패스 회수를 맞추는 퀴즈게임 사이사이에 고릴라를 등장시켰는데 게임이 끝난 뒤 출연자들한테 물어보니, 태반이 고릴라를 못 봤다는 내용이다.

인간이 무척 똑똑한 척 해도 외곬생각으로 곧잘 자가당착에 빠지는 '착각 않는다는 착각'에 휘말린다는 걸 꼬집은 내용이다. 다시 말하면 한번 이데올로기에 젖으면 그보다 훨씬 뛰어나고 중요한 정보가 눈앞에 있어도 모르고 지난다는 '주의력 착각'에서 허둥대기 십상이라는 주장이다. 운전자들의 과속에는 보행자들이 튀어나오지 않으리라는 생각, 의사가 가위를 환부에 넣어둔 채 봉합하지는 않는다는 생각, 이런 것들을 착각의 예시로 들어 놓았다.

지금은 모두 고인이 되었지만 나는 종교인들 가운데서도 그쪽의 노벨상이라고 하는 템플턴상을 받은 한경직 목사, 김수환 추기경, 법정 스님 같은 분들을 좋아한다. 종교적 어떤 위업보다는 그들의 삶이 투명하고, 소박하고, 우리와 멀리 있지 않았기 때문이다. 따라서 그분들의 말씀을 새겨듣고자 노력했다. 내가 법정의 무소유를 받아들인 것도 모두 같은 맥락이다. 그런데 그게 생각지도 못한 이웃집 신발이야기에 휘말려 흔들리고 있는 것이다.

한때 '인지의 부조화'라는 말이 신문에 오르내린 일이 있었다. 타블로라는 가수(힙합그룹 에픽하이)가 미국 스탠포드대학 졸업학력에 대한 일부 네티즌들의 시비로 옥신각신한 일이 있고난 뒤의 일이다. 당시 매스컴에 의하면 분명히 졸업장을 보였는데도 그걸 인정하지 않는 사람들이 있다는 것이다. 이를테면 미국 명문대학까지 나온 사람이 딴따라 판에 뛰어들 턱이 없다는 일종의 이데올로기 작용이다. 나중엔 한 기자가 직접 스탠포드대학을 방문, 확인까지 해서 사실을 밝혔지만 그 의문은 여전히 떠돌아다녔다. 당시 문화비평가로 나온 한 교수는 한번 부정한 사람은 아무리 확실한 거증을 내놓아도 계속 부정하게 되어 있다는 이야기를 학문적으로 풀어놓기까지 했다.

"하숙생", "우리애인은 올드미스" 등을 부른 60년대에 등장한 가수 최희준을 당시 우리는 그냥 '가수'라 부르지 않고 '학사 가수'라 불렀다. '대머리 총각'을 부른 김상희도 마찬가지다. 무대에서 사회자가 그들을 소개할 때는 꼭 '학사'라는 말을 넣었다. 그 이면엔 대학까지 나와서도 가수가 된다는, 가수의 질이 그만큼 높아졌다는 뜻이 포함돼 있었다.

나는 반려동물이라며 개를 방안에 들여놓아 사람과 같이 생활하는 걸 별로 좋아하지 않는다. 개는 가축이고, 따라서 다른 가축들과 같은 방법으로 키우기를 바라는 사람이다. 동물의 본능적 생태 면에서도, 위생상으로도 그게 옳다고 본다. 반려의 뜻이 뭔지나 알고 하는 얘기냐며 따지고 싶은 게 솔직한 내 심정이었다.

그런데 그게 흔들릴 판이다. 의외로 많은 사람들이 개를 좋아한다. 아파트에서는 이웃에 불편함을 준다고 해서 애완동물을 못 키우게 하고 있는데도 알게 모르게, 개와 같이 생활하는 사람들이 많다. 밥상에 둘러앉아 같이 밥을 먹는 걸 나 혼자만 어처구니없는 눈으로 보고 있었던 것이다.

"별난 인생"이라는 TV 프로그램에서 보니 개를 사랑할 줄 아는 남편을 만나지 못해 아직 결혼을 못 했다며 쉰 나이가 넘도록 10여 마리의 개와 같이 살고 있는 처녀(?)가 있었다. 비행기 사고로 사망한 초대 유엔 사무총장 헤머슐드는 T.S. 엘리엇의 시를 이해하는 여성을 만나지 못해 평생을 독신으로 지냈다고 하는데 이들과 비교한다면 내가 너무 짓궂은 생각을 한 것일까.

필리핀의 이멜다 여사는 천여 켤레가 넘는 신발을 가졌다고 한다. 어쩌다가 그런 비교가 나왔는지 모르지만 신문의 한 칼럼에 의하면, 중국 한나라 성제(成帝)의 애첩이었던 비연(飛燕)은 금실로 짠 신발을 신고 다녔는데 그와 버금가는 신발도 있었다고 한다. 거미에게 금가루를 먹여 거기에서 나온 실로 짠 신발로 물에 젖지도 않고 가벼워서 물위를 걸어 다닐 수도 있다고 하는데, 우리 같은 사람은 인용을 하면서도 무슨 말인지 잘 모르겠다. 다만 그런 사람들에게 무소유가 무슨 의미가 있겠는가, 그것만 조심스럽게 한번 해 볼 뿐이다.

무소유는 스님 같은 분들에게만 해당되는 것이지 모두에게 해당되는 게 아님을 새삼스레 깨닫는다. 내가 무소유에 빠진 건 평소 스님을 좋아한 인지의 부조화에서 빚어진 하나의 착각에 지나지 않았던 것이다.

이웃집의 신발, 내 눈에는 낭비로만 인지되었던 그 쓸데없이(?) 많은 신발들이 그들에게는 즐거움이며 삶의 보람이자, 활력소가 되고 있음인데, 살만큼 산 사람이 왜 그때까지 캄캄했던지 모르겠다. 사실 따지고 보면 나는 크리스토퍼 차브리스의 〈보이지 않는 고릴라〉와 같은 현상을 그보다도 훨씬 전에 경험했었다. 다만 그것이 고릴라라는 것을 모르고 살았을 뿐이다.

중학교 3학년 때 일이다. 권을룡 교수가 쓴 〈대수(代數)의 왕〉이라는 책의 〈휴게실〉 편에 그 고릴라가 들어 있었다. 그것을 먼저 본 선생님이 우리들에게 수수께끼로 문제를 냈다.

"갑돌이가 사과 스무 개를 가지고 수행을 떠났다. 첫 번째 역에서 두 개를 먹었고, 두 번째 역에서 또 두 개를 먹었다. 다음 역에서 또 한 개, 그 다음 역에서는 친구와 같이 나눠먹느라 네 개를 먹었다. 그리고 다음 역에서 또 두 개를 먹었고 종착지에 도착하기 전 역에서 세 개를 먹었다."

우리는 모두 열심히 손가락을 꽂아가면서 열네 개를 먹었다고 생각하고 있는데 선생님이 물었다.

"모두 계산은 제대로 했겠지. 기차역은 모두 몇 정거장을 지나왔니?"

"…?"

누구도 선뜻 대답하는 사람이 없었다. 누구도 고릴라가 지나가는 것을 보지 못했던 것이다.

왜 노사정(勞使政)인가

다음은 어딘가에서 읽은 글이다.

…유명가수 디너쇼에 초청장이 하나 생겨 참석한 일이 있다. S(special)석 티켓이라 자리도 참 좋았다. 좌석에 어울리게 사전에 미장원도 들르고, 의상도 갖춰 나갔다. 그런데 들어가서 좌석 위치를 찾아보니 이상하게 후미진 구석 자리가 아닌가. 아무리 봐도 S석 분위기는 아니어서 안내원에게 한번 물어보기에 이르렀다.

"이게 S석인데 왜 이렇게 구석진 곳에 있죠. 혹 표시가 잘못된 건 아닙니까?"

"아니요, 그 자리가 맞습니다."

그러면서 안내원은 이런 설명을 했다. 결론부터 말하면 S석이 제일 말단 자리라는 것이다. 그 위로 R(Royal)석, VIP석이 있는데 중앙좌석에 앉으려면 그곳을 예매해야 한다고 했다. 세상에는 상식이 있고 통념이란 게 있는데 어떻게 이런 어처구니없는 일이 있는지 모르겠다….

말하자면 서열개념이 일반적인 생각으론 도저히 납득이 가지 않도록 돼 있어 혼란스러웠다는 이야기다.

'질서는 편하고 아름다운 것'

우리 주변에서 자주 볼 수 있는 질서유지를 강조한 표어다. 질서는 준법 이전에 우리가 지켜야 할 도덕률이다. 질서는 곧 차례이며 순서다. 조직에는 조직의 질서가 있고, 위계에는 위계의 질서가 있다. 나이도 인간사회에서는 큰 질서의 자리매김이다. 삼강오륜에서 오륜의 으뜸을 장유유서에 둔 것도 그런 이유다. 이것이 흔들리면 생활 자체가 난장판이 된다. 무질서는 혼란이며 카오스의 세계를 의미한다. 아비규환과도 직결되는 일도 생긴다.

우리는 많은 곳에 질서의 문화를 만들어 살아가고 있다. 사방을 동서남북 순으로 부르며, '동'을 앞에다 두고 '북'을 나중에 둔 것은 우리가 만든 순서이자 어떤 질서의 약속이다. 우리나라 사람으로 북남동서라고 부르는 사람은 어디에도 없다. 물론 다른 나라에 가면 또 다를 것이다.

　남녀노소라는 말도 우리에게는 질서이며, 오랜 문화의 소산이다. 미국 같은 나라에서는 '숙녀신사여러분(Ladies and Gentlemen)'으로 호칭한다. 이것역시 그쪽 문화가 만든 질서다.

　자기 쪽의 우월성을 내세우는 표현방법도 있다. 우리나라에서는 '한·미 방위조약'이라 하고 미국에서는 '미·한 방위조약'이라 한다. 남쪽에서는 '남북대화'라고 하는데 북쪽에서는 '북남대화'라고 하며, 고려대학교에서는 '고연전(高延戰)'이라고 하는데 반해 연세대학교에서는 '연고전'으로 하는 것도 모두 같은 맥락이다. 충분히 납득이 가는, 서로가 이해하고 인정하는 표현이다.

　일반적 통념으로 쓰이고 있는 몇몇 단어를 한번 알아보자. 군신, 형제자매, 사제(師弟), 장병, 사관 등은 모두 묶어서 쓰는 단어들이다. 그러나 여기에도 분명히 서열이 있고 순서가 있다. 형이 먼저고 동생이 나중이다. 장교가 먼저고 사병이 다음인 것이다.

　어느 조직체든 위계질서가 존재하고 그것이 그 조직을 튼튼하게 만드는 힘이다. 군대의 계급, 관직의 품계, 족친간의 항렬과 같은 것들은 질서를 만드는 잣대가 된다.

　진선미라든가 의식주 같은 순위도 어떤 질서를 보여주고 있다. 남쪽에서는 의식주의 순이지만 북쪽에서는 식의주라는 것도 일리 있는 현상이다. 그만큼 먹는 것이 입는 것보다 급하다는데 무게를 둔 건 아닌지 모르겠다.

　사회생활을 하다보면 하찮은 의식이라도 거기에는 알게 모르게 순서라는 것이 있기 마련이다. 실수건 고의건 잘못 챙긴 순서 하나 때문에 행사를 망치는 경우도 종종 있다. 아주 쉬운 것으로 술잔 하나 돌리는 것에도 순서라는 것이 분명히 있는 것이다. "시계 방향으로 잔을 돌리겠습니다. 이해바랍니다." 별 것 아닌 것 같지만 모름지기 신경을 써야 할 일이라고 본다.

많은 명사들을 열거할 때 그 끝에는 '가나다 순'이라는 표시를 우리는 종종 본다. 이 '가나다 순'은 아무것도 아닌 것 같지만 이게 있고 없음에 따라 거기 등장한 사람은 물론, 보는 이들도 그 우선순위에 적잖은 신경을 쓴다는 걸 우리는 경험으로 잘 알고 있다.

올림픽에서 선수들이 알파벳 순서로 입장하고 맨 나중에 행사 주최국이 입장하는 모습은 오래전부터 자리 잡은 관행이다.

그런데 사회적 관행으로 자리 잡은 서열도 시류에 따라 영고성쇠의 부침하는 게 있다. 사농공상(士農工商)이 그것이다. 사농공상은 지난날 왕조시대 우리나라 신분계층을 순위별로 나타낸 말이다. 순서 그대로 글줄이나 읽는 선비족들이 가장 상위계층이고 갖바치 같은 장사치들을 하위에 두었으며, 그 사이에 농민과 기능공들을 두었다.

출세를 하려면 사족(士族)이 아니고는 불가능했던 시절의 이야기다. 출세란 관료를 의미하고 관료는 과거제도라는 통과의례를 거쳐야만 가능한데, 글을 모르고는 아예 근접할 수가 없었으니 말이다. 당시 사(士)와 상(商)은 같은 반열에 앉을 수도 없을 만큼 신분이 분명하게 달랐다.

그러나 그 신분제도의 서열이 지금은 어떠한가. 완전히 역전드라마를 보는 기분이다. 시류의 변화는 세상을 곤두박질치게 만들어 놓은 것이다. 자본주의 경제사회에서 가장 대우를 받는 사람은 돈 많은 사람들, 즉 부자들이다. 부자들의 축을 이루는 층은 대부분 상공인들이다. 지난날에는 가장 말단계층에 속해 있던 사람들이다.

국가의 직제도 지난날에는 이호예병형공(吏戶禮兵刑工)순이었지만 요즘은 경제부서, 외교부서가 앞에 나와 있다. 완전한 반대형상을 이룬다. 시대적 요구가 그 순서를 바꿔놓은 것이다. 앞으로 또 어떻게 변할지는 아무도 모른다.

그런데 이런 서열 매김에 아리송한 게 하나 있다. 매스컴에 많이 등장하는 '노사', '노사정', '민관군' 같은 단어들이다.

노사란 노동자와 사용자를 의미한다. 과연 노동자가 사용자 앞자리에 오는 게 맞으며 옳은 표현일까. 더군다나 훨씬 우월한 위치에 있는 정치인들이 왜 뒷자리로 빠져 있을까. 누가 보더라도 현실적으로는 인정하기가 어려운, 고개가 갸우뚱해지는 논리다.

민관군도 마찬가지다. 건국 초까지만 해도 관민으로만 통했지 민관이라는 말은 없었다. 민관군은 말할 것도 없다. 군이 선심 쓰듯 끄트머리에 붙은 건 군사정권이 들어선 이후에 생겨난 서열이다. 그 시퍼런 칼날 같은 위엄이 왜 민 뒤에, 관 뒤에 들어가 있는지 도무지 상식으로는 납득이 안 된다. 관이 민을 지배하는데, 관은 단상에 있고 민은 단하에 있는데, 어떻게 민이 앞자리에 나와 있을까. 턱도 없는 이야기다. 사실의 가치는 명실상부에 있는데 그게 맞아

떨어지질 않는 것이다.

어두일미(魚頭一味)라는 말이 있다. 같은 인용으로 어두육미(魚頭肉尾)라는 말도 있다. 고기는 대가리 맛이 제일이라는 이야기다.

그런데 정말 대가리 맛이 제일 좋을까. 나는 그렇게 생각하지 않는다. 나만 그렇게 생각하지 않는 것이 아니라 다른 사람들도 마찬가지다. 왜냐면 고기가 상(床)위에 놓였을 때 누구도 대가리 쪽으로 먼저 젓가락이 가는 걸 보지 못했기 때문이다. 아예 그쪽을 거들떠보지도 않는 이들이 더 많다. 다른 사람에 양보하기 위한 겸양의 미덕인가. 아닐 것이다. 젓가락을 놓을 때까지 대가리는 그대로 남겨두고 나오는 것이 다반사이기 때문이다.

이쯤 되면 어두일미라는 말은 생색일 뿐 거짓말이란 건 불을 보듯 빤하다. 그런데 왜 많은 사람들은 어두일미라고 부르짖으며 국어사전에까지 그런 말을 만들어 올려놓았을까. 참으로 묘한 일이로다. 어찌 들으면 기만행위와도 같은 말이다. 어두일미라는 말을 앞세워 "그대는 맛있는 대가리를 드시오, 난 맛없는 몸통이나 들겠소이다"라고 떠벌리는 꼴밖에 더 되는가 말이다.

난 이상하게도 노사정이니, 민관군이니 하는 말을 들으면 어두일미라는 말이 자꾸 생각난다. 그러나 그건 어디까지나 나 혼자 생각이지 진짜 미식가가 나타나 '어두일미'의 참뜻을 설명해준다면 그때는 또 생각을 바꿔야겠지. 노사정, 민관군의 순열이 그렇게 바뀔 날이 오기를 은근히 한번 기다려본다.

저런 씨팔눔이

친구 넷이 어울려, 귀농이라는 이름으로 시골에서 지내고 있는 다른 친구를 만나러 가다가 일어난 일이다. 일행이 탄 차가 네거리 신호등에 걸렸다가 풀려 막 출발하는데 바른쪽에서 생각지도 않은 트럭 한 대가 앞을 막무가내로 가로지른다. 용케 급브레이크를 밟아 그런 다행이 없었지 하마터면 큰일 날 뻔했다.

"저런 씨팔눔이…."

핸들을 쥔 친구가 안도의 한숨을 쏟으면서 내뱉는 말이다. 순간 다른 친구들은 그 친구의 말에 더 아연실색을 하고 말았다.

"야, 이 사람아. 그래도 그건 너무했다. 자네 입에서 그게 무신 소리고."

그만큼 그 사람에게서 나온 욕은 신호체계를 무시하고 우리를 놀라게 한 저쪽보다 큰 충격으로 들렸던 것이다.

평소 그는 욕을 모르는 사람이다. 대학 강단에 섰다는 직업도 그렇지만 천성이 욕하고는 거리가 먼, 일테면 양반으로 통한 사람이다. 그런데 그 친구의 입에서 육두문자가 쏟아진 것이다.

"저런 자식은 욕 좀 얻어먹어도 싸다니까. 내가 놀란 데 비하면 아무것도 아냐. 쌍노무새끼."

계속해서 그의 입에서 십 원짜리만도 못한 욕이 뱉어졌다. 아마 놀람의 여파가 쉽게 가시질 않은가보다.

그때부터 이야기는 자연스럽게 욕이 화제가 됐다. 군자인 척 하지만 교수 출신도 그런 상황에 처하면 욕이 안 나오고 못 배긴다는 이야기가 당연히 나왔다. 욕은 대화의 양념이라는 말도 나왔고, 시장바닥 난전에서만 통하는 게 아니라 의정단상에서도 오갈 수밖에 없는 운명적 언어라는 고상한 고견도 등장했다. 나중에는 왜 '씨팔놈'을 왜 욕이라고 하는지 모르겠다며 단어가 품고 있는 원론적 해석까지 파고들었다.

욕은 왜 하게 되는가. 자신의 의지와 반대되는 현상이 나타났을 때 우리는 반사작용의 하나로 곧잘 욕을 한다. 좋게 받아들이면 비판 내지는 반론이 될 수도 있다. 그러나 욕이라는 이름이 붙으면 그때부터는 상대방을 저주하는 악담, 또는 험담이 된다. 그렇다보니 주로 욕은 그 욕이 찾아가야 할 주인이 없는 자리에서 많이 생산된다. 음지의 언어라는 말도 그런데 까닭이 있다.

세상에 욕 안 하고, 욕 안 얻어먹고 사는 사람은 없을 것이라는 말에도 이의를 달 사람은 없다고 본다. 아마 욕 얻어먹기로 말하면 우리나라에서는 대통령만큼 많이 얻어먹는 사람도 없을 것이다. 5천만의 입맛을 다 맞출 순 없지 않은가. 요순이나 들어온다면 모르지만, 아니 요즘 같아서는 그런 현군으로도 어렵지 싶다.

아예 말끝마다 욕을 토씨로 달고 사는 사람도 있다. 그런 사람들에게 욕은 일상 언어일 뿐이다. 어떤 조사에 의하면 초중고 학생들의 대화에는 75초마다 욕이 한 번씩 등장하더라는 통계가 나와 있다.

'인마', '지랄한다', '웃기고 자빠졌네' '너 꼴리는 대로 해라', 이런 말들은 욕이 될 수도 있지만 듣기에 따라 남들보다 가깝다는 습관화된 친근감의 표시도 된다. '욕 친구'라면 허물이 없을 만큼 가까운 사이라는 걸 의미하는 게 그런 데 있다. '욕쟁이 할머니'라는 단어가 오히려 따뜻하게 들리는 것도 마찬가지다.

욕도 지역에 따라, 구성원들에 편차에 따라 천차만별이다. '자네'를 친구나 손위에까지 호칭으로 쓰는 곳이 있는가 하면, '하게' 하는 자리에 '자네'라는 말을 했다가 험한 꼴을 보는 곳도 있다. '당신'도 그렇다. 2인칭의 대표적 호칭으로 통하는 곳도 있지만 배우자한테만 쓰는 곳도 있다.

"이 문둥아, 어디 박혔다가 이제사 나타났노." 경상도 아낙들이 되게 반가운 사람들을 모처럼 만났을 때 곧잘 쓰는 말이다. 문둥병이 어떤 병인가. 그런데 그런 식으로 표현한다. 그렇다고 아무데나 가서 문둥이라는 말은 쓸 수가 없다. 회수(淮水) 이쪽에서는 탱자가 저쪽에 가서는 귤이 되는 이치다.

자주 등장하는 저속한 욕은 주로 사람을 개에다 비유해서 농단하는 희롱과 육두문자로 통칭되는 성행위와 성기를 내세워 하는 것, 지난날 죄인들이 겪었던 형벌이 주종을 이룬다. 육두문자 욕은 생략하고 형벌이 뿌리가 된 욕을 한번 돌아보자.

'우라질 놈'은 '오랏줄로 묶을 놈'이고, '제기랄'은 '제기랄 난장 맞을'이라는 뜻이다. 난장(亂杖)은 '신체의 부위를 가리지 않고 마구 치는 형벌'을 말한다. '육시랄 놈'은 '갈갈이 찢어 죽일 놈'으로 육시(戮屍)에서 나왔으며, '오살할 놈'의 오살(五殺)은 '팔과 다리의 사지를 차례로 뜯어낸 뒤 마지막에 심장을 찔러 죽이는 형벌'을 말한다. 사람을 가장 괴롭혀 죽이는 형벌이 능지처사(陵遲處死)다. 흔히 우리가 말하는 능지처참(陵遲處斬)을 말한다. 사람을 처형하는 걸 마치 언덕을 오르듯 천천히(陵遲) 고생시켜 죽이는 형벌로 벌 가운데서는 가장 비인도적 형벌이다. 그러니까 욕 가운데서도 '능지처참할 놈'은 가장 악질적인 저주가 든 욕이라고 할 수 있다.

그리고 '싸가지 없는 놈'이라는 욕도 얼핏 들으면 별것 아닌 것 같지만 '싹이 없는 놈'이니까 따지고 보면 입에 담기가 뭣한 심한 욕이다. '후레자식'도 '부모 없이 홀로자라 막돼먹은 인간'이라는 뜻의 부모까지 싸잡아 하는 엄청 심한 욕설이다.

욕의 대상은 사람만이 목표가 되는 건 아니다. 가축들도, 아니 삼라만상이 모두 대상이 된다. 가뭄이 져도 홍수가 나도 우리는 하늘에다 욕을 퍼붓는다. 경우에 따라서는 자신이 미워, 자기한테 욕을 하는 사람도 있다. 그만큼 욕의 대상은 다양하다.

황희 정승의 일화 가운데 이런 이야기를 우리는 잘 알고 있다.

황희가 길을 가다가 소 두 마리로 쟁기질하는 농부에 물어보았다. 누렁이, 검둥이 중 어느 소가 일을 더 잘 하느냐고. 그러자 농부는 일을 멈추고 그에게 가까이 오더니 귓속말로 누렁이가 더 잘 한다고 이른다. 농부가 하는 행동이 어처구니가 없어 다시 묻는다.

"아니 거기서 얘기하면 되지 그게 뭐 큰 비밀이라고 쉬쉬하면서 얘기를 하는 거요?"

"영감님도 참. 하나가 힘이 세다고 하면 다른 소한테는 욕이 되는데, 아무리 말 못하는 짐승이라지만 욕 얻어먹어 기분 좋을 리가 있겠습니까. 그래서 그런 거지요."

그때서야 정승도 하나 배웠다며 고개를 끄덕였다는 이야기다.

법정스님이 쓴 수필집에 보니, 어느 암자 아궁이에서 불을 지피다가 역풍으로 그을음을 잔뜩 덮어쓴 스님이 바람에 대고 욕설이 퍼붓는 대목이 있다. 인격과도 무관하게 나오는 게 욕인 모양이다. 대상이 뭐건 자연발생적으로 튀어나오는 것을 보면 말이다. 어찌 생각하면 가장 사람 냄새가 많이 나는 언어가 욕일지도 모르겠다.

욕은 듣는 상대방에 따라 엄청난 상처를 입게도 한다. 차라리 한 대 얻어맞는 것보다 더 두고두고 사람을 괴롭히기도 한다. 설마 욕이 배 따고 들어가랴 하지만 경우에 따라서는 더 치욕적인 것도 있다. 통상적인 언어와 비교한다면 욕이 3, 4배 이상 오래 기억에 남는다고 한다. 하긴 그래서 욕을 하는지도 모를 일이다. 욕할 때 튀는 침과 웃을 때 튀는 침을 분석해보면 색깔도 다를 뿐만 아니라 전자에는 독성도 들어 있다고 하는걸 보면, 필요악으로 마지못해 내뱉는 것이라곤 하지만, 순기능보다 역기능이 많은 건 사실이다.

욕이 카타르시스 역할을 한다는 말은 가끔 듣는 말이다. 욕을 해본 사람이라면 한 번씩 체험해 보았을 것이다. 상황에 따라 그 사람이야 알건 말건 실컷 퍼붓고 나면 속이 좀 후련할 때가 분명히 있다. 서러움이 북받칠 때는 한번 실컷 울고 나면 속이 후련한 것과 같은 논리다.

욕에도 최소한의 금기는 있다. 부모가 없는 약점, 신체적 불구를 꼬집는 약점은 가급적 피하는 게 좋다. 말하자면 '후레자식'이니, '병신육갑' 같은 말은 인륜상 삼가는 게 도리다. 이 또한 많은 사람들이 경험했을 줄 안다. 특히 우리나라 사람들은 혈통에 대한 욕에는 치명상을 주고받는다. '쌍노무(상놈의) 새끼', '그 애비에 그 자식' 같은 욕에는 이를 간다. 그러나 사람에 따라서는 일부러 그런 욕만을 찾아 해서 골육상쟁의 불씨를 만드는 예도 없잖아 있다.

욕은 하는 사람의 인품과도 무관하지 않게 돼 있다. "똥 묻은 개가 겨 묻은 개를 나무란다" 식의 욕은 오히려 안하는 것보다 못하다.

월남(月南) 이상재 선생은 해방직후 친일파들이 득실거리는 자리에서 "여기에도 신이화(辛夷花)가 많이 피었구려"라고 말로 점잖게 욕을 퍼부었다고 한다. 신이화는 개나리의 다른 말로 '개의 나으리들'이라는 뜻을 담고 있다. 말하자면 일본놈들의 졸개들이라는 이야기다.

또 압구정(狎鷗亭)으로 우리에게 잘 알려진 한명회(韓明澮)의 "靑春扶社稷 白首臥江湖(젊어서는 나라를 일으키더니 늙어서는 강호에 와서 편히 지내는구려)"라는 시구에 뒷날 김시습(金時習)은 '扶'를 '亡'으로, '臥'를 '汚'로 고쳐, "젊어서는 나라를 어지럽히더니 늙어서는 강호를 더럽히는 구려"로 고쳤다는 이야기가 있다. 아마 이런 문자놀이도 하나의 욕이라고 봐야 하지 않을까.

영국 최초의 여성의원으로 알려진 에스더 의원은 당시 수상이었던 처칠에게 이런 악담을 받았다고 한다.

"내가 당신의 아내라면 당신의 커피 잔에 독약을 타겠어요."

물론 못마땅한 감정의 폭발일 것이다.

처칠은 이에 "내가 당신의 남편이라면 나는 그 커피를 마시겠소"라고 답했다고 한다. 욕설을 농으로 받아 오히려 하는 사람을 무안하게 만들었다는 이야기다.

그런 이야기가 우리 같은 사람들이 알도록 전해지는 걸 보면 역시 대영제국의 수상이 너그러움이 어디가 달라도 다르다는 느낌이 든다.

그런가 하면 민주당의 어떤 국회의원은 "이명박 정권을 죽여 버리고 싶다"느니, '악의 무리', '탐욕의 무리'라고 욕설을 퍼붓자, 상대편에서는 '패륜아', '시정잡배'로 포문을 연 일이 있다. 참으로 점입가경이 아닐 수 없는 논란이다.

또 어떤 의원은 선거유세에서 "대통령 집구석 하는 짓거리가 전부 이런 거다. 형도 돈 훔쳐 먹고 마누라도 돈 훔쳐 먹으려고 별짓을 다 하고 있다" 이런 말을 했다고 한다. 사실여부를 떠나 이런 막말을 해서 본인에게 어떤 이익이 돌아갈 것인가.

심지어는 현직 판사가 대통령한테 '가카새끼 짬뽕'이라면서 조롱하는 패러디를 쐈댔다니 이쯤 되면 그야말로 막나가자는 건 아닌지 모르겠다. 공무원에게 있어 대통령은 누구인가.

내가 표를 던졌든 말았든 대통령이 된 이상 내가 사는 국가의 원수며 국가를 대표하는 사람이다. 아버지가 아무리 못나도 아버지에 지킬 최소한의 도리가 있듯, 국가원수에게도 국민이 지켜야 할 최소한의 도리는 있는 것이다. 더군다나 공무원으로서는 언어도단이다. '개새끼들'이라는 표현을 '견자제분(犬子弟分)'이라고 해서 욕이 아닌 것은 아니다.

연전에 광주 금호문화회관에서 우리나라에서는 처음으로 전국 욕쟁이 대회를 한번 한 일이 있었다.

"간에 옴이 올라붙어 한번 긁지도 못하고 팔팔뛰다가 뒈질 놈아…."

"모가지를 빼다가 똥장군 마개를 해도 시원찮을 놈이…."

별의별 욕이 다 나와서 사람을 다 웃겼지만 모두 점잖아서 그런지 요절복통할 욕은 별로 없었고, 이를 본 구경꾼 가운데 한 사람이 나가서 이런 욕설을 내뱉어 우승을 했다는 신문기사를 본 일이 있다. 그는 60대의 남자라고 했다.

"날강도 찜 쪄서 안주삼고, 화냥년 경수(월경)받아 술 빚어 피똥 싸고 죽을 남원사또 변학도와 사돈해서 천하잡놈 변강쇠 같은 손주를 볼 놈."

무슨 뜻으로 욕쟁이 대회가 있었는지 깊은 내용이야 알 순 없지만 답답하고 어지러운 세상, 허튼 소리라도 냅다 지르고 나면 막힌 속이 뻥 뚫리지 않을까 해서 그런 기상천외의 발상을 한 건가 싶다. 그러나 그것도 한 번으로 마침표를 찍은 걸 보면 개뿔도 시원한 게 없었던 모양이다.

요즘 우리사회에 욕을 퍼뜨리는 주범은 인터넷이다. '악플'이라는 게 모두 욕 아닌가. 얄궂은 이모티콘의 활자와 요상한 의성어, 의태어로 끼리끼리 주고받는 은어 형태의 욕설은 대상자를 참혹하게 매도하는 건 물론 경우에 따라서는 유언비어 이상으로 세상을 혼탁하게도 만든다.

"욕을 얻어먹으면 오래 산다"는 말이 있다. 혹, 변명의 한 수단으로 만들어낸 말은 아닌지 모르겠다. 세상에 욕 얻어먹어 기분 좋을 사람이 어디 있겠는가.

"험담은 살인보다 더 위험하다. 살인은 한 사람만 죽이지만 험담은 하는 사람, 듣는 사람, 그 험담의 대상이 되는 사람까지 세 사람한테 다 상처를 준다(탈무드)"는 잠언이 있는가 하면, "버섯이 아무리 곱다고 한들 화분에 기르지 않듯, 욕설이 아무리 뛰어난 예능을 달고 있다고 한들 그것은 응달의 산물이며 불행의 언어가 아닐 수 없다"고 말한 사람(신영복)도 있다. 아마 욕을 삼가서 하라는 교훈적 이야기로 본다.

"나를 욕해도 좋고, 아내인 일리노어를 욕해도 좋다. 그러나 나의 애견인 '팔라'에게는 욕을 하지 마시오."
 미국의 역대 대통령 가운데 애견가로 유명한 프랭클린 루스벨트가 한 이야기다. 실정으로 욕을 얻어먹어도 개한테까지 잘못을 덮어씌우고 싶진 않았던 모양이다. 그래 그런지 워싱턴의 루스벨트 기념관에는 그의 동상 옆에 '팔라'의 동상도 함께 자리하고 있다.

돈, 돈, 돈

 돈이란 무엇인가. 돈에 대해서는 옛날부터 말이 많았다.
 돌고 돌기 때문에 돈이라는 사람이 있다. 또 우스갯소리로 사람을 미쳐서 돌게 만든다고 해 돈이라는 사람도 있다고 한다. 어쩌면 그런 게 제대로 된 명칭인지도 모른다. 돌고 돌아 사람을 웃고 울리게도, 정말 미쳐서 돌아버리게 만드는 일도, 경우에 따라선 얼마든지 가능케 하기 때문이다.
 우리가 잘 알고 있는 흘러간 노래 '홍도야 우지마라'는 '사랑에 속고 돈에 울고'가 원제다. 그래서 그런지 그 노래를 부르거나 듣노라면 소박에다가 서러움으로 살아가는 한 여자의 일생이 눈앞에 어른거린다. 그 노래가 많은 사람들에 의해 끊임없이 애창되고 있는 이면엔 돈 때문에 거덜이 난 인생역정을 그린 신파극의 애처로운 국민정서가 담겨 있기 때문이라고 본다.

우리가 쉽게 알 수 있는 단편 명작을 한번 보자. 오 헨리의 단편 〈크리스마스 선물〉, 모파상의 〈목걸이〉 등의 명작들의 바탕에는 모두 돈이 깔려 있다. 김동인의 〈감자〉, 현진건의 〈백치 아다다〉, 나도향의 〈운수 좋은날〉 등 또한 마찬가지다. 모두가 돈 때문에 빚어진 애환이 그 소재다.

우리는 왜 국민성을 '엽전'에 메타포 시켜 자조, 자학의 대상으로 삼았는지 그것도 한 번 생각해보자. 돈이라면 못할 게 없고, 돈이라면 사족을 못 쓰고 매달리니까 그래서 그런 대명사를 얻어 찬 게 아닐까.

세상에 돈 때문에 죽는 사람이 얼마나 많은가. 자살이라고는 하지만 거의 모두가 돈에 살해된 사람들이다. 그만큼 돈은 무서운 존재이며 그 위력은 대단하다.

사람들이 모두 위선을 뒤집어쓰고 나만은 안 그런 척, 고상한 척해서 그렇지 우리가 공부를 하고, 기술을 배우고, 체육을 하고, 예술을 하는 게 궁극적으로 모두 돈 때문이다. 좋은 학교, 좋은 직장을 찾아 허둥대는 것도, 승진을 하기 위해 아등바등하는 것도 최종 목표는 돈이다.

요즘 젊은이들 결혼조건 가운데 0순위가 돈이라고 한다. 경제력을 제일 먼저 꼽는데 경제력이 곧 돈 아닌가. 인품보다는 상대방의 직업을 먼저 따진다. '士' 자 돌림 직업을 선호한다는 게 의사, 변호사, 세무사 따위를 말하는데 이게 모두 돈 많이 버는 직업이다. 열쇠 세 개를 가져오라는데, 그것도 돈 아니던가.

얼마 전까지만 해도 적어도 혼반만은 출신성향을 좀 따졌다. 어느 정도 인품과 덕성, 즉 인간적인 면모, 사람 됨됨을 우위에 놓았다는 말이다. "사람 나고 돈 났지 돈 나고 사람 난 건 아니다"라고 생각한 것이다. 인물이나 체격을 찾는 낭만적인 구석도 물론 없지는 않았다.

설령 마음은 그렇더라도 모양만은 구색을 갖추고 들었다. 그런데 어느 틈에 이제는 돈에 앞발, 뒷발을 다 들고 말았다. "인물(족보)이 밥 먹여주더냐"라는 질문 앞에서는 꼼짝을 못하게 돼버렸다. 부모는 뭐하는데, 직장은 어딘데, 뭐하는 사람인데, 해서 바로 돈으로 사람의 눈금을 매기는 세상이 됐다.

이혼도 돈이 원인이 돼 찢어지는 경우가 대다수다. 결혼이 돈에 매달려, 돈이 접착제가 되어 엉켰는데 그게 바닥이 났으니, 어찌 보면 지극히 당연한 귀결인지도 모른다. 그렇게 인생을 좌지우지, 쥐락펴락하는 게 돈이다.

"지위가 높으면 친구가 바뀌고 돈이 많으면 마누라를 바꾼다"는 속언이 있다. 돈이 많아도 관리가 잘못되면 망조(亡兆)가 든다는 말이다. 마누라만 바꿔놓는 게 아니라 혈연이라는 부모형제 간도 갈라놓고, 삐끗하면 모두 원수가 되는 수도 있다. 주변을 한번 돌아보라, 돈 많은 집 치고 평안한 집이 있는지. 너무 없어도 골치가 아프지만 너무 많아도 탈인 게 또 돈이다.

  사람이 잘나고 못난 것도 모두 돈의 높이가 말한다. 평수가 큰 아파트에 살고, 비싼 외제차를 굴리고, 명품 의상을 걸치고 다니면 우리는 누구든 그 사람을 한 번 더 쳐다보게 돼 있다. 그 사람이 바로 잘난 사람이기 때문이다. 그 기능을 무엇이 하는가. 모두 돈이 한다.

  고향에 가서 한번 들어보라. 출향인사 가운데 가장 출세한 사람은 돈 많이 번 사람을 꼽는다. 돈의 높낮이로 인격이 오락가락하게 돼 있다. 아이들에게 나눠준 세뱃돈 액수로 대우를 받는 것과 비슷하다. 어버이날 경로당에 돼지 한 마리를 보낸 아무개 댁 아들이 제일 잘난 사람이다.

  동창회니, 화수회니, 신우회니 하는 모임의 회장은 응당 돈 많은 사람이 차지하게 돼 있다. 돈을 어떻게 벌었든, 인품이 있든 없든, 그런 것은 크게 중요하지 않다. 출세와 성공의 완성도는 곧 돈의 높이다.

  돈과는 조금 거리가 있다는 문화예술에 종사하는 사람들도 척 하지만 오십보백보다. 자신이 출연한 영화가 떠야 하고 자신이 작곡한 음악이 잘 팔려야 하며, 자신이 그린 그림이 비싸게 팔리고, 자신이 쓴 소설이 베스트셀러가 돼야만 대가(大家)로 인정받는다. 또 모두가 그렇게 되기를 일구월심 바란다. 말하자면 그들이 한 수고가 돈의 높이로 환산되기를 열망하고 있는 것이다. 그게 그들의 척

도인 데야 어쩌랴.

　이 나라 역대 대통령 가운데서도 제대로 임기를 마친 이들은 돈에 휘말려 구설수에 오르지 않은 사람이 없다. 최고 권력자가 이럴진데 잔챙이들이야 더 말해 무엇 하랴. 선진국이라는 프랑스의 전임 시라크 대통령도 임기 중의 부정부패로 시끄러운 소문이 들린다. 그 사람들 부정부패란 게 모두 직위를 이용해 돈을 훔친 일들이다. 바로 돈이란 그런 것이다.

　대다수 범죄의 중심에는 돈이 작용하고 있다. 공직자들의 범죄는 깡그리 돈과 관련된 범죄다. 자리를 이용해서, 지위를 이용해서 해먹다가 들통이 나 쇠고랑을 찬다. 그렇다보니 출세의 목적이 돈이고, 돈 잘 버는 길이 곧 출세가도인 셈이다.

　유행가 가사에 "님이라는 글자에 점 하나를 찍으면 남이 되듯, 돈이라는 글자도 받침하나 바꾸면 돌이 되는 판" 임에도 돈은 그 위력은 엄청나다. 모든 길이 로마로 통하듯, 세상의 모든 이치가 돈으로 돌아가고 있는 것이다. 요즘 매스컴 모퉁이에 언뜻언뜻 '자본주의의 종언'이 비치는데 이게 모두 돈의 폐해가 심각한 경지에 와 있음을 말해주는 건 아닌지 모르겠다.

　신라 때 예인 백결(百結)선생을 잘 알고 있을 것이다. 명절이 되어도 떡 마련할 능력이 없어 거문고로 떡방아소리를 내어 아내를 위로했다는, 또 형편이 못 되어 옷을 백여 곳이 넘게 기워 입고 다녔다는 그 백결선생 말이다. 아마 오늘날 그런 사람이 있었다고 해보자. 어떤 대접을 받을지 안 봐도 그림이 그려진다. 그러나 그 이름이 지금까지 전해오는 걸 보면 옛날에는 돈을 가지지 않았더라도 예인으로 풍류는 알아주었던가보다.

이런 이야기를 이쯤 해두면 사람에 따라서는 별 해괴한 놈이 다 있다고 중얼거릴 사람이 나올 것이다. 아니, 분명히 있다. 그런 소리를 들으려고 이런 글을 쓰고 있는 것이다. 만리장성을 쌓는 분탕 속에서도 도포자락 날리는 사람이 있다고 하는데 왜 없겠는가. 그런 먹물들이 있기에 이런 날라리도 있는 것이다. 날라리가 농악을 이끄는 태평소라는 것도 이참에 한번 알아둘 필요가 있다.

그 사람들, 돌아서면 호박씨 깔 사람들이다. 솔직하지 못하다는 말이다. 이중인격자라는 말이다. 물론 예외는 이 세상 어디에도 있다.

"황금 보기를 돌같이 하라." 고려 말 최영 장군이 한 말로 알려진 그야말로 금언(金言)이다. 오늘날 이 말을 좌우명으로 새겨들을 사람이 몇이나 있을까. 아마 지금 이 세상에는 하나도 없지 싶다. 말이 바로 되자면 "황금을 보거든 미쳐라"는 말이 되어야 옳다. 대표적인 말이 '고객은 왕'이라는 말이다. '고객은 왕'이라는 말과 "황금을 보거든 미쳐라"는 말이 어떻게 다른가. 전자에 사기성을 빼면 후자가 된다.

친구 가운데 아내와 사별로 혼자 사는 이가 있다. 조심스럽게 재혼에 대해 한번 물어보았더니 대답이 걸작이다.

"문제는 돈이더구먼. 돈이 말하는 거야. 재미있는 건 돈이 많으면 많을수록 상대 여자가 젊더구먼. 나이와 돈은 반비례하대. 돈만 있으면 처녀장가라도 가겠더라고. 아예 사람은 볼 생각도 하지 않더라고."

환갑, 진갑 다 지난 그 친구의 이야기가 그렇게 쓸쓸하게 들릴 수가 없다. 또 한 친구의 이야기도 혼자 듣기엔 아까우리만큼 세상을 후려친다.

"옛날 김대중 대통령이 야당총재로 있을 때 어떤 말을 했는지 아나. 대한민국에서 중앙정보부가 못하는 건 딱 하나가 있는데 그건 남자를 여자로 만들고 여자를 남자로 만드는 일이라고 했거든. 그런데 나는 그걸 이런 말로 바꾸고 싶다. 대한민국에서 돈이 못하는 건 없다. 돈은 모든 것을 다 한다. 다만 안 되는 것이 있다면 돈이 적었을 뿐이다."

억설인지, 역설인지 가리사니가 잡히질 않는다.

셰익스피어는 리어왕을 통해 이런 말을 했다. "개에게 지위를 줘 봐라, 사람은 그를 따를 것이다"라고. 나는 그 말을 이렇게 한번 인용해 보고 싶다. "돈 버는 개가 있다고 해봐라, 사람들은 그 개를 상전으로 모시리라"고.

돈과는 거리가 멀다는 종교도 돈이 없으면 외면하는 세상이다. 한번 시험을 해보라. 연보나 시주 한 푼 없이 교회나 절에 나가보아라. 처음 한두 번은 어떨지 모르나 계속해서 그런 식으로 나갈 수는 없게 돼 있다. 한번 나가보면 그 답이 나온다. 반면에 갈 때마다 한 다발씩 바쳐보아라. 그것도 한번 시험해보면 답이 나오게 돼 있다. 돈의 힘이란 게 어떻다는 걸 눈물나게 보여줄 것이다. 지난날 어떤 신도회장은 부처가 일주문까지 뛰어나와 맞았다고 하는데 이런 말들이 왜 생겨난 것일까.

언젠가 어느 소년일간지에서 초등학생을 상대로, 대통령에게 가장 바라고 싶은 게 뭐냐는 설문을 낸 일이 있었다. 그 가운데 가장 많은 답이 "부모님 돈 좀 많이 벌게 해주세요"라고 한다. 이제 아이들도 돈독이 든 것이다. 아마 그 신문사에서 바란 건 도서관 같은 것이 아니었는지 모르겠다. 돈이란 바로 그런 힘을 가졌다.

미다스(마이다스)왕 이야기를 한번 안 짚고 넘어갈 수가 없다. 황금이 곧 돈 아닌가.

언젠가 어느 유명기업체에서 "미다스의 손을 찾습니다"라는 표제아래 낸 인재모집 광고를 본 일이 있다. 그것을 본 순간 나는 고개를 갸우뚱했다.

신화에 의하면 미다스는 디오니소스의 친구이자 숲의 신인 실레소스를 사로잡았으나 인간적으로 대해주어 그 보답의 하나로 "무엇이든지 내 손이 닿는 것은 황금으로 변하게 해달라"는 그의 소원을 들어주었다. 이를테면 미다스는 욕심덩어리였다. 급기야는 그가 먹는 음식마저 황금으로 변해 굶어 죽어야 하는 지경에 이르고야 말았다. 나중에 탐욕에 대한 뉘우침의 하소연을 받아들여 목욕으로 생명만은 건지게 되었다.

이 신화의 주제는 수분과 소욕지족에 대한 경각심에 있다. 그렇다면 미다스의 손은 탐욕의 손인 셈이다. 그런데 인재를 구한다면서 미다스의 손을 찾는다고 하니 이해가 잘 안 되었던 것이다. 그 회사에 전화를 걸어 인용이 잘못된 것이 아니냐고, 신화 내용을 얘기하며 물어보았다.

"그건 선생님께서 잘못 알고 있는 겁니다. 세상 사람들이 알고 있는 미다스의 손은 황금을 벌어들이는 손, 부유의 손을 상징하는 겁니다."

그 뒤에 또 어디선가 그와 비슷한 광고를 몇 번 본 일이 있다. 그쪽의 오류인지 내 착각인지 그건 아직도 나는 잘 모르겠다. 다만 황금(돈) 앞에서는 모두 감각마저 혼미해지는 건 아닌지, 혼자 그런 생각을 한번 해보았을 뿐이다.

화계삼창(畵鷄三唱)이라는 우화 비슷한 이야기를 품은 사자성어가 있다.

하루는 조물주가 나타나 세상에서 더 없이 만족하고 사는 세 사람을 불러놓고 물었다. 세 사람이란 임금과 왕후, 그리고 일인지하 요 만인지상이라는 영의정을 말한다.

여기 병풍에 닭이 한 마리 그려져 있다. 이 닭은 진실된 말에만 만세를 부르게 되어 있다. 그러니까 거짓말을 하면 닭이 조용히 있고, 조용히 있다는 건 너희들이 거짓말을 한 것이니, 살아남지 못한다는 말이다, 그런 으름장을 놓고는 먼저 영의정을 불렀다.

"임금은 하늘이 만든 자리다. 그러니까 너는 평민으로 오를 수 있는 자리로는 다 오른 셈이다. 그럼에도 더 바랄 게 있느냐?"

잠시 고민에 묻혔던 영의정이 말했다.

"예, 있습니다. 천벌을 받을 소린지는 모르지만 그래도 임금의 자리가 탐이 납니다. 그 자리에 한번 앉아보고 싶습니다."

병풍의 닭이 꼬끼오, 하고 홰를 치며 만세를 불렀다. 제대로 자기 속을 드러내 뵈었다는 이야기다. 이번엔 왕후를 불렀다.

"너의 자리는 여자로서는 최고의 자리다. 그런 너에게도 더 원하는 게 있느냐? 있거든 한번 털어놓아 보거라."

왕후는 조물주의 눈치를 보다가 이윽고 결심한 듯 주워섬겼다.

"왕후의 자리이기는 하나 남편에 비하면 제 자리는 한계가 있습니다. 이따금은 저도 근육질의 개선장군의 품에도 한번 안겨보고 싶은, 그러니까 지아비가 아닌 다른 남자와도 한번…."

말이 채 끝나지도 않았는데 닭이 만세를 외쳤다. 솔직했다는 이야기다. 마지막으로 임금과 마주 앉았다.

"사람 사는 세상에서 네가 못할 일은 없을 줄 안다. 그런 너에게도 또 다른 욕심이 있느냐?"

"저라고 왜 더 바라는 게 없겠습니까. 나를 찾아오는 사람들이 빈손으로 오지 않고 금붙이라도 하나 들고 오면 그 사람이 더 곱게 보이고, 좋은 자리에 앉히고 싶습니다."

닭이 세 번째 만세를 불렀다. 사람의 욕심에는 한계가 없다는 걸 패러디로 그려낸 이야기 같다. 더 없이 누릴 만큼 누리는 자들의 탐욕을 엿볼 수 있는 대목이다.

어디서 보았는지, 누구에 들었는지 기억은 어슴푸레하지만 이런 이야기가 있다.

헌금을 관리하는 데 하도 잡음이 많아 한 신도가 물어보았다. 대상은 신부와 목사와 랍비 세 사람. 모두가 욕심에는 거리가 먼 성직자들이다.

"사제님들 같으면 신도들의 헌금을 어떻게 관리하시겠습니까?"

이야기의 뉘앙스로 봐서 상대방한테도 혐의를 두어 묻는 듯한 느낌도 드는 질문이다.

먼저 신부가 대답했다.

"나는 적당한 거리에 선을 그어놓고 그 선을 넘는 돈은 하느님께, 나머지는 우리가 갖도록 하겠습니다."

다음은 목사가 말했다.

"나 같으면 동그라미를 적당히 하나 그려놓고 돈을 던져서 그 안에 들어가는 건 하나님께, 나머지만 우리가 갖도록 하지요."

이들의 이야기를 다 들은 랍비가 빙그레 웃으면서 나섰다.

"나라면 이렇게 하겠습니다. 돈을 던져서 하늘로 올라가면 하느님께 드리고, 땅에 떨어진 건 모두 우리가 갖도록 하겠습니다. 이치상 그게 맞지 않을까요."

성직자라고 해서 예외가 될 수 없을 만큼 돈에 대한 욕심은 누구에게나 자유로울 수 없다는 걸 우화적으로 만든 이야기다. 한번 웃어넘기고 말아야 할지, 공감을 해야 할지 아리송하다.

"자기 재산보다 열 배가 많으면 상대방을 헐뜯고, 백 배가 되면 두려워하고, 천 배에 이르면 그의 부하가 되고 싶어 하며, 만 배가 되면 아예 그의 집에 들어가 하인의 되기를 원한다."

사마천의 사기(史記) 어디엔가 나오는 이야기다. 의미 있는 돈에 대한 가치관이다. 이것이 바로 돈의 힘이다. 많은 세월이 흘렀지만 그때도 역시 돈은 몸서리치는 가치를 구가했던가보다. 대놓고 말을 못 해 그렇지, 어디 우리 주변에도 이런 사람들이 한둘이겠는가.

불교용어에 전도무량(前途無量, 그대 앞길에 큰 발전이 있으라)이라는 말이 있는데 왜 이 말이 요즘은 돈 전(錢)자를 써 전도무량(錢途無量)이 되어 돌아다니는지 알만하다.

얼마 전 손자 녀석 돌잔치가 있었다. 그동안 낸 것도 있고 해서 수금(?)도 할 겸 어느 식당 모퉁이에 이벤트자리를 마련했다기에, 약간 물심의 부담을 안고도 웃는 얼굴로 참석했다. 그것도 유행인지 제법 시끌벅적했다. 그런 행사를 진행하는 이벤트 업체가 있는데 그 사람들이 진행을 했다.

이벤트의 핵은 단상에 주인공을 올려놓고 그녀석이 자기 앞에 놓인 여러 가지 물건 가운데 하나를 골라(고르는 것이 아니라 닥치는 대로 잡는 것이겠지) 거머쥐는 모습이다. 광주리 안에는 실타래, 장난감, 연필, 세종대왕(돈), 책, 청진기, 판검사를 상징하는 의사봉

망치 등, 별의별 것이 다 들어 있었다. 녀석이 하나를 잡으려하자 모두가 난리들이다.

"세종대왕을 잡아라."

"이놈아, 돈을 쥐어라."

책 같은 건 아예 안중에도 없다. 이제 막 돌에 들어서는 녀석이 무엇을 알겠는가. 물론 웃고 즐기려는 하나의 이벤트이긴 하지만, 그렇다고 아주 무의미한 것만은 아닌 것이다. 녀석이 잡은 건 붉은 색의 장난감이었다. 돈을 잡기 좋도록 제 앞에 갖다놓았는데도 엉뚱한 짓을 한 것이다.

그러자 애 엄마가 얼른 세종대왕으로 바꿔 쥐어준다. 모두 한바탕 웃음보가 터졌다.

그날 애 엄마의 실망스런 표정이, 웃고는 있지만, 왜 그렇게 내 망막에는 쓸쓸하게 오랫동안 남아 있는지, 시류가 만든 시시콜콜한 장난이라고만 봐 넘기기엔 너무 마음이 무겁다.

아, 돈, 돈, 돈…. 이러다가 정말 모두 도는 건 아닌지 모르겠다.

결론 없는 논쟁

친구 대여섯이 다방에서 만났다. 우리는 가끔 그렇게 만나 세상 살아가는 이야기도 하고, 같이 점심도 먹고, 고스톱도 한 번씩 치곤 한다.

그날 거기엔 생각지도 못한 서예작품이 잔뜩 걸려 있었다. 아마 누군가의 서예전시회 중이었던 모양이다. 재미있는 글씨들이 많았다. 내가 재미있다고 한 건, 무식한 소리인지는 모르지만 전(篆), 예(隷), 해(楷), 행(行), 초서(草書)로만 간신히 구분하는 나 같은 사람에게 그 틀에서 벗어난 듯한, 다시 말해 어느 쪽에도 들여놓을 수 없는 글씨체들이 보였기 때문이다.

不在其位 不謀其政(부재기위 불모기정), 是心麿(시심마), 三人成

市虎(삼인성시호), 雪泥鴻爪(설니홍조)… 등등.

주로 한문투성이다. 모르는 글자도 있는데다가 아는 글자도 휘둘러놓아서 어리둥절했다. 뜻은 말할 것도 없다. 그런 분위기 속이라 자연히 이야기가 그쪽으로 흐를 수밖에.

"저런 글씨 누가 읽는다고 저렇게 늘어놓았지. 제대로 눈에 박히는 글자가 하나도 없구먼. 좀 알아먹을 수 있도록 쓰면 덧나나."

그런 쪽으로 거부감이 특히 심한 친구의 빈정거림이다.

"야, 이 사람아 공부 좀 해라. 나잇살이나 먹어가지고, 남 듣겠다. 모르면 나같이 차라리 조용히 있기나 하던지."

"먹고 살기 바쁜데 저런데 눈 팔 새가 어디 있다고…."

"그러니까 그냥 고갯방아만 찧고 넘어가주란 말야. 그럼 본전은 되잖어. 눈깔이 귀 뒤에 가 박힌 피카소 그림 그거 지대로 아는 사람 세상에 몇이나 되겠노. 그렇다고 무슨 그림을 저따위로 그려놔 쓰냐고 해서야 말이 되겠어. 뉘 침 뱉는 소리지."

"그림하고 글씨는 또 다르잖아."

"무식하긴. 글씨도 서류 글씨 말이지 액자에다 저래 들어앉아 있으면 그림이나 똑같은 거 아이야."

"여기 또 놀라자빠질 환쟁이 하나 나왔구먼."

"아, 이 사람이 내가 어디 거짓부렁이 한 거여. 사실을 얘기한 건데."

우리들 사이에 오고간 대화 자락들이다. 이야기는 더 진전 되었다. 마치 꼬투리라도 하나 잡았다는 듯 입에 침이 튄다. 부담도 없고, 책임도 없고, 정리를 해주는 사람도 없고, 생각나는 대로 지껄이면 되기 때문에 그야말로 백화제방에다 백가쟁명이다.

"신문에서 한번 봤는데, 서예전시회에서 대상받은 작품이 글자가 틀렸다 그러더구먼. 그런데도 그게 왜 상을 받았는지 모르겠다는 거야. 그런 거 보면…."

"그 기사 나도 봤다. 글자가 틀린 게 아니라, 유명한 사람 시구를 썼는데 글자 하나가 완전히 빠졌대. 수상자 발표를 하고 난 뒤에 신문에도 나고 해서 그걸 알았나 봐. 그래서 그런지 서예란 글씨체의 예술성을 보는 거라, 별 문제가 없다고 그러지, 아마. TV에서도 한번 논란이 된 거로 알고 있는데."

"그건 말도 안 돼지. 시라는 건 서체 이전에 글이 돼 뜻이 나와야 하는 거 아냐. 그런데 어떻게…. 잘못을 인정하고 바뤄야지."

"그럼 심사위원들도 그걸 몰랐단 말 아냐."

"말이 났으니 이야기지만 거기 출품한 글 다 아는 심사위원이 어디 있냐. 내 생각엔 반도 모르지 싶다. 나도 서실에 다니고 안 있나. 지가 쓰는 글, 뜻도 모르고 쓰는 사람이 수두룩하다니까."

"그럼 기준이 뭐야?"

"뭐 그런 게 있겠지. 그 사람들이 또 자존심은 씨거든."

"거기에 자존심은 왜 들어간데?"

"한번 결정했으니까 틀린 걸 알면서도 밀고나가는 게 모두 자존심 아냐."

"참 자존심 한번 고상하구랴."

"그노무 세상도 참 재미있구먼."

"서예전시회 그거도 장사하는 거라니까. 그거 한번 출품하는데 돈 얼마나 드는지 알어. 출품료에다가 액자 값, 나중에 입상작 책자 나오면 그것도 몇 권 구입해줘야지, 그거 나도 몇 번 해봤지만 장난이 아니더라고."

"아니 그건 그거고, 글씨가 틀렸건 빼먹었건 잘못 됐다면 그건 입상시켜서는 안 된다 그 말이야, 내 말은."

누군가가 옆에 앉아 있는 마담에게 넌지시 던진다.

"우리, 마담언니한테 한번 물어보자. 들은풍월이 있어도 있을 거 아냐. 저기 있는 저 글씨 한번 읽고, 해석 좀 해보래."

"…."

이녁들끼리 주고받던 화살이 왜 생뚱맞게 나한테 날아오냐는 듯 샐쭉하곤 벌떡 일어난다.

에른스트 피셔는 〈예술이란 무엇인가〉에서 "예술이라고 불리는 것이 다른 사람들에게는 예술이 아닌 경우가 종종 있습니다. '아름다움'과 '추함'은 이제 더 이상 고려의 대상이 되지 않는 낡은 개념입니다. 불쾌한 것, 비도덕적인 것, 눈과 귀를 어지럽히는 것도 예술의 영역이란 말입니다"라 했다. 그렇다면 더 할 말이 없다. 틀린 것과 예술은 별개의 개념이라면 누가 여기에 맞서리오.

언젠가 TV토론에서 본 일이다.

"우리 대한민국군은 명실 공히 60만 대군입니다. 주한미군은 2만

남짓밖에 되지 않습니다. 그런데 한미연합군사령관은 미군입니다. 이게 말이 됩니까. 어떻게 60만 명의 수장이 2만 명의 수장 밑에 들어간단 말입니까. 세상에 이런 불합리는 없습니다. 이건 상식 이하의 일입니다. 이런 사대주의는 하루속히 바로잡아야 합니다."

이 이야기를 듣는 순간 아하, 참 그게 그렇구나, 이건 아니구나, 나는 그런 생각을 새삼스럽게 하면서 고개를 끄덕이고 있었다. 그런데 다음 이야기를 듣자 또 마음이 흔들리는 것이다.

"선생님 생각은 초보적인, 아마추어적인 발상입니다. 군사력이란 사람 머리수로 계산하는 게 아닙니다. 그들이 가지고 있는 화력, 전략과 전술, 그리고 그들을 뒷받침하는 국력을 말합니다. 활 가지고 있는 사람 백 명이 달려들어 봐야 총 가지고 있는 사람 하나를 못 이깁니다. 바로 이게 군사력입니다. 그런데 그런 비유를…."

또 아하, 그게 그렇구나 싶은 생각을 갖게 하는 것이다. 대표적이고 어처구니없는 예 하나만 더 들어보자.

"국회가 왜 있습니까. 바로 대의정치의 산실이 국회 아닙니까. 쉽게 말해 중대한 나랏일을 결정할 때마다 국민투표에 붙이려니까 돈도 많이 들고 불편하기 때문에 그들의 뜻을 대변하기 위해 뽑아놓은 사람들이 그들이잖아요. 그러니 그들이 결정하면 곧 국민이 결정하는 거란 말입니다. 그런데 또 국민투표에 붙이자니 이런 낭비와 비능률이 어디 있단 말입니까."

"아닙니다. 소수의 의견을 무시하고 깔아뭉개서는 안 되죠. 그들의 의견도 반영이 돼야만 합니다."

또 있다.

"정치라는 건 울타리 안에 들어 있는 아흔아홉 마리 양의 생존을 걱정하는 겁니다."

"아닙니다. 잃어버린 한 마리의 양에도 비중을 두어야 하는 게 정치입니다."

어느 것이 정답일까. 끝이 안 보인다. 그야말로 방에 가서 들으면 시어머니 말이 옳고, 부엌에 가서 들으면 며느리 말이 옳은 데야 어쩌랴. 그렇다고 너도 나도 다 옳다고만은 할 수가 없다. 곰돌이 인형은 생필품이냐, 아니냐로 다투는 사람들과 똑 같다.

"우리가 살아가는 데 그게 없으면, 다시 말해 세탁기라든가 휴대폰, 치약 칫솔, 이런 건 없으면 당장 생활하는 데 불편하잖아요. 그런 게 생필품이란 말입니다. 그러니까 장난감은 없어도 괜찮고, 따라서 생필품은 아니란 말입니다."

"그건 어디까지나 귀하의 생각일 뿐입니다. 우리한테 휴대폰이나 아이들한테 곰돌이나 뭐가 어떻게 다릅니까. 난 같다고 봅니다."

말이 안 나온다. 누구를 어떻게 설득시켜야 할까. 우리들 사회에서 허둥대고 있는 논쟁들이 모두 하나같이 이 모양들이다.

민주주의면 민주주의지, 신민주주의는 뭐고, 자유민주주의는 무엇이며, 의회민주주의, 한국적민주주는 또 어떤 건데 야단들인지 모르겠다. 이건 도토리 키 재는 것도 아니고, 장님 코끼리 만지는 것도 아니고, 도무지 가리사니가 잡히질 않는다. 하느님이면 어떻고, 하나님이면 어떠냐. "말로서 말 많으니 말 많을까 하노라." 그것뿐이다.

이날 우리들 이야기는 계속되었다. 한 친구가 진지하게 말했다. 나이를 먹어도, 직장을 나와 현역 생활일선에서는 한발 물러섰다고 하더라도, 변화무쌍한 현실을 헤쳐 살아가자면 인프라, 아젠더, 뮤지션, 똘레랑스 따위는 알고 있어야 젊은이들하고 대화도 되고, 신문 한 장을 들고 앉아도 숨통이 트인다며 제법 그럴싸한 논리를 폈다.

뒤이어 WTO, FTA가 나오더니, SNS가 나오고 QR코드가 나왔다. 아는 사람도 있지만 모르는 사람도 있을 수밖에. 쉰 줄에만 들어서도 기억력이 쇠퇴하느니 어쩌니 하는데, 예순 중반에 들어선 사람들이니 그리도 생경할 수가 없다. 그렇다고 모두 무지렁이는 아니다. 그중에는 쌩쌩한 사람도 있다.

그때까지 계속 듣고만 있던 한 친구가 물었다.

"자네들이 그렇게 잘 알면 나도 하나 물어보자. DKNY가 무슨 약자야? 오늘아침 신문에서 봤는데 SNSD도 보이더라."

"또 그런 게 있었나. 난 첨 듣는다."

그중 시류에 민감한 친구의 이야기다. 골치 아픈 이야기를 꺼내 분위기를 어지럽게 만든다는 듯한 생감 씹은 표정을 짓는 이도 있다.

"나도 첨 알았는데, 깜짝 놀랐다. 독거노인과 소녀시대를 그렇게도 쓴다는구마. 허허허."

모두 할 말을 잃는다. 외래어를 너무 쓰니까 빈정대고 싶어 그런 걸 지어낸 건지, 정말 그런 말이 있는지는 모르지만 세상 돌아가는 거 보면 그런 게 나오고도 남을 세상이다.

"하나 더하기 둘은 삼이다. 그러나 경우에 따라서는 사도 되고 오도 되며, 또 만들어내면 영도 나올 수 있는 거야. 그게 바로 인문학 아냐. 인문학이란 원래 정답이 없는 거다. 뭐라고 자꾸 씨부렁대면 그게 인문학이라는 거여."

저마다 자기의 주장이 차이가 있다는 것뿐이지 옳고 그름(是非)의 대상으로 삼아서는 안 된다는 주장이다.

이야기는 그러고도 얼마나 더 지속되었다. 자주 만나니까 그런 이야기밖에 할 게 없고, 그게 아니면 술을 마시거나 대통령한테 욕을 퍼부어야 할 판인데, 그쪽도 할 만큼은 했으니까 잡론에 불을 붙여 태우고 있는 것이다.

한 방송국의 시사토론 프로그램이 시작되기 전 테마뮤직과 함께 따라 나오는 멘트가 생각난다.

"여론은 토론을 만들고 토론은 세상을 만든다."

내가 즐겨듣는 프로그램 가운데 하나다. 저마다 잘났다는 사람들이 나와서 핏대를 올리는 토론이지만, 그때마다 모두가 벌집을 건드려 놓은 것처럼 어지럽게 시끄럽기만 했지 시원한 답을 끌어낸 건 한 번도 보지 못했다. 토론의 목적이 뭔가. 아슬아슬 하더라도 공감대를 찾자는 데 있다.

여기저기 들쑤셔 실컷 떠벌려놓고는 시시비비는 시청자들 몫이라며 슬그머니 떠넘기니 도대체 이게 무슨 놈의 꼬락서닌가. 심심풀이 땅콩도 아니고, 염장 지르는 것도 아니고. 전문가라는 사람들이 나와 남모르고 있던 것까지 파헤쳐놓아 더 어지럽기만 하다.

민주화가 내 팔 내가 흔들면서 사는 세상이라지만 모두들 너무 나댄다. 원래 민주주의란 좀 시끄럽고 골치가 아픈 세상이라지만 그렇더라도 너무 튄다. 골치가 아픈 거까지는 참을 수 있지만 스트레스가 쌓여 트라우마로 붙는다면 그 자체가 사회병만 양산한다. 토론이 세상을 만드는 것이 아니라 토론이 오히려 뒤죽박죽 황칠을 해놓는다.

"지리산을 열 번 오른 사람은 지리산을 잘 아는 척 하지만 백 번 오른 사람은 오히려 입을 다문다고 한다."

이 말이 왜 명치끝을 치는지 한번 음미해보자.

둘,
새벽 미명을 바라보며

풀이 사람에게 말합니다.

"네가 부르기 좋다고 나를 '잡초' 라 부르지 마라.
'잡초' 라는 풀은 이 세상 어디에도 없다.
내가 네 이름을 모른다고 '잡놈' 이라 부른다면
듣기가 좋겠느냐.
내 이름을 모르는 건 너의 무식 탓인데,
그걸 왜 내가 덮어써야 하느냐."

묘지 공화국

 자주는 아니지만 일 년에 한두 번씩은 고향을 찾는다. 성주군 초전면 월곡동. 한때 벽진(碧珍) 이 씨들 집성촌이다. 명곡이라 해서 홈실이라고도 부른다.
 젊은 사람들은 모두가 떠나버려 지금은 노인들만 몇몇 사람 집지킴이로 살고 있을 뿐, 텅 빈 집이 태반이다. 팔순의 큰집 형수(兄嫂)의 말을 그대로 옮기면 "여게는 송장밖에 더 살고 있냐"는 곳이 됐다. 그리움과 추억의 산실이 되어 있어야 할 곳이 퇴영과 몰락의 상징으로 남아 있으니 한 번씩 들여다볼 때마다 안쓰러운 생각뿐이다.
 그런데 시들어가는 동네와는 달리 번창하는 게 하나 있다. 해마다 다르게 들어서는 인근 야산의 묘역이다. 지난날 전답으로 쓰던 들녘까지 야금야금 먹어 들어오고 있다. 언젠가 동네가 공동묘지로 변하지 않을까 두려운 마음까지 든다.

요즘 차고앉는 묘지는 그냥 두세 평도 아니다. 화강암 망두석에다 오석 비석은 기본으로 갖춘다. 왕후장상의 무덤 같은 그런 덩그런, 이거야말로 고래 등이다.

마을에서 동장으로 일을 보고 있는 집안 동생에게 한번 물어보았다. 출향한 사람들의 무덤도 없는 건 아니지만 상당수는 타지 사람들이 땅을 사서 그렇게 만든다는 것이란다.

세상에 가장 싱거운 놈이 남 고스톱 치는 옆에서 흔들었네 마네 이르는 작자와 남이 놓은 낚싯대 옆에서 잡아놓은 망태기를 꺼내 보며 이러쿵저러쿵 참견하는 작자라는데, 지금 내가 하는 짓거리가 혹 그런 건 아닌지도 모르겠다.

하기야 누구든 형편만 된다면 자신의 오늘을 있게 해준 조상들을 잘 모시고 싶은 건 당연한 일이다. 그렇게 못한 사람이 못난이일 뿐이다. 남들이 명당이라고 써놓은 묘지를 보고 왈가왈부한다는 건 바람직한 일은 천만에 못된다.

내 고조할아버지 산소는 경남 합천군에 있다. 합천댐이 끝나는 곳에 부자정(父子亭)이란 정자가 하나 있는데 거기에서 오른쪽으로 한참 올라가면, 관향이 어딘지 모르지만 조 씨들이 살고 있는 조그만 마을이 하나 얹혀 있는데 그 건너 쪽 산자락이다. 서너 번 내

왕했지만 더 이상 설명이 안 되는 곳이다. 후손으로 그만큼 무관심으로, 태만으로 지냈다.

20여 년 전 40대 초반에 숙부와 함께 처음 그곳을 찾았을 때의 일들이 생각난다. 산문을 들어서면서 숙부가 말했다.

"해방직후 이쪽이 명산이라고 해서 많은 풍수들이 끓었다더구나. 어떻게 알았던지 아버지(내게는 할아버지)도 그걸 아시고는 동네 젊은이들을 동원해서 할아버지(고조할아버지)를 몰래 여기에다 이장했다는구먼. 하도 집안에 인물이 안 나니까 그래라도 한번 몸부림을 치셨든가 보더라. 요새는 그래도 교통이나 좋지, 그때만 해도 이쪽으로는 달구지 길도 안 생겼대. 그렇다보니 산소만 덜렁 옮겨 놓았지 내왕이 쉽지 않아 자주 와볼 수가 있어야지. 그런 새 6·25가 터졌지. 모두 돌아가시고, 도방으로 나가고 해서 나중에 할머니랑 합장한다는 것도 못하고 혼자만 여기에 두게 되었다는구나. 나도 여기 와본 지가 십년도 넘지 싶다. 모르겠다, 지금 가서 산소를 제대로 찾을 수나 있을런지. 자손으로서 조상들한테 죄송스럽기도 하고, 입 치송하느라 허둥대다보니 그렇게 된 거 구처가 없구나."

그러면서 긴 한숨을 내쉬던 게 눈에 선하다. 그날 겨우 할아버지 산소를 찾기는 했지만 오랫동안 관리를 못해 폐묘가 돼 버려져 있었다. 그 뒤로 두어 번 더 찾아보다가 지석만 하나 꽂아놓고 그 뒤로 또 못 가보고 있다.

어느 틈에 발을 끊은 지도 10여 년이 넘는다. 앞으로 한두 번 더 가보게 될지 어떨지 그건 나도 잘 모르겠다. 지금 형편 같아서는 더

윗대 할아버지들의 산소가 어디 있는지 모르듯 그렇게 결별하지 않을까 생각된다. 이것저것 찾는 사람들이 들으면 세상에 그런 상놈도 없을 것이라 욕할 게 훤히 보이는 말이지만 사실이 그러하니 어쩔 수가 없다.

  합천 산소만 생각하면 뒤따라 떠오르는 게 하나 있다. 할아버지를 명당에 모셔보겠다고 도둑 이장으로 백여 리가 넘는 길을 사흘간(밤으로만 운구를 했다고 한다)고생을 해가며 옮겼으나, 그 뒤로 70년 세월이 흘렀지만 관직으로 군수 하나 나지 않았으니 과연 그곳이 명당인가 하는 점이 그것이다. 발복(發福)이 얼마만큼 세월이 흘러야 나타날지 모르지만 지금 내 생각으로는 왜 그런 무모한 짓을 했는지 모르겠다는 생각뿐이다. 못난 후손으로서는 예의상 할 이야기는 아니지만 내 생각은 그렇다는 이야기다.

  직장을 그만 두던 해에 친구의 도움으로 청와대를 구경한 적이 있다. 친구와 가깝게 지내는 사람이 비서실장이라고 해서 그분의 도움으로 들른 것이다. 그렇다고 높은 양반들 집무실을 구경한 것도 아니고 경내만, 그것도 극히 제한적으로 일부만 구경했는데, 나중에 들어보니 다른 사람들도 신청만 하면 그 정도는 볼 수 있다고 했다.

  일제의 잔재라 해서 지금은 사라지고 없지만, 전 노태우 대통령 전반기까지 집무실로 쓰고 있던 집터에, 그 흔적으로 사람 키만 한 오석 푯말이 하나 세워져 있는데, 거기에 음각으로 이런 글이 새겨져 있었다.

천하제일복지(天下第一福地).

당시 안내원의 설명에 의하면 거기 써놓은 그대로 하늘 아래서는 가장 복 받을 자리, 즉 양택(陽宅) 가운데서는 그곳이 명당이라고 했다. 우리나라 국민정서로 봐서, 더군다나 입주 당시의 문화를 감안한다면 분명히, 충분히 그런 자리가 맞을 것이다.

나는 그 비석을 보고 나오면서 정말 그곳이 천하제일이라는 호사(好詞)에 어울리는 복지일까를 한번 생각해보았다. 아마 풍수와 관계되는 많은 사람들의 의견을 모아 선정했다는 점에서는 거기에 버금갈만한 장소가 어디에도 없을 테니까 말이다. 조선왕조 초 무학도사를 위시한 유명풍수들의 동원되어 자리 잡았다는 한양천도에다, 그 가운데서도 경복궁부근이 가장 길지였을 터이니 그만한 땅이 어디 잘 있겠는가. 굳이 싱거운 소리를 한마디 던진다면 천하제일복지라기엔 좀 그렇더라도 한반도에서 제일 복지라는 데는 아무도 토를 달 사람이 없을 줄 안다.

그런데 과연 그곳을 그쳐간 사람들은 천하제일복지의 주인답게 많은 복을 누리고 살았을까. 내가 볼 땐 아닌 것 같다.

주인이라는 사람들이 하나같이 쫓겨나고, 비명에 가고, 교도소로 가고, 자살을 하고, 구설수에 휘말렸으니 말이다. 한때는 그곳에 사는 사람을 국부라고도 불렀다. 그들 가운데 단 한사람이라도 모든 국민이 이구동성으로 추앙하는 사람이 없으니 이런 안타까운 노릇이 있는가. 그들 말로의 비운만을 놓고 볼 땐 그런 흉지가 없을 만큼 답답하다. 아마 일반 여염집이라고 해도 그런 일이 계속 일어난다면 진작 팔아버렸거나 이사를 하지 않았을까 생각해본다.

"세상에 욕 안 먹은 부귀영화가 어찌 있으며 똥오줌 안 든 알곡이 어디 있느냐"라는 시각으로 본다면 할 말은 없다. 일단 거기 있을 동안은 모두 떵떵거리고 풍요롭게 지냈으니까. 우리나라가 전후의 황폐에서 G-20 반열에 들만큼 성장했다는 점까지 거기에다 연관시켜 내세운다면 그 점에 대해서도 할 말은 없다. 나는 집 주인들의 호불호(好不好)를 보자는 것이다.

풍수는 한마디로 명당을 찾아내는 일이다. 명당은 풍수지리에서 좋은 집터나 묏자리 터를 말한다. 〈조선의 풍수〉라는 책에 보면 "최상의 명당은 음양이 합치되고 산수의 응결이 합치된 곳, 다시 말해 지맥 중에 생기가 몰린 것을 혈(穴)이라 하고, 그 혈 앞에 평탄한 땅을 명당이라 하며, 이것은 천자가 군신의 배가를 받는 형국에서 유래한다"고 적고 있다.

이런 이야기들이 대개 그렇듯 우리 같은 사람들은 무슨 뜻인지 아리송할 뿐이다. 음양이라는 것도 어렵지만, 지맥이라는 것도, 혈이라는 것도 모두 보통 사람들한테는 거리가 있는 이야기들이기 때문에 그냥 그런가보다고만 여길 뿐이다.

흔히 말하기를 뒤에는 바람을 막아주는 푸른 산이 있고, 좌우로는 야산들이 병풍을 만들어주며, 그 앞으로 기름진 들녘이 있고 시내가 안겨 흐른다면, 우리는 보통 그곳을 양택으로서 명당이라고 한다. 그러나 이런 설정은 풍수학에서 명당이란 개념보다는, 취락 형성의 지리적 기본요건으로 설명하는 게 더 옳지 않을까 생각해 본다.

죽은 자의 무덤이 산자의 생활에 영향을 미친다는 동기감응설이라든가, 대통령감이 날 수 있는 명당 터가 엄청난 가격에 판매되고 있다는 게, 과연 오늘날 같은 대명천지에도 통한다는 게 참으로 놀랍다. 손톱이 1초 동안 자라는 길이를 계산해낸다는 '나노' 시대에 사는 사람들로서는 한심한 아이러니가 아닐 수 없다.

풍수의 경전인 〈천오경〉에는 사람이 죽으면 정신은 하늘로 올라가고 육신은 땅으로 가며 땅으로 돌아간 조상의 유골이 길기(吉氣)가 있는 온혈에 묻힌다면, 그 자손이 부귀영화를 누릴 수 있다고 돼 있다. 관연 그런 말을 믿어도 되는 걸까. 무속적 해석은 가능할지 모르겠다. 그러나 그게 과학의 잣대로 들이댄다면 어림 반 푼어치도 없는, 그야말로 귀신 씨 나락 까먹는 소리밖에 안 된다.

만에 하나 죽은 사람의 혼령이 있어 그게 산 사람에 영향을 끼친다면 어떻게 될 것인가에 대해 한번 상상이나 해보자. 그게 가능하다면 세상은 그야말로 살육과 아비규환으로 하루도 편할 날이 없을 것이다. 사람이 세상을 산다는 것이 서로가 미워하고, 속이고, 싸우고, 죽이고 하는 난장판의 연속이니까 말이다.

땅은 대자연의 풍화현상에 의해 생성되고 소멸되며 변해왔다. 어제의 산이 내일은 바다가 될 수 있고, 오늘의 강이 내일은 대지로 변하기도 한다. 인간사 역시 대자연의 한 가닥일 뿐이다. 내일 일은 누구도 장담할 수 없다. 우리는 그런 대자연의 풍화 속에서 생로병사의 과정을 걷다가 일생을 마치는 것이다. 그 법칙은 누구도 피할 수 없다. 자연스럽게 받아들여 순응하다가 자연스럽게 자연, 다시 말해 흙과 물로 되돌아가는 것이다. 무(無)에서 잠시 유(有)가 되었다가 다시 무로, 원점으로 돌아간다고 보면 된다. 누구에게 묻고 자시고 할 일도 아니다. 우리가 뻔히 알고 있고 보아온 사실 아닌가.

명당은 우리에게 무슨 의미일까? 그게 무엇이기에 많은 사람들이 거기에 길흉화복의 의미를 두어 하염없이 목을 매는 것일까? 명당의 덕을 보는 사람이 있기는 있는 것일까? 다른 나라 사람들도, 이른바 선진국의 사람들도 그런 일에 매달려 아등바등 애를 태우는 것일까? 그리고 풍수라는 사람들이 내뱉는 이야기에 신빙성이 있기는 한 것인가?

여기에서 내가 경험한 풍수 이야기를 하나 해보자.

한 친구가 우리 고향 쪽에 선고의 묘터를 보러 간다기에 동행했던 적이 있다. 그런데 그날 만나기로 했다는 풍수는 뜻밖에도 내가 아는 사람이었다. 지난날 고향 어느 이발소에서 일하던 사람이다. 친구가 사전에 나에게 이야기 한 풍수는 무슨 교수쯤 되는 사람으로 설명을 했는데, 실제로는 엉뚱한 사람이어서 나도, 당사자인 그도 서로가 움찔할 수밖에 없었던 상황이 됐던 것이다.

그날 적당히 일을 마치고 헤어진 뒤 아는 사람에게 그가 풍수의 길로 들어설 수밖에 없었던 사정을 들었는데 그 내력이 재미있었다. 이발소 손님을 모두 미장원에 뺏기고 영업이 안 되자, 시골에서 도시락 대리점을 내었던 모양이다. 장례 같은 큰일에 도시락 주문이라든지 이동식 뷔페로 지원하는 업체와 연결해주는 일을 보면서 남 안하는 궂은일을 조금씩 거들다가, 들은 풍월로 자기도 모르는 틈에 그쪽 선생노릇을 하게 되었다는 것이다. 요즘은 이골이 나서 쇠(나침판)까지 들고 다니며 읊어, 수입도 짭짤하다는 이야기다. 그러나 그를 아는 사람들은 옛날 이발소의 '시다'로 밖에 안 본다고 했다.

누구든 과거를 들먹여 평하는 것이 좋은 모양새는 아니지만 어쨌든 그런 사람이다. 그날 묘터를 보면서 그가 꺼낸 설명 가운데 나한테는 감동(?)을 준 명구가 하나 있다.

"옛날에는 좌청룡, 우백호를 많이 찾았지만 요즘은 좌버스 우택시에다 초점을 맞춰야 합니다. 후손들이 쉽게 찾을 수 있는 곳이 명당의 일차적 기준이거든요."

이 말을 어떻게 받아들여야 할까. 개그맨들의 우스갯소리 같은 말이지만 현실적으로 이런 이상적인 해설이 없다. 그런데 이를 풍수의 입을 통해 듣다니, 세상에 이런 어리둥절함이 있는가.

유명인사들 선대의 묘지를 찾아 명당 운운하는 것만큼 못난 풍수는 없다. 그건 누구든 다 할 수 있는 일이다. 그러나 묘 자리를 보고 후손이 대권을 잡게 될 것이라 맞췄다는 사람 얘기는 여태 들은 적도 본 적도 없다. 그런 기준으로 본다면 풍수란 모두가 날라리라고 봐야 한다. 2:1 아니면 2:0쯤 되는 대여섯 개로 압축된 축구경기 스코어도 하나 못 맞추는 역술인에게 인생의 길흉화복을 매단 것과 하나도 다를 게 없다는 말이다. 감정이 깃든 얘기 같지만 그렇게 명당에 자신이 있다면 남이 차지하기 전에 당장이라도 당신이 차고앉아 묘지를 쓰고 장차관이나 국회의원쯤 해보는 게 어떠냐고 묻고 싶다.

 무덤이 많으면 많을수록 그만큼 후손들은 살기가 괴롭다. 그래도 세상에는 못난 사람들이 많기에 그런 다행이 없다. 모두 잘나고, 돈 많은 사람들이 살아보라. 모두가 잘나서 죽어서까지 또 다시 수십, 수백 평의 땅을 차고앉아 누웠다고 해보자. 저마다 천마총 같은 사후의 집을 지어 놓는다면 이 나라 치산치수의 장래가 어떻게 되겠는가.
 듣는 풍월에 있는 사람들은 죽기 전에 자기의 묘역을 만들어, 심지어는 인테리어까지 해두고 리허설까지 해가며 마련해둔다고 한다. 참으로 가공할 노릇이다. 공동납골당에도 명당이 따로 있어 가격이 들쑥날쑥 한다니 명당바람이 어디까지 갈지 모르겠다.
 화장이니 수목장이니 해서 많이 개선되고는 있다지만, 그래도 해마다 여의도 면적 하나가 사람의 무덤으로 잠식된다고 한다. 완행열차를 타고 경부선을 오가면서 차창 밖을 한번 내다보자. 근사한 묘지들이 너무나 많다. 요즘은 묘역도 높은 산골짜기에 쓰는 것이 아니라, 집을 지을 수도 있고 논밭으로 경작을 해도 될 수 있는 곳에 쓴다. 그야말로 좌버스, 우택시의 명당들이다. 그대로 방치해둔

다면 언젠가는 죽은 사람들에 의해 산 사람이 고통 받을 날이 안 온 다고 누가 보장할 것인가

이 세상 어디에도 명당은 없다. 꼭 명당을 얻으려거든 터를 찾아 돌아다닐 게 아니라 부지런히 노력을 해서 입신을 하라. 그리고 육신은 태워 자연으로 돌려보내고 이름 하나만 사람들의 뇌리에 묻어놓아라. 그보다 좋은 명당이 어디에 있겠는가.

한두 평이면 묻힌다고는 하지만 이제는 그 한두 평 땅도 마련하기가 힘든 세상이 되었다. 어느 핸가 장마에 저마다 명당이라며 자처하던 공동묘지가 무너져 뒤죽박죽이 된 걸 우리는 TV화면으로 보았다. 세상에 그런 볼썽사나운 꼴이 어디 있던가.

요즘 어떤 절간에서는 부도(浮屠)까지 만들어 명당이라며 팔고 있다. 이거야말로 제 무덤을 파는 꼴이 아니고 뭔가. 이런 식으로 나가다간 머잖아 탑 속에서 영면할 날도 분명히 오리라본다.

아프리카의 광활한 초원에서 아무런 부담 없이 살고 있는 야생동물들을 한번 보자. 그들의 삶은 얼마나 풍요롭고, 자유롭고, 아름다운가. 먹고 자고 신나게 뛰어놀다 가는 그들의 삶은 말 그대로 자연스럽다. 이는 수도 없이 태어난 그네들 조상들이 모두 흔적 없이 풍화로 떠났기 때문이다. 선대 어미들이 오염시키지 않고 파괴하지 않은 자연을 그대로 살다가 물려주고 떠났음이다.

만약에 그들이 사람들처럼 지능이 발달돼 무덤을 남기고 떠났다고 해보자. 그들의 오늘이 얼마나 고통스러울 것인가.

이 나라 매스컴들은 공화국도 잘 만들더라. 제3공화국, 4공화국

으로 나가더니만 고스톱공화국, 뇌물공화국, 노래방공화국, 아파트공화국 등이 이미 등장했는데 묘지공화국인들 왜 안 나오겠는가. 다만 이들 공화국치고 하나도 반가운 공화국이 없으니 그게 안타까울 뿐이다.

다방마담의 주례사

　대구 중앙통에 '미도'라는 다방이 있다. 주로 나이 듬직한 사람들이 많이 찾는 곳이다. 여기엔 마담이자 사장인 정인숙 여사 때문에 더욱 유명세를 물고 있는 다방이다. 그녀는 KBS 아침마당 프로그램에도 두세 번 출연했고 담수회(淡水會) 회원으로 이런저런 사회활동도 하고 있어 대구에서 알 만한 사람들은 다 알고 있는 인사다.
　하루는 계모임을 마치고 친구들과 들렀더니 그녀가 옆에 앉으며 이런 말을 건넨다.
　"이 선생님, 이거 좀 봐 주이소. 나한테 주례를 서달라고 해서 주례사로 쓴 글인데 이상한 데 없나 함 봐 주이소."

그러면 A4용지 두 장에 볼펜으로 빼곡히 담은 글을 내뵌다.

순간 나는 움찔했다. 주례사 내용 때문에 놀란 게 아니다. 다방마담과 주례. 세상에 어떤 사람이 다방마담에게 주례를 서달라고 하겠는가. 아직 우리네 문화로는 어불성설, 어렵다. 다방마담이라는 이미지가 사람들에게 아직 그렇고 그런 여자로 골수 깊이 박혀 있기 때문이다.

나는 정마담의 주례사를 읽으면서도 마음속으로 엉뚱한 것만 헤집고 있었다. 내 딴에는 남보다 앞서간다고 자처하면서도, 더러는 그런 일로 욕까지 얻어먹었지만, 그렇더라도 미처 거기까지는 못 갔던 것이다. 솔직히 나는 다방마담은 고사하고 여자가 주례를 서는 일도 아직 본 적이 없었다. 그런데 하물며 마담이 주례라니, 다 읽고 난 뒤 물어보았다.

"됐습니다. 훌륭합니다. 그런데 어느 예식장이요?"

무엇보다도 호기심이 발동해 슬쩍 한번 가보고 싶었던 것이다. 가서 다방마담이 주례로 치르는 결혼식 분위기를 보고 싶었다.

강원도 어느 호텔이라고 했다. 친구의 딸이 결혼을 하는데 그 딸이 굳이 자기를 원해 주례를 서게 되었다는 것이다.

형편상 구경하는 건 포기하고 말았다. 거기까지 갈 수는 없는 노릇 아닌가. 정 마담이 자리를 비운 뒤 일행은 그녀의 주례이야기를 놓고 갑론을박으로 이러쿵저러쿵하다가 세상은 하루가 다르게 변해가고 있다는 것에만 동의를 하고 나왔다.

언젠가 서기관으로 공직생활을 했던 친구가 내게 물었다.

"뭐 하나 물어보자. 나중에 우리가 죽어 지방(紙榜)을 쓸 때 말야. 나는 서기관 아무개라고 쓰면 되는데 부인은 뭐라고 써야 좋을지 몰라, 그래 한번 물어본다. 자네는 뭐 좀 들은 거라도 있을 거 아이가?"

가끔 향교에도 나가고, 남의 향사 같은 데에도 얼굴을 내놓는다는 걸 알고는 그쪽으로 들은풍월이라도 있는가 싶어 묻는 것 같았다.

"글쎄, 그걸 어찌 쓰는 기 좋겠노."

내 입에서 나온 말이다. 나 같은 사람이 대답하기엔 너무 어려웠다.

지난날 초야에서 살아온 우리네 선대들은 대개 벼슬 없이 지냈고, 잘해야 선비소리 듣는 게 고작이어서 '학생(學生)'이니, '처사(處士)'니 해, 그 밑에다 부군(府君)을 붙여 신주로 삼는다. 바깥양반은 그렇지만 안 양반들은 대부분 '유인(孺人)' 아무개(관향) 이씨, 김 씨로 쓴다. 여기에서 유인이란 조선시대 외명부의 가장 낮은 품계, 즉 정·종 구품의 부인에게 주는 품위를 예외적으로 이용해서 붙인 것으로 알고 있다.

그러니까 지금 이 친구의 질문은 자기가 서기관을 지냈으므로, 조선조의 벼슬아치로는 사품에 해당되니 자기 부인도 거기 부응되는 외명부의 품계인 영인(令人) 쯤으로 쓰는 게 옳지 않느냐는 이야기 같았다.

관습, 관행이란 것이 하루아침에 없어지는 것이 아니다보니 지금도 여전히 쓰고는 있지만, 관혼상제 가운데 일부는 이미 갑오경장을 전후로 해 없어진 일들이다. 관례 같은 건 이미 모르는 사람도 숱하다.

이왕에 물어온 것, 그전에도 누군가와 한번 이러쿵저러쿵 논란을 폈던 일도 있고 해서, 두루뭉수리하게 대답했다.

"자신이 없네. 가가례(家家禮)라고 했는데, 그쪽 집안 내력이 안 있겠는가. 남의 집 제사에 나 같은 사람이 밤 놔라, 대추 놔라, 한다는 게 좀 그렇잖아."

"누가 뭐라고 해도 공직은 다르잖아. 우리는 대통령, 말하자면 임금의 임명장이 있걸랑. 그러니까 일반 기업체들 계급하고 비교해서는 안 되지."

친구는 공직만이 유일한 위계라고 내세운다. 보수적인 성향의 친구라는 건 알고 있지만, 그 물음 또한 이미 결정을 해놓은 것을 그냥 이쪽 생각을 한번 떠보는 듯한 범위 이상은 아님을 알 수 있었다.

친구가 원하는 대로라면 지금도 총리급이면 부인을 정경부인이라 써야 하고 장차관급을 지냈다면 정부인, 숙부인 아무개라고 써야 한다는 이야기가 된다. 그러나 이건 관존민비시대의 유풍으로 신분 등급이라는 게 오직 관직 품계 하나뿐일 때 이야기지 지금은 상황이 크게 다르다.

그럼 전직 장차관을 자기 밑에 두고 지내는 대기업 회장님들 부인한테는 뭐라고 써야 할까. 그리고 공직이 아닌 유명 기능인, 예술가, 체육인, 이들 부인은 어떻게 써야 할 것인가. 국위선양에도, 돈벌이에도, 유명세를 물어도, 후세에 이름을 남겨도 장차관급보다 못할 사람이 하나둘이 아니다.

 장영실(蔣英實), 허준(許浚) 같은 인물도 당대에는 올바른 대우를 받지 못했지만, 오늘에 와서는 당시의 정승판서보다 더 고귀한 대접을 받고 있지 않은가.

 "그때는 위계가 그쪽 하나뿐이라서 그런 거 아니겠어. 예를 들면 국회의원은 장관급인데 대통령 임명장 없다고 학생이라 쓴다는 것도 좀 그렇잖아. 안 그런가?"

 "그것도 그렇긴 하다만…."

 이야기는 엉뚱한 곳만 헤집다가 끝나고 말았지만 이상하게도 다른 분야에서는 모두 개혁을 부르짖으면서도 제례와 상례에서만은 왜 아직도 쉽게 관행을 벗지 못하는지 아리송하다. 짐작컨대 선대들에 대한 효행(孝行) 때문이 아닌가 생각해본다.

 지금 우리는 문화적, 사회적으로 왕조시대에 비하면 대단히 개혁 진보된 시대를 살고 있다. 호주제가 없어지고, 자녀의 성이 형편에 따라 남편 성으로, 아내 성으로, 다시 말해 같은 형제간이라도 합의만 된다면 각각 다른 성을 가지고 살아갈 수 있는 세상에 살고 있다.

 얼마 전까지만 해도 '성을 바꿀 놈'은 세상에 없는 욕으로 알았는데 이제 그건 마음먹기 나름으로 돼버렸다. 우리나라 여자와 혼인해 귀화한 어느 외국인 남자는 부산 영도다리 부근에 산다고 영도이씨(影島李氏) 시조공이라고 거들먹거리고 있다. 뼈대 있는 문중 사람들이 들으면 기절초풍하고 나자빠질 일 아닌가.

그런가 하면 시골 동네마다 베트남 댁, 캄보디아 댁이 없는 마을이 잘 없다. 거기에다가 각종 정책 또한 다민족, 다문화를 정착시키려 노력하고 있다. 단군 자손의 단일민족과 유교문화 중심의 각종 전통 예절 또한 시류(時流)라는 대세를 따라 이미 떠내려가고 있거나 변환을 찾지 않으면 안 될 중차대한 기로에 서 있는 게 현실이다. 쓰나미 같은 파도 앞에서 전통이라는 낡은 제방으로 버틴다는 건 아무래도 힘겹다.

하긴 '가가례'라는 말이 우리말 사전에 나와 있는 걸 보면 예절이란 그 집안 형편에 맞게 치르도록 권하고, 또 그걸 인정하자는 것이 보편적 사고는 아닌지 모르겠다. 학자에 따라서는 주자가례(朱子家禮)나 사례편람(四禮便覽)에는 그런 말이 눈 닦고 봐도 없다면서 극기복례를 기피하는 자들이 지어낸 말이라고도 하지만, 조심스럽게 한마디 거든다면 어느 건 지어낸 것이 아니냐고 묻고 싶을 따름이다.

영국의 대표적 역사학자 에릭 홉스봄이 쓴 〈만들어진 전통〉이라는 책에 보면, 영국의 전통이라는 거창하고 화려한 왕실의례의 대부분은 19세기 후반에 만들어진 것이라고 밝혀놓았다. 엘리자베스 2세가 고색창연한 마차를 타고 의회개원을 위해 웨스트민스터 의

사당으로 향하는 모습을 대표적 예시로 들었다. 인도와 아프리카 등의 많은 식민지를 거느린 국가로서 권위를 과시하려는 전략이라는 것이다. 말하자면 전통은 권위가 만든 허울이라는 이야기다.

우리나라 조선시대의 사농공상의 신분제도가 언뜻 떠오른다. 반촌(班村), 민촌(民村)에다 양반, 상놈의 차별을 두었는데 어찌 그들의 문화, 예절이 같을 수가 있겠는가. 당연히 차이가 날 수밖에 없다.

예를 들면 제례의 진설(陳設) 하나에도 동두서미(東豆西尾), 좌포우혜(左胞友醯). 홍동백서(紅東白西), 조율시이(棗栗柿梨) 따위를 들먹이고, 공수(拱手)에도 남자는 이렇게 여자는 저렇게, 절을 해도 남자와 여자는 달라야 하며, 그 순서 같은 것에도 구속이 많았다. 네 집, 내 집이 모두 나서서 자기 것을 주장한다면 그 방법이 수십, 수백 가지가 될 것이 아닌가.

문제는 아직도 이 전통을 그대로 이어나가자고, 이것이 무너지면 전통이 무너지고, 따라서 도덕윤리가 흔들리며 세상이 뒤죽박죽이 된다는 사고방식이다.

1970년대를 전후해서 새마을 운동이 한창이던 때에 가정의례준칙이라는 게 나왔다. 한마디로 요약하면 관혼상제의 전통예절을 간소하게 줄이자는 내용이다. 대표적인 예로 4대 봉제사를 2대로 하고 조화 같은 것도 영정 앞에 한두 개 갖다놓는 것으로, 굴건제복이나 만장 같은 것은 아예 없애는 것으로 해서 '없는 집에 제사 돌아오듯 하는' 가난의 질곡에서 벗어나자는 상제의 개혁안을 규칙으로 만들어놓고 강제한 것이다.

유림과 여러 종단의 불평불만이 있었지만 힘으로 밀어붙여 큰 성과를 거두기는 했다. 그러나 힘으로 밀어붙인 일이 대개 그렇듯 약 기운이 떨어지자 설날이 다시 양력에서 음력으로 돌아오듯 복귀한 것도 있고, 그대로 유지된 것도 있어 요즘은 저마다 편리하게 지내는 것으로 알고 있다.

예절로서 서로가 자기 것이 옳다고 우기는 것을 보면 예송논쟁으로 잘 알려진 우암 송시열(宋時烈)과 미수 허목(許穆)의 다툼을 안 돌아볼 수가 없다.

효종과 효종 비에 대한 자의대비(慈懿大妃)의 복상기간을 두고 효종의 체이부정(體而不正, 대통은 이었으나 결코 장자는 아님)을 내세워 상복기간이 3년이 옳으니, 1년이 옳으니 내세워 다툰 게 그것이다. 물론 그 이면에는 서인과 남인이 서로 살아남기 위한 붕당정치의 산물이라는 배경이 있긴 하지만 지금 생각해보면 시각에 따라 얼마든지 웃음거리로 볼 수 있는 일이다. 대의확립을 위한 명분이라고는 하나 그게 사람을 죽이고 살릴 만큼 그렇게 중요한 것은 아닌 것이다.

예절이 지나치게 아전인수의 규범이 되어서는 곤란하다. 예절에도 자기의 시대가 있다. 자기의 시대를 잃어버린 예절만큼 허망한 것이 없다.

나는 어렸을 적 설이 되면 마을 어른들을 찾아, 나를 모르는 어른이 있으면 아무개 댁 아들이라는 걸 밝혀가며, 또 설날 못 만나면 다음 날에 다시 찾아가기도 해서 몇날 며칠을 두고 세배를 다녔다. 그때는 그게 사람행세다. 그런데 요새는 어떤가. 한 뼘 벽을 사이에 둔 이웃끼리도 개 닭 보듯 지낸다. 옳고 그름을 떠나 세상이 그렇게 돌아가고 있다.

내가 아는 사람 가운데는 아버지와 맞담배를 피우는 이가 있다. 기호품인데 커피나 뭐가 다르냐는 것이 그들의 주장이다. 충분히 수긍이 가는 이야기다. 반대론을 폈다가 그럼 술은 왜 부자가 대작을 하느냐고 묻는다면 어떻게 대답할 것인가.

손자가 처음 태어날 무렵 아범이 나를 찾아왔다.
"아버지, 사내앤데 이름 하나 지어주셔야죠"
잠깐 머무적거리며 생각해보다가 말했다.
"너희들 내외가 상의해서 지어라."
내가 잠깐이나마 머뭇거린 것은 내 아이들 이름을 지을 때 일이 생각나서다. 지금 아범이 나한테 찾아올 때처럼 그때 나도 아버지를 찾아 아이들 작명을 부탁했다. 아버지는 내가 찾아오기를 은근히 기다렸다는 듯, 이미 손자들 이름을 지어놓고 있었다. 한의사로 한학을 공부한 터에다 당시 문화로 봐서 충분히 그럴 수밖에 없었다.

상덕, 상식, 상은. 이름 세 개를 내놓으며 어느 것도 다 괜찮으니 두었다가 차례대로 쓰도록 하라며 일렀다. 마침 삼형제를 두었고, 차례대로 이름을 붙였다. 나중에 안 일이지만 셋째 이름 상은은 여자아이를 염두에 두고 지은 이름인데, 그때 이미 아버지는 세상을 떠난 뒤였다. 나중에 조금 혼란이 오긴 했으나 그대로 썼다. 물론 모두 철저하게 오행의 항렬에 따른 작명이다.

"아버지 우리 이름은 누가 지었습니까. 왜 이래 모두 촌스러워요. 친구들 중에 젤로 멋대가리가 없다고요."

자라면서 아이들의 볼멘소리를 여러 번 들었다. 어른이 한 일이라 묵묵부답으로 지냈지만, 뒷날 아내도 불만스러움을 나타낸 적이 있었다. 내가 아범한테 너희 내외가 상의해서 지으라고 한 건, 그런 후환(?)을 없애고자 함에 무게를 둔 것이다. 더군다나 모두 대학을 나온 데다가 시류에도 나보다 민감할 것이 아닌가.

그래도 체면치레인지는 모르지만 자꾸 조르기에 서너 개를 지어 주면서 모든 결정은 너희들이 하라고 일렀다. "다빈"으로 결정을 했다며 그렇게 호적에 등재하겠다는 연락이 왔다. 좀 신식 물이 든 이름으로 본 모양이다. 항렬에서 이탈을 한 건 물론 한문 표기를 안 했으니 관행으로 봐서는 엄청난 외도인 셈이다. 항렬을 따르자면 마지막에 불꽃 환(煥)자가 들어가야 한다. 우리 대의 칠남매, 여자들까지 모두 끝에 수(洙)자를 따른 것과 비교한다면 일종의 반란이다.

내 딴엔 무슨 큰 개명이나 한 것처럼 가슴앓이를 했지만 따지고 보면 아무것도 아닌 것이다. 뭣한 사람들은 벌써 오래 전에 저지른 일이다. 실은 그만큼 나도 전통이란 인습이 옭아매고 있었던 것이다.

요즘은 아이의 성도 부모의 양 쪽을 다 따서 복수로 짓고, 저네들끼리 합의만 되면 처가 쪽 성을 쓴다는 사람도 있기에 이 씨를 그대로 붙이고 있어주는 것만으로도 감지덕지하고 있다. 그리고 저네들이 꼭 그러고 싶다면 그런 데까지도 이제는 그냥 따르는 수밖에 없다고 생각하고 있는 참이다.
  변화라는 건 이상한 것도 아니고 특이한 것도 아니다. 새로운 것을 찾는 적응이며, 그런 것도 따지고 보면 생존전략이다. 어중이떠중이 작명가들이 제 세상을 만난 듯 설치고 있는 게 모두 그런 것 아닌가.

  얼마 전에 컴퓨터회사 애플의 창업자이며 IT업계의 아이콘으로 화제가 되었던 스티브 잡스(2011)가 죽었다. 그가 세상을 떠나자 세상의 매스컴들은 영화보다도 더 영화 같은 삶을 살다 간 사람이니, 지구에 새로운 사과나무를 심고 떠났느니 어쩌니 해서 온통 그의 죽음을 떠들썩하게 애도 했다. 그의 어록에는 많은 것들이 있었지만 내 눈에 특히 담긴 것은 계속 '변화'를 제창했고, 생활자체를 변화로 살았으며 이윽고 인류의 라이프스타일에 변화를 주고 갔다는 내용이다.
  언젠가 삼성의 이건희 회장도 마누라 빼고 바꿀 수 있는 것은 다 바꿔보라며 변화를 제창한 일이 있었다. 아마 기업에 종사하는 사람들은 고정관념을 깨라, 역발상을 해보라, 이런 류의 이야기들을 수도 없이 들었고, 또 시도도 해보았을 줄 안다. 그건 농사를 지어도 마찬가지고 구멍가게를 내고 사는 사람들도 마찬가지다.

이런 사람들의 이야기를 굳이 우리 문화와 연관시킬 필요는 없다고 하더라도 변화는 필요한 것이다. 이미 오래전에 역경(주역)이 이미 우리에게 가르쳐 준 것이다.

흔히 궁측통(窮側通)으로만 사람 입에 오르내리고 있는 궁측변(窮側變), 변측통(變側通), 통측가구(通側可久)가 그것이다. 어쩌면 궁측통 세 글자가 주역의 핵일 수도 있는데, 바로 그게 역경의 바꾼다는 역(易)이고 그 역이 곧 변화를 말하는 것 아닌가. 우리가 흔하게 쓰고 있는 온고지신이란 단어도 조용히 음미해보면 변화에는 적응밖에 없다는 걸 가르치고 있다.

세상은 계속해서 변하고 또 변한다. 하드웨어도 변하는데 소프트웨어는 말할 것도 없다. 문화는 구성원들의 공유가치 변화에 따라 자꾸 변하게 되어 있다. 문화는 소프트웨어고, 인류를 지배하는 예절과 규범도 모두 하나의 문화다. 아놀드 토인비는 "문화도 생로병사의 과정을 거친다"고 했다. 새로운 시대의 필요로 태어나서 그 필요가 다른 필요에 의해 무너지면 자연히 사라지게 돼 있다.

문화가 사멸해서 박물관에 가 있는 게 문명이다. 쉬운 보기로 한식이며 단오는 얼마 전까지만 해도 우리에게 설이나 추석과 같은 명절이었다. 관혼상제 사례의 관도 마찬가지다. 그들은 이제 박물관에 가야만 만나게 되었다.

우리가 배운 예절, 다시 말해 지나치게 권위주의적인, 시류가 감당하기 힘 드는 예절은 이맘때쯤 한번 고려해 봄이 어떨까. 예절이 너무 번거로워 혼란이 온다든지(禮煩則亂), 예절을 지나치게 내세우면 인간관계가 이반된다(禮勝則離)는 말은 옛날에도 있었던 이야기들이다.

더군다나 이제는 우리가 자랑으로 내세우던 단일민족도 아니고, 다민족이 어우러져 사는 다문화, 다차원시대에 살고 있다. 새 시대에 맞는 잣대로 눈금을 찾아야 한다.

나는 컴맹이면서도 "요즘은 대학 졸업한 놈이 지방 한 장도 못 쓴다"고 탓만 해서는 곤란하지 않을까. 이 나라 어느 학교에도 지방 쓰고 축 쓰는 방법을 교과서에 넣어 가르친 일은 건국이래로 없었다. 그런데 해방이후에 태어난 사람들이 제사상머리 지방에 오를 자기 조그만 관직에 매여 고민한다는 건, 이 또한 번문욕례(繁文縟禮)가 아니겠는가.

며칠 뒤 다시 다방 '미도'에 들렀을 때 나는 정 여사에게 인사 삼아 그날 결혼식은 잘 치렀느냐고 한번 물어보았다.

"아주 박수를 많이 받았지요. 사회자가 나를 소개할 때 어떻게 할까 걱정도 되고 궁금했는데 아주 멋들어지게 해주더라고요. 대구에서 문화공간을 운영하시고 있는 정 여사님이라고…. 호호호."

정 여사의 얼굴이 함박꽃으로 피어올랐다.

그날 이후로 나는 결혼식 주례이야기가 나오면 정 여사 이야기를 한 번씩 써먹는다. 상대 가운데는 정 여사를 잘 아는 사람도 있다. 그러나 반응은 하나같이 모두 뚱한 표정이다. 아무리 앞서 간다고 하더라도 다방마담이 주례를 섰다는 건 너무 했다는 그런 인상이다.

여기에서도 문제는 머릿속에 요지부동으로 박혀 있는 고정관념이다. 벌써 내 입에서 그런 말을 꺼낸 것 자체가 문제의식을 담고 있는 것이다. 다방마담이 아닌 '다방 경영자'로 보면 하등의 이야기꺼리가 못 되고, 더군다나 여자가 아닌 남자로 놓고 보면 아무것도 아닌 것인데 혼자만 그렇게 별나게 생각하고 있었던 것이다.

살만큼 살아 나름대로는 견문을 갖추었다고 자처도 해보는 터지만, 아직도 내 생각이 얼마나 외곬으로 맴돌고 있다는 걸 새삼 발견한다. 참 치사스런 발견이다.

어쨌거나 다방마담을 주례로 데려다 결혼식을 치르겠다는 그 사람도, 다방마담으로서 당당하게 주례를 맡은 그 사람도 모두 내 눈에는 대단해 보인다.

하긴 그 여자보다 더 살았으면서도 주례 한 번 못 서본 사람에게 연작(燕雀)한테 홍곡(鴻鵠)의 뜻을 묻는 것과 무엇이 다르랴.

그러나 이런 생각, 이런 이야기도 언젠가는 부끄러울 날이 올 것이다. 속도가 붙으면 2, 3년 뒤가 될지도 모르겠다. 내가 어렸을 때만 여자가 바지를 입고 자전거 타는 걸 해괴한 눈으로 바라보았다. 다방마담의 주례라고 뭐가 다를 것인가. 그 이야기처럼 아무것도 아닌, 오히려 어처구니없는 이야기로 돌아다닐 날이 올 것이다.

100세 장수, 행복인가 재앙인가

오복이라는 게 있다. 오복을 누리고 살아라, 우리한테는 이보다 좋은 덕담이 없다.

오복은 수(壽), 부(富), 강녕(康寧), 유호덕(攸好德), 고종명(考終命)을 말한다. 사서삼경의 하나인 서경(書經) 홍범(洪範)편에 나온다. 오래 살고, 부자로 살고, 건강하게 살고, 덕을 베풀어 남한테 좋은 소리 들으며, 삶을 마칠 때 구설에 오르지 않고 가는 걸 말한다.

일왈 수(一曰, 壽)로 시작해서 순서를 붙여 놓은 걸 보면 오복 가운데서도 수를 으뜸으로 쳤던 모양이다. 하긴 아무리 다른 걸 다 누리고 떵떵거리며 살더라도 한 번뿐인 인생, 요절로 끝낸다면 칭송할 일이 못 될 것이다.

요즘 매스컴에 백세장수라는 말이 자주 등장한다. 앞으로는 잘만 건강을 관리하면 백세쯤은 누구든 거뜬하게 누릴 수 있다는 부추김이다. 그 방면의 전문의들과 요리사들이 나와서 백세장수를 위해 건강관리는 어떻게 해야 하며, 음식은 어떻게 챙겨 먹어야 한다는 것도 자상하게 가르쳐 준다.

듣기에 따라 퍽 고무적인 이야기다. 뿐만 아니라 따라서 앞으로는 인생설계도 백세를 목표로 설계할 필요가 있다고 떠벌린다. TV에서는 실제로 백세를 넘긴 노인이 밭에 나가 일도 하고, 자전거를 타고 다니면서 활동하는 사례도 내놓는다.

그런 프로그램을 보면 누구든 나도 저렇게 살 수 있지 않을까 하는 생각도 당연히 하게 된다. 그건 욕심 이전에 본능이다. 그러나 매스컴에서 눈을 떠나 현실로 돌아오면 금세 다른 세상이 나를 기다리고 있다.

지금 당장, 누구든 자기 주변에 백세를 누리고 있는 사람이 있는지 찾아보기나 해보자. 잘 없다. 그저 소문으로만 어디에 있다더라, 들릴 뿐이다. 그만큼 백세를 누린다는 건 기적이지 보편적 삶은 아니다. 물론 선택된 것도 아니다.

나이 일흔 넘은 사람치고 약으로 살지 않는 사람은 잘 없다. 당뇨, 혈압, 고지혈, 요실금, 요통, 관절염, 전립선 등등 무슨 병을 가지고 있어도 한두 가지는 다 가지고 산다. 좀 표현이 뭣하지만 몸뚱이 곳곳이 허물어져 부실한 데가 많다는 말이다.

조금 더 눈길을 낮춰 여든 이상 된 사람들을 찾아보자. 대부분 혼자 활동하기엔 어려운 사람들이다. 그 나이까지 부부가 해로하는 사람들도 잘 없다. 대개 혼자다. 그러다가 아흔 전후가 되면 모두가 병원에서 산다. 집에 있다고 하더라도 거동이 불편하다. 우스개 삼아 하는 말로 집에 있으나 산에 있으나 같은 사람들이다.

백세를 넘겨 혼자 자유롭게 문밖출입을 해가면서 사는 사람은 그날 TV에 나오는 그분 한사람뿐이라는 결론과 만나게 된다. 한마디로 백세는 원해서 사는 삶이 아니란 말이다. 5천만 가운데 한 사람이 있을까 말까 하는 그런 비율이다. 그런데 우리는 건강하게 백세를 누리는 몇 안 되는 이들을 보편적 기준으로 삼아 이러쿵저러쿵 하고 있는 것이다.

그리고 또 하나, 내 집에 백세를 누린 어른이 있다고 가정을 한번 해보자. 과연 그 집안이 행복할 것인가. 물론 나는 여기서 보편적인 상황을 이야기하는 것이다.

남 볼 것 없이 우리 집 예를 한번 들어본다. 7남매의 맏이인 나에게는 망백(望百: 91세) 노모가 있다. 20여 평 아파트에 혼자 계신다. 부근에 동생이 있어, 지내는 데는 불편이 없다고는 하지만 우선 몸이 말을 듣지 않으니 생활이 괴로울 수밖에 없다.

마을(성주군 초전면 대장동 면소재지)에 어머니 연세 노인은 딱 두 분 있다. 마을에 경로당이 있지만 거기에 나가는 것도 여러 면으로 힘이 든다. 거동도 힘들뿐더러 연세가 너무 높으니 같은 노인들끼리도 부담이 되는 모양이다. 오래전부터 서너 가지 약을 달고 살며, 일주일에 두세 번씩 물리치료도 받고 가끔은 영양제도 맞는다. 그런데도 주변에서는 모두 그 연세에 그만큼 건강한 분도 잘 없다고 한다.

손자들이 여럿 있지만 명절 말고는 찾지 않는다. 변명이 아니라 저마다 생활이 있다 보니 모범적 드라마처럼 그런 관계가 잘 안 된다. 자식으로 입에 담을 말은 아니지만 그야말로 같은 동포일 뿐이다. 동생이 그곳에서 면장까지 지냈다고 해도 그 이상은 어려운 게 현실이다.

어머니는 우리와 마주앉기만 하면 "고만 죽었으문 핀할 긴데"라는 말을 꺼내신다. 노인네들 죽고 싶다는 이야기는 당연히 거짓말이라고는 하지만 수긍되는 면도 아주 없는 건 아닌 듯 들린다. 삶에 또렷한 목적이 있는 것도 아니고, 들리는 건 좋은 일보다 걱정거리가 더 많고, 혹 그러다가 자식들을 앞세울까 겁도 나고 그런 모양이다.

딴 건 두고라도 대화할 사람이 없으니 외로움이 크다. 자식들이 적지 않지만 서울, 부산, 인천, 대구 등지로 뿔뿔이 흩어져 살고 있으며, 또 제 가정을 가지고 허둥지둥 살고 있으니 형제간에도 서로가 서로의 눈치를 봐가면서 살아야 하는 건 지극히 당연한 일이니 말이다.

얻어 자시는 본인 또한 그런 안쓰러움이 없지 않을 것이다. 나이 든 이에게 치매라는 병은 이런 안쓰러움을 잊게 해주는 '조물주의 배려'라는 말도 여기에서 나왔다는 이야기가 있으니 말이다.

나는 얼마나 살 것인가. 아마 누구든지 이 명제에 한두 번쯤 매달려보지 않은 사람은 없을 것이다. 당연히 나도 해보았다. 나이가 들수록 그런 생각은 더 자주하게 되고 그러면서 위로 선대들과, 옆으로 주변 사람들과 한 번씩 비교도 해본다. 유전자와 생태도 무관하지 않기 때문이다.

모든 생명 있는 물체는 수명이 길고 짧을 뿐이지 당연히 죽게 되어 있다. 그게 자연의 질서이며 섭리다. 모두 죽지 않고 만수무강을 누린다고 해보자. 정말 그것보다 더 큰 재앙은 없을 것이다. 자연이 우리에게 부여한 수명은 반드시 있다. 그것도 일종의 명령이다. 모두 그 명령을 따라야만 자연의 질서가 잡히고 조화가 유지된다. 또한 자기의 명령을 위반하도록 두지 않는 것도 자연의 힘이다.

그렇다면 우리 인간에 내린 천수는 얼마나 될까. 나라에 따라, 지역에 따라 들쑥날쑥 한다. 같은 지구상에 살더라도 평균수명이 40대에 그치는 곳이 있는가 하면 80대까지 장수하는 나라도 있다. 배 차이가 난다. 한 지역에 살더라도 어떻게 관리하느냐에 따라 다를 수도 있다. 그러나 그런 건 도토리 키 재는 것밖에 안 된다.

우리는 곧잘 일흔 나이를 고희(古稀)라고 부른다. 두보(杜甫)의 절구 가운데 인생칠십고래희(人生七十古來稀)라는 구절이 나오는데 이를 줄여서 그렇게 부르는 말이다. 사람으로 일흔 나이를 살기는 했으되 옛날부터 드물었다는 이야기다. 드물다는 게 어느 정도인지는 모르지만 요즘보다는 적었으리라 본다. 그건 온전히 의술 덕이다.

우리네 나이 문화에 회갑이라는 과정이 있다. 십간십이지로 60년을 주기로 만들어놓은 산술로, 태어난 해가 다시 돌아오는 걸 말한다. 왜 60을 '리턴 포인트'로 정했는지에 대한 확실한 근거는 찾을 수 없으나, 이날을 기념해서 축하도 받고 잔치도 베푼 걸로 보아 인간이 누릴 수 있는 수명의 한계와 관계가 있지 않을까 생각해본다. 의술이 발달하지 않았을 때는 대개 그 나이밖에 못 누렸으니까.

사전(동아 새국어사전 개정판)에서 백세를 찾아보았다. '오랜 세월'로 나와 있다. 그 밑에 백세지후(百歲之後)라는 말이 있기에 봤더니 '사람이 죽은 뒤'로 돼 있다. 추측하건데 이는 백이라는 숫자의 개념을 떠나 '천년만년 살고지고'의 뜻처럼 많음에, 그러니까 우리가 달성할 수 있는 목표치라기보다는 이상에 무게를 두어 풀이해놓은 건 아닌지 모르겠다.

회갑이든, 사전 풀이든 사람들이 공감대를 찾아 만든 것이니 상식에서 크게 벗어나지 않으리라 본다. 그렇다면 인간의 수명이 어떠하다는 게 대충 답이 나온다.

언젠가 한 전문의가 TV에 나와서 이런 이야기를 했다.
"동물의 세포는 크게 두 가지로 나눌 수 있습니다. 하나는 생식세포이고 다른 하나는 체세포입니다. 체세포의 기능이란 생식세포를 보호하기 위해 있는 것인데, 생식세포가 자기의 역할이 다 끝났다고 보면 체세포는 자연적으로 생명을 다한 것이라고 보면 됩니다. …"

나는 그 이야기를 들으면서 혼자 이런 생각해 보았다. 모든 생물은 마지막 생산이 끝난 후, 좀 더 여지를 두어 태어난 2세들이 자생 능력을 가질 때까지 보호기간이 끝나면 그 모체는 사멸하는 것이라고. 그렇다면 사람에 허용된 수명은 몇 살일까. 폐경으로 단산을 해서 마지막으로 낳은 아이가 인간노릇을 할 수 있도록 돌보자면 길어야 일흔이다. 바로 그쯤 나이가 우리 인간의 보편적 한계수명이 아닐까하고, 외람되게 정의를 내려 본 일이 있다.

벼농사를 지어본 사람들은 잘 알 것이다. 가을에 벼가 익을 무렵쯤 되면 벼 잎 가운데 세모뿔로 접힌 것들이 있다. 그게 거미집인데 그걸 한번 열어보면 거미새끼들이 태어나서 제 어미의 몸통을 뜯어먹고 있다. 2세의 태어남과 동시에 1세는 자기의 생명을 마감하는 실체를 구경할 수가 있다. 그게 생태계의 일반적 조화다.

장수는 우리 인간들의 오랜 염원이며 꿈이다. 오복을 만들어놓고 으뜸 자리에 앉혀놓은 것도 그런 애틋한 바람의 반증이 아니겠는가.

달아달아 밝은 달아 이태백이 놀던 달아
저기저기 저 달 속에 계수나무 박혔으니
옥도끼로 찍어내어 금도끼로 다듬어서
초가삼간 집을 짓고 양친부모 모셔다가
천년만년 살고지고 천년만년 살고지고

이렇게 우리는 오래 사는 걸 지상목표로 삼고 축수를 하며 조금이라도 더 살아보려고 노래를 불렀다.

쇠똥에 뒹굴어도 이승이 좋다며 온갖 아유구용도 펼쳐본다. 하지만 대자연의 섭리를 벗어날 수는 없는 게 우리들 운명이다.

우리가 쉰 언덕을 넘어 예순 고개에 이르면 시력도 떨어지고, 치아에도 손상이 생기고, 관절 여기저기에 바람이 인다. 이런 증상은 이제 이승에서 네가 할 일은 다 끝났으니 다음 단계를 준비하라는 예고편이 아닐까 생각해본다. 다시 말해 조물주가 우리한테 점지해준 수명이 다 됐다는 말이다.

아마 이쯤 늘어놓았으면 숙맥이 아닌 이상 저 작자가 무슨 속으로 저 따위 사설을 늘어놓는다는 걸 눈치를 챌 것이다. 결론부터 꺼내자면 죽음을 자연스럽게 받아들이자, 그 말이다. 건강백세장수를 들먹거린다는 건 저승사자라는 운명 앞에서 폼 잡는 해프닝밖에 안 된다. 백세에 자전거 타고 일하는 사람, 아무리 찾아보아라. 내 주변엔 없다. 그날 TV에 나온 그 양반 한 사람뿐이다. 5천만 가운데 한둘 나올까말까 하는, 어쩌면 로또보다도 더 어려운 그런 기적과 비교를 해서 뭘 어쩌자는 것인가.

'구구팔팔 이삼사' 라는 말이 수상하게 돌아다닌다. 99세까지 팔팔하게 살다가 2, 3일 안에 죽자는 말이란다. 마무리는 좋은데 너무 과욕을 부린 건 아닌지 모르겠다. 자식들이 들어서 얼굴 찌푸리지 않을까. 모르긴 해도 건강과 능력에 자신이 있으면 모르겠다. 그렇지 않을 바에야 한번 재고를 해볼 필요가 있다. 구구팔팔도 자연이 우리한테 준 명령과는 너무 먼 거리에 있다는 말이다.

우리가 통상적으로 수명이 늘었다고는 하지만 하나하나 캐고 들면 늘어난 건 아무것도 없다. 선진국 사람들이 좀 더 오래 살고, 가진 사람들이 조금 더 산다는 건 평균수명과 무관한 일이다. 그건 의술의 도움이고, 활기찬 생활이 가져다준 혜택일 뿐이란 말이다. 아무리 떠들어봐야 장수는 그 이상도 그 이하도 아니다.

언젠가 심장판막에 이상이 생겨 수술을 앞두고 있는 친구 문병을 간 일이 있다. 하도 위험한 수술이라고 해서 환자 몰래 주치의에 이런 수술은 성공률이 몇 %나 되느냐고 물어보았다. 의사의 대답이 뜻밖이다.

"보호자들은 모두 그런 걸 잘 묻는데 사실 그건 아무 의미가 없습니다. 본인에게 해당되는 건 0%와 100% 둘 뿐입니다. 그냥 통계상으로 70%니 80%니 그러지만 그게 환자하고 무슨 관계가 있습니까. 그렇잖아요."

세상에 이런 우문현답이 있는가. 듣는 순간에는 그 의사가 원망스러울 만큼 매정하다싶은 생각이 들었지만, 이내 나는 고갯방아를 찧고 말았다.

우리가 주장하는 평균수명도 여기에 대입해보면 답이 절로 나온다. 바로 그게 우리가 좋아하는 연장된 평균수명과 백세장수의 현 주소라고 보면 크게 틀리지 않으리라본다.

오복의 마지막 다섯 번째로 고종명이 나온다. 자연의 명령은 어쩔 수 없는 것이니 저항하지 말고 순응해서 따르라는 주문이다. 남보다 더 살겠다고, 백세를 누려보겠다고 너무 용을 쓰지 말고 천수를 받아들이라는 충고다. 그게 바로 고종명이다. 그렇게 살면 그게 오복을 누리고 사는 삶이라는 말이다.

사족(蛇足) 하나.

올드 파(Old Parr)라는 위스키가 있다. 기록에 의하면 152세를 산 영국의 토머스 파(1483~1635)라는 사람의 이름을 그대로 차명해 지은 것이다. 그 술을 마시면 그만큼 오래 살 수 있다는 상혼의 작용이다.

그는 80에 결혼해서 두 아이를 두었을 정도로 건강한 체력의 소유자라고 했다. 자신이 그만큼 건강한 원인은 채식과 절제 있는 금욕생활이라고 했지만 100세가 넘어서도 염문을 뿌려 다른 아이까지 두었다는 걸 보면, 꼭 그런 것만도 아닌 듯 보인다. 122세 때는 부인이 사망하자 재혼도 했다고 한다.

그만큼 유명세를 물자 당시 국왕이었던 찰스 1세가 그를 불러 만나보기까지 했던 모양이다. 그는 곧 영국의 유명인사가 되었고, 그 뒤 갑자기 변한 환경 때문인지 죽게 되었는데 그때가 152세이며, 국왕은 웨스트민스터 사원에 묻힐 수 있는 특전까지 허락했다고 한다.

그런데 이 떨떠름한 이야기는, 사후에 정말 그 사람이 소문대로 그만한 나이를 누렸을까 해서 윌리엄 하비라는 의사가 그의 시체를 해부해 검사해보았는데 결과는 뜻밖으로 나왔다는 것이다. 토머스 파의 실제 나이는 70세 안팎이라는 것이다. 그의 할아버지와 그를 착각해 그런 엉뚱한 이야기를 만들었다는 것이다.(주경철의 히스토리아에서 발췌)

  5백여 년 전에 일어났던 일인데다가 기록으로만 전해진 일이라 어느 것이 사실이고 거짓인지 우리로선 믿기도 안 믿기도 난처할 뿐이다. 정말 그런 사람이 있었는지 이를 이용한 올드 파라는 양주 회사의 장난인지, 장수라는 게 이런 식으로 사람을 어리둥절하게도 만든다니 참으로 안타까울 뿐이다.

사랑 공해

생일날 아침, 초등학교 1학년 손녀에게 문자가 날아왔다.
"할아버지 생일 축하드려요. 사랑해요."
기분이 이상했다. 백화점 같은 곳에서 듣게 되는 "사랑합니다, 고객님" 어쩌고 하는 사랑 말고, 여성(?)에게 "사랑한다"는 고백을 받아본 건 생후 처음이 아닌가 싶다. 절로 웃음이 나온다. 좀 별난 비교이기는 하지만 새우가 고래한테 윙크를 보냈다는 우스개 이야기가 언뜻 떠오른다. 그만큼 사랑이란 어휘는 나에게 생소하고 별난, 묘한 꿈같은 감동으로 다가온 것이다.
환갑 진갑을 넘겼지만 지금껏 문자로든, 구두로든 사랑한다는 말은 들어본 적이 내 기억으로는 한 번도 없었다. 물론 한번 써먹어본 일도 없다. 생전 내가 한 일이 없는데 누가 나한테 하겠는가. 부모님께 "애야, 나는 너희들을 사랑한다"고, 나 또한 자식들에 "아버지는 너희들을 사랑하노라"고 들은 바도 전한 바도 없다.

아내에게도 그런 말은 해본 일이 없고, 들어본 일 또한 없다. 아마 내가 어느 날 저녁 내 마음을 표현해본다고 아내에게 "사랑해요"라는 말을 앞세우고 지분덕거렸다면, 보나마나 "앙이 이 사람이 돌았나, 와 이러노" 이러고는 눈총을 겨누었을 것이 뻔하다. 그렇다고 부자간에, 부부간에 사랑이 없는 건 천만에 아니다. 남 하는 것만큼 다 했고 받아보기도 했지만 다만 떠벌리고, 야단스럽게 사랑타령만은 하지는 않았다는 말이다. 그렇게 살아온 내가 잘했다고 떠벌리는 건 물론 아니다.

굳이 변명하자면 내가 한창 때를 살아온 시대는 그런 시대였고 그런 문화가 지배해, 그렇게 살 수밖에 없었다는 말이다. 하긴 변명할 일도 아니고 변명하고 싶지도 않다. 그게 어디 변명하고 자시고 할 일인가.

"날이 춥다. 옷 좀 더 껴입어. 감기 든다."

"이리 줘. 무겁다, 내가 들어줄게."

"아따 그놈 밉상으로 생겼네. 제 아비보다 훤칠하구먼."

우리는 이런 말을 서로 주고받으면서 살았다. 시대가 조금은 달라지고 있다지만 앞으로도 우리는 새삼스레 "사랑해요" 어쩌고 하면서 고치기는 아무래도 어려울 것 같다. 그러니까 손녀가 보낸 "사랑해요"가 그렇게 가슴을 친 것이다.

사랑은 내재율(內在律)이다. 그리고 내공으로 아우러진 감정의 작용이다. 눈빛만으로도 느낄 수 있는 게 사랑이다. "옷 좀 더 껴입어", "내가 들어줄게"라는 말 속에 사랑이란 의미가 이미 녹아 있다.

　우리 집 부근 시장통에 내가 한 번씩 들리곤 하는 은행지점이 하나 있다. 여기는 들어서기만 하면 곱고 사냥한 여자목소리가 "사랑합니다, 고객님. 어서 오십시오"라 종알거리며 우리를 맞아준다. 열 번이고 스무 번이고 들를 때마다 그런다.

　이 인사를 처음 들었을 때 있었던 일이다. 나는 카운터에서 누군가가 나에게 직접 인사를 하는 줄 알고는 한참동안 소리의 임자를 찾았다. 인사를 받았으니 눈이라도 마주쳐서 답례를 해주는 게 도리일 것 같아서다. 그런데 알고 봤더니 그것은 녹음기에서 나오는 기계음이었다. 안 할 말로 개도 문을 밀고 들어서면 듣게 되는 인사란 말이다.

　문득 사랑을 이렇게 싸구려로 낭비해도 괜찮은가 싶은 생각이 들었다. 어떻게 고귀한 사랑이 이런 식으로 굴러다닐까. 국어사전에는 "아끼고 위하며 한없이 베푸는 일, 또는 그 마음"이라고 사랑을 풀어놓았다. 사전에 있는 풀이가 맞는다면 그건 사랑이 아니다. 은행 문을 열 때 듣게 되는 인사말이 사랑이라니, 그건 그저 소음이며 잡음일 뿐이다.

　아마 서비스 차원에서 그런 걸 아이디어라고 장치해둔 모양인데 참으로 어처구니가 없다. 다른 사람들은 어떤지 모르지만 나중에는 은행 문을 들어설 때마다 기분이 좋지 않았다.

사랑은 마음의 작용이다. 주는 사람도, 받는 사람도 있어야 한다. 대상이 없는 사랑은 공염불이다. 그런 사랑은 공해일 뿐이다. 자기 집에 찾아온 사람을 녹음기로 맞게 해보라. 당장 답이 나온다. 언어도단이다. 괘씸할 노릇이다.

아마 요즘 떠다니는 말 가운데 사랑만큼 흔해빠진 말도 잘 없을 것이다. 시공(時空)을 헐어놓고 시문에, 가사에 사랑만큼 많이 등장한 주제는 없다. 소설, 영화의 테마로도 마찬가지다. 그런 쪽으로는 입만 벙긋했다 하면 사랑타령이 아닌가.

요즘 젊은이들 주고받는 사랑타령 대화를 보면 아닌 게 아니라 가관이다. 출퇴근 때도, 전화를 주고받을 때도 하루에 몇 번씩 "사랑해"를 후렴처럼 달고 산다. 시도 때도 없이 너무 대구 까발리니까 듣기에 따라서는 무슨 시위 같은 느낌을 주기도 한다.

친절이니, 사랑이니, 미움이니 하는 건 절실한 마음이 담긴 감정과 의지의 표현이다. 감정은 자연발생적이어야 한다. "너 그 사람을 사랑하는 게 좋을 것"이라고 해서 하는 사랑, 그건 사랑이 아니다. 또 사랑이란 그런 식으로 생산되는 것도 아니다. 진짜 사랑하는 사람들은 눈빛만 보아도, 호흡만 들어도 알 수가 있다. 그게 사랑이다. 가슴 깊은 곳에서 솟구치는 암반수와 같은 것이다. 사랑은 가슴이 울렁거리고 설레야 한다. 사랑을 희생적이니 맹목적이니 하는 말도 그런 데 까닭이 있다. 사랑을 사랑이란 말로 포장하는 건 그 사랑이, 제대로 자리 잡지 않아 불안하기 때문이다. 참다운 물건은 오히려 포장이 거추장스럽다.

 주례가 신랑신부들에게 주문하는 사랑을 한번 보자. 사랑을 다짐시키고 그것만으로는 모자라 법원 창구에서나 볼 수 있는 서약서까지 받아낸다. 그러고도 부족해 귀밑머리 파뿌리가 될 때까지, 죽음이 그대들을 갈라놓을 때까지, 심지어 어떤 주례는 해로동혈까지 주문을 한다. 해로동혈이 뭔가. 하나가 죽으면 같이 따라죽어 함께 묻히라는 당부다. 그렇게 사랑을 곱씹어 주문하고 수많은 하객들을 증인으로 보증을 해보지만 결국 1/3은 이혼으로 갈라서고 만다.
 시대의 흐름이라고 몰아붙이면 할 말은 없지만 지난날 우리네 선대들은 사랑 한마디 구경을 못해도 그 사랑이 영원했다. 청상이니, 미망인이니 하는 단어를 한번 자세히 들여다보라. 아마 그것만큼 지고지순한 사랑은 없을 것이다. 그렇게 사는 것이 잘 사는 것이라는 것과는 별개의 문제다. 우리들 가슴 울리는 사랑은 모두 그런 사람들의 사랑이다.
 대신불약(大信不約)이라고 하지 않는가. 가슴을 헐어 믿는 사람들끼리는 사랑하느니 어쩌니 하는 자질구레한 약속은 하지 않는다는 말이다.
 세상에 사랑보다 더 고귀한 것이 어디 있는가. 모든 종교의 지상목표도 따지고 보면 사랑의 실천이다. 사랑이 없는 종교는 신앙의 대상이 못된다. 어떤 경전이든 한 마디로 집약시키면 인애(仁愛)가

한가운데 자리 잡고 있다. 인간사회에서, 아니 모든 동물이 사는 곳에서 사랑이 빠지면 그들의 연대는 모래성일 뿐이다.

파울 루벤스가 그린 〈파리스의 심판〉이라는 그림이 있다. 목판 위에 유화로 채색된 일종의 성화(聖畵)다. 옛 트로이의 파리스라는 양치기와, 그를 마주한 세 명의 미녀 후보들이 파리스의 호감을 얻어내기 위해 마주 서 있는 그림으로, 모두 벌거벗은 나체들이다. 세 명의 여자는 헤라, 아테나, 아프로디테로 모두 우리에게는 잘 알려진 신화의 주인공들이다.

세 여신들은 파리스의 환심을 사기 위해 서로 자기가 최고라고 우기다가 승부가 나지 않자 그들의 왕인 제우스의 판단에 맡긴다. 그러나 제우스는 누구의 편을 들기가 뭣해 파리스가 결정하도록 되돌린다.

헤라: 내겐 힘이 있다. 나를 선택한 사람은 누구든 권력을 쥐고 세상을 자기 마음대로 주무르게 될 거야.

아테나: 권력만으로 어찌 세상을 지배하는가. 나와 결혼한다면 나는 당신에게 현명함을 줄 수 있을 거야.

둘의 이야기를 들은 아프로디테가 미소를 머금으며 말한다.

"아무리 힘과 지혜가 있어도 사랑이 없으면 무슨 재미로 살겠어요. 아름다운 여인과 사랑에 빠져 한번 살아보고 싶은 생각은 없으세요. 난 그런 사랑을 드리겠습니다."

그러자 파리스는 들고 있던 황금사과를 아프로디테에게 건넨다. 그때부터 황금사과로 대신한 사랑은 이 세상 무엇과도 바꿀 수가 없고, 우위에 있게 되었다. 사랑의 힘이란 게 어떤 것이라는 걸 말해주는 성서 어디엔가 있는 이야기로 알고 있다. 이렇게 사랑은 그 자체가 생명이며, 힘이며, 아름다움이다.

무슨 일이든 많고 흔하면 대접을 못 받는다. 가식도 있고 가짜도 뒹굴게 마련이다. 천덕꾸러기가 되기 십상이라는 말이다. 사랑하지 않는 사람들끼리도 사랑한다는 말을 주고받는데, 사랑은 물건과는 달리 보이지 않기 때문에 검증도 안 된다. "사랑한다"는 걸 시도 때도 없이 중언부언에다 재탕, 삼탕으로 리바이벌 한다는 건 그 사랑이 불안하기 때문이다. 그렇기 때문에 "사랑하기 때문에 헤어진다"는 고차원의 사랑타령도 등장한 건 아닐까. 공해라는 것이 꼭 숨통이 막혀야만 공해가 아니다. 세상을 혼란스럽게 만들면 그게 곧 공해다.

사랑은 종소리가 아니다. 그럼에도 요즘 우리 주변엔 울긋불긋하게 포장된 사랑이 너무 널려 있다. 눈이 부실 정도로 반짝인다. 재채기와 사랑은 남모르게 할 수 없다는 말이 있을 만큼, 떠들지 않더라도 진심을 다하는 사랑은 알게 되어 있는 게 사랑이다. 사랑은 그렇게 하는 것이다.

아름다움은 조화가 생명이다. 많고 흔한 게 조화가 아니라 알맞음이다. 조화에도 여백이 있다면 더욱 좋다. 연(蓮) 잎에 담긴 물방울이 옥구슬처럼 영롱하게 보이는 건, 제 힘으로 지탱할 필요한 양만 남기고 나머지는 모두 쏟아버리기 때문이다. 사랑도 그런 사랑이 아쉽다.

  동양화 그리는 기법에 홍운탁월(哄雲拓月)이라는 필법이 있다. 달을 그리되 직접 달을 그리지 않고 주변에 있는 구름을 그려 달의 모양을 은근히 만들어내는 방법을 말한다. 사랑에도 기법은 필요한 것이고, 그게 있다면 사랑도 그렇게 그려야 하지 않을까 생각해본다. 있으면서도 없는 듯, 없으면서도 있는 듯, 그러면서도 자세히 들여다보면 누구든지 다 느낄 수 있는, 그런 우아하고 아름다운 모습으로.

  처음으로 이성에 사랑한다는 말을 한번 써본다. 같은 시대를 살고 있는 사람으로서 혼자 외톨이가 될 수만은 없지 않은가. 흔한 사랑이더라도 손녀에까지 가혹할 필요는 없다. 매 부리로 문자를 치는 동안 기분이 황홀하기까지 하다.

"연정아, 고마워. 이 할아버지도 너를 참으로 사랑한단다."

묘수와 꼼수

바둑에 '위기십결(圍碁十訣)'이라고 해서 알아두면 돌을 놓는데 유용한, 참고가 되는 열 가지 비결이 있다. 그 가운데서도 자주 쓰는 용어 몇 가지를 한번 보자.

사소취대(捨小就大), 두 가지 일에 부닥쳤을 때는 경중을 따져 작은 것을 버리고 큰 것을 취한다는 것이며,

세고취화(勢孤取和), 내 세력이 허약할 때는 상대방과 화해로 해결을 보고,

공피고아(功彼顧我), 남을 공격할 때는 혹 자신에게 어떤 결함은 없는지 되돌아보라는 것 등이 그것이다. 이는 '아생연후의 살타(我生然後 殺他)'라 해서 우선 내가 확실하게 산 뒤에 남을 공격한다

는 것과도 상통한다.

위기십결 외에도 성동격서(聲東擊西)라 해서 서쪽을 공격할 땐 동쪽에 모종의 낌새를 만들어 그쪽으로 시선을 돌려놓고 그 틈을 이용, 서쪽을 공격하라는 이야기도 있으며, 먼저 50집을 지은 사람은 반드시 패한다는 말도 있다.(先作五十家 必敗) 그밖에도 한번쯤 음미해볼만한 용어들이 많다.

바둑을 둬본 사람들은 잘 알겠지만 열 집 이상을 이기면 불계승이라 해서 집계산도 생략하고 스스로 패를 인정하고 돌을 던진다. 아마추어 초보자들은 30집, 40집, 심지어는 만방이라고 해서 백여 집 가까이 차이가 나는 승패도 있지만 전문기사들은 큰 실수가 없는 한 4, 5집 안팎으로, 심지어는 반집 승부로 다투는 경우도 많다. 그만큼 그들은 한 집을 더 내기 위해 엄청난 머리싸움을 하는 것이다.

그런데 먼저 50집을 지은 사람이 패한다니, 그것도 반드시 패한다니 한번 곱씹어 보지 않을 수가 없다. 이는 토끼와 거북의 경주 비슷한 이야기다. 먼저 50집을 확보한 사람은 자만심에 빠지기 쉽고, 진 사람은 회복을 위해 악전고투로 최선을 다한다는 의미로, 방심은 금물이라는 교훈을 담고 있다.

이는 모두 바둑판 위에서 일어나는 일들이 우리들 인간사의 생존경쟁과 비슷한 점이 많기 때문에 우리는 곧잘 이런 용어들을 교훈적인 아포리즘으로 곧잘 받아들인다.

이들 용어 가운데는 우리가 깊이 새겨들어야 할 만한 경구가 하나 있다.

"한판에 묘수가 세 번 나오면 그 판은 반드시 패한다."

바로 이 묘수필패론(妙手必敗論)이 그것이다. 누구든 얼핏 들으면 납득이 가질 않는다. 수는 머리싸움의 기술로서 하나의 방도를 의미한다. 어떤 일에든 그것을 운용 관리하는 방도는 다 있는 것이고 그 방도에도 여러 가지 운용이 있으며 묘수는 그 가운데서도 가장 뛰어난 방도다. 그런데 한 판에 묘수가 세 번 나오면 패한다니, 그것도 반드시 패한다니 언뜻 이해가 안 된다.

바둑에서의 묘수에는 여러 가지가 있지만 보통 사석(死石)의 묘, 공배(空排)의 묘. 이적(耳赤)의 묘를 든다. 사석의 묘란 이미 싸움에 실패해서 못쓰게 된 돌을 최대한 이용해서 집을 짓는데 유리하도록 하는 방법이고, 공배의 묘는 내 땅도 네 땅도 아닌 일테면 휴전선 같은 공지를 적절하게 이용하는 방법을 말한다. 하나 남은 이적의 묘는 내가 적재적소에 돌을 놓아 상대방으로 하여금 귓밥이 붉어지게 하는 수를 말한다. 말하자면 놀라 나자빠질 수를 두어, 누구도 눈치 채지 못하는데 상대방만은 그것을 알고 어리둥절해하는, 묘수 가운데서도 가장 으뜸에 속하는 수이다.

묘수란 어떤 일에서든 지혜와 연구의 산물이지만 바둑에서는 특히 필요하다. 궁지에서 몰려 쩔쩔 매다가도 기사회생하는 게 바로 묘수의 힘인 것이다. 그리고 내가 회생을 하면 상대편이 곤궁에 빠지게 되는 것도 바둑세계의 상대성이론이다.

하지만 묘수는 자주 나오는 것도 아니고 머리를 짜낸다고 쉽게 얻어지는 것도 아니다. 장고 끝에, 또는 우연히 기적처럼 영감으로 떠오른 수가 묘수다.

그런데 많으면 많을수록 좋을 것 같은 이 묘수가 한 판에 한번 나와도 판세가 역전될 터인데 세 번 나오면 엉뚱하게도 패한다니, 그것도 반드시 패한다니 참으로 뒤퉁스런 일이 아닐 수 없다. 그야말로 묘수의 세계에서나 들을 수 있는 묘한 이야기다.

그 해석을 나는 나름대로 이렇게 해본다. 바둑에 있어서 묘수는 신병의 비상약 같은 것으로서, 일테면 우황청심환이나 알부민(고농액 포도당)같은 구급약이다. 이런 약은 신통한 약효를 가지고는 있지만 결코 상용이나 장복하는 약은 아니다. 그러니까 그런 약으로 생명을 잇고 있는 환자가 있다면, 그보다 질감이나 농도가 낮은 약으로는 치료가 어려운 중환자나 다름없는 것이다. 평소 건강관리를 잘해온 사람들은 구급약이 필요하지 않는 것처럼 정상적으로 대세의 흐름을 따라 바둑을 두는 사람들에게는 묘수라는 것이 따로 필요하지 않다. 정상적인 흐름 속에 묘수가 이미 용해되어 자연스럽게 흘러가고 있기 때문이다.

따지고 보면 묘수란 응급처방약이다. 응급실을 한번 드나드는 것만으로도 불안한데 그게 세 번이나 있었다니 그 병세가 어떻다는 건 불문가지의 사실이다. '묘수 필패론'은 결코 허투루 들은 말은 아니다.

그런데 바둑에는 묘수와 같이 많이 쓰이는 말로 '꼼수'라는 게 있다. 요즘 이상하게도 방송에서 많이 등장하고 있는 말이다. 한마디로 쩨쩨한 수단이나 방법을 말한다. 그러나 상대방을 머리로서 제압하려는 수단의 하나라는 점에서는 묘수나 차이가 없다. 보는 사람에 따라서 이렇게도, 저렇게도 볼 수 있다는 양면성을 갖는다는 이야기다.

한 예로 성동격서(聲東擊西)라는 말을 한번 보자. 병법에 나오는 이야긴데 바둑 두는 사람들도 많이 쓴다. 서쪽을 공격할 땐 동쪽에다가 모종의 낌새를 만들어 그쪽으로 시선을 돌려놓고 그 틈을 노려, 서쪽을 공격하는 방법을 말한다. 하지만 성공을 하면 묘수의 전략이 될 수 있지만 사전에 들통이 난다면 그건 하나의 꼼수에 지나지 않게 돼 있다. 묘수나 꼼수는 모두 머리에서 꾀로 짜낸 수법인 점에서는 같지만 당하거나, 듣는 사람에 따라서는 달리 판단할 수도 있다.

이 원리는 정치나 경제에서도 그대로 통한다. 지난날 과도기 군정시절 걸핏하면 터지는 간첩사건이나 땜질 정책, 그리고 곤두박질치는 주식의 하락장세를 연금기금 같은 것으로 얼렁뚱땅 막아보려는 미봉책들이 모두 이런 것들이 아닌가 생각된다. 쌀값이 떨어지면 라면에 트집을 잡는다든지, 쇠고기가 남아돌면 바다고기에 비브리오 균을 들먹여 균형을 조장한 일들도 그 아류들이다.

묘수란 결국 위기의 순간을 잔재주로 넘겨보려는 재치 같은 것이지 정상적인 방법은 아닌, 어찌 보면 하나의 꼼수에 불과하다는 이야기다.

설마하고 그대로 방치해두었다가 막다른 골목에 가서야 불길을 잡겠다고 동분서주 날뛰는 형국이 바로 묘수를 좋아하는 사람들 행태다. 한마디로 정책부재, 정책빈곤의 산물이 묘수인 셈이다.

정상급 프로기사들이 두는 바둑엔 묘수가 없다. 그들은 묘수를 바라지도 않는다. 묘수를 바란다는 것은 바둑을 이미 엉망으로 만들어놓았다는 걸 의미한다. 어쩌다 한 번 정도이지 두 번은 없다. 세 번은 반드시 망한다는데 왜 패망의 길을 자초한단 말인가.

요즘 우리 주변엔 묘수에 의존하는 사람들이 너무 많다. 한탕을 잡아보겠다고 복권에 목을 매는 사람들이 모두 그런 사람들이다. 주말만 되면 수백만 명이 복권에 매달려 허우적거린다. 명당 복권 판매소는 언제 가도 장사진을 이루고 있다니 참으로 기이한 현상이다. 한마디로 이들이 모두 묘수를 바라는 사람들이다.

복권은 상비약이 아니다. 극약처방이며, 극약처방은 한두 번 해보고 안 되면 얼른 거기에서 벗어나야 한다. 어느 험구가의 이론에 따르면 로또복권 당첨확률이 벼락 맞은 나무가 다시 벼락을 맞는 비율이라는데 천만 년이나 살면 모르지만, 아니 그것도 확률일 뿐인데 거기에 왜 목을 매는지 모르겠다. 대박이니, 인생역전이니 하는 말은 그런 데 쓰는 용어가 아니다. 그저 복권은 기분 좋은 날 그냥 기분으로 한두 번 사는 것으로 그쳐야 한다.

묘수란 처음부터 몰라야 한다. 묘수를 바란다는 건 '설마'를 바라는 행위다. "설마가 사람 잡는다"는 말이 왜 나왔는가 한번 생각해보자.

그런데 여기에서 '묘수 필패론' 보다 더 재미있는, 아니 위험한 말이 하나 있다. 물론 바둑용어다. "하수일수록 묘수를 밝힌다"는 말이 그것이다. 상대방이 아는 묘수는 결국 하나의 꼼수에 지나지 않음을 말한다.

어느 분야든 하수는 다 있다. 우리는 어떤 일에 있어 초보자들을 하수(下手)라 부른다. 반면에 노련한 사람들을 상수가 된다. 하수는 수를 읽는 것에도 얕아서 한글로는 같은 말이지만 한문으로는 下數라고도 한다.

하수들은 그들만의 특징이 있다. 상수의 말이라면 곧이곧대로 받아들이는데다가 은근히 훈수를 기다린다는 점이다. 수가 약하니까 본능적으로 그렇게 돌아가는 것이다. 그리고 또 하나는 상수의 지시나 훈수가 제대로 된 것인지 아닌지도 잘 모른다는 사실이다. 말하자면 상항판단을 제대로 못한다는 이야기다. 그러니까 한번 훈수를 받으면 또 다음 훈수를 기다리게 되어 있고, 그게 끊어지면 그 순간 그는 허둥지둥 패망의 길을 가는 것이다.

하수란 항상 이런 위험 속에 버려져 있다. 그렇다보니 늘 불안 속에서 허우적거리는 속성을 안고 산다.

여기에서 하수인(下手人)이라는 말을 한번 돌아보자. 우리는 수가 부족한 사람을 하수인으로 알고 있지만 천만에 말씀이다. 달라도 엄청 다르다. 남의 사주를 받고 움직이는 사람을 하수인이라고 부른다. 그만큼 하수란 제대로 관리하지 않으면 안 될 위험한 여건 속에 놓인 사람이다.

바로 이런 하수가 좋아하는 게 묘수라는 사실을 우리는 어떻게

받아들여야할까. 여기 한번 웃고 넘어갈 하수 이야기를 하나 해 본다

  옛날에 좀 모자란 아이를 둔 부모가 있었다. 이 아이가 자라서 결혼을 하게 되었는데 당장 초례청에서 치룰 행사가 걱정이 되었다. 많은 사람들 앞에서 어떤 돌발 행위를 할지 모르기 때문이다. 행사 전날 어머니는 아이를 불러놓고 그런 일을 막기 위해 사전 모의를 했다.

  "내가 늬 손목에 실을 매어놓으마. 내가 잡아당길 때마자 절을 해라. 그럼 되는 거야. 명색이 대장분데 무슨 일이 있더라도 무작정 신부한테 절을 해서 웃음바다를 만드는 그런 남세스러운 일만은 피해야할 거 아니냐. 알았지."

  "응. 알았어."

  남이 모르도록 가는 명주실을 자식의 손목에다 매어놓고 여러 번 예행연습을 했다.

  "내가 이래 두 번 당기면 두 번 절을 하고 한 번 당기면 한 번만 하는 거야."

  "응. 알았다니까."

  이튿날 바로 실전에 들어갔다. 마을 사람들로 만장을 이룬 혼례마당에서 집사자의 홀기에 따라 행사가 진행되었다.

  "신랑신부 맞절."

  병풍 뒤에서 어머니가 듣고는 얼른 줄을 한번 당겼다. 순조롭게 일은 잘 풀어져나갔다. 그런데 엉뚱한 데서 일이 터지고 만 것이다.

부근에서 놀던 강아지가 그들 사이에 끼어들어 실이 강아지발목에 감겨버린 것이다. 세상에 이런 놈의 꼴이 있는가.

 강아지는 벗어나려 사정없이 발버둥을 쳤고, 산랑손목에 매였던 실은 연방 당겨졌으며 신랑은 무작정 절을 할 수밖에. 그만 초례청은 우려했던 대로 웃음바다를 만들고 말았다.

거름지고 장에 가는 사람들

어떻게 사는 것이 잘 사는 것일까. 값진 삶이란 어떤 삶일까.
누구나 한번쯤은 이런 명제를 붙들고 앉아 제법 심각하게, 때로는 밤잠을 설쳐가면서 고민해봤을 줄 안다. 그러나 누구든 문제의 답을 "이것이다"로 명쾌하게 내놓고 그 길을 뚜벅뚜벅 걸어가거나, 소기의 목적을 달성했다는 사람들은 드물다. 왜냐하면 장애물이나 갖가지 유혹이 그냥 가도록 가만히 두지 않기 때문이다. 그 가운데서도 가장 큰 걸림돌은 '남의 밥의 콩이 크게 보이는 흔들림'이다. 쉽게 말해 야구장에 가면 야구선수가 되고 싶고, 법정에 가면 판검사가 되고 싶기 때문이다.

조금은 고전적인 냄새가 나지만 아마 이렇게 살았다면 그 사람은 일생을 잘 산 사람이 아닌가 생각해본다. 청춘을 공직 또는 사회발전을 위해 봉사하고, 정년을 마친 뒤에는 다시 고향으로 돌아가 그동안 소원했던 이웃들과 봄이면 고추모종, 가지모종 나눠 심고 여름이면 모깃불 연기 속에서 박주산채로 허심탄회 그동안 살아온 이야기들을 나누며 여생을 보낼 수 있다면 말이다.

또 이런 경우도 생각해볼 수 있을 것이다. 예술이든, 학문이든, 체육이든 평생 한 우물을 파서 금자탑을 쌓고 원로가 되어, 그 뒤로도 이따금 그의 행적이 매스컴에 오르내리며 뭇 사람들의 스승으로 존경을 받는다면, 이 또한 자랑스러운 인생이 아닐까.

비록 몸뚱이는 세월의 무게를 못 이겨 흐느적거린다 해도 그의 백발과 주름살, 행적은 후생들에게 아름다운 귀감으로 빛날 것이다. 단풍이지만 꽃보다 고울 것이고, 서산마루에 얹힌 기우는 태양이지만 세상 사람들은 뜨는 태양 못지않게 부러운 눈으로 바라보며 칭송을 읊으리라본다.

하지만 그런 일생을 누리고 사는 사람이 세상에는 몇이나 되겠는가. 결코 쉽고 흔한 일은 아니다. 뼈를 깎는 노력도 노력이지만 초지일관의 소신과 철학 없이는 어렵기 때문이다.

내 친한 친구의 형 가운데 세 번이나 국회의원에 출마했다가 고배를 마신 분이 있다. 그는 인문학계통의 대학교학장까지 지낸 교수에다가 젊었을 때는 공무원으로 일을 한 경력도 있고, 학력 또한 이 나라 최고의 대학을 나왔으니 다른 어느 후보들보다 못할 게 하나도 없었다.

출마 때마다 나는 친구들과 어울려 그분의 사무실을 찾았고, 유세장에도 나가서 박수도 여러 번 쳤다. 유세장에서 사자후의 언변도 다른 후보들보다 탁월했다. 팔이 안으로 굽어서가 아니라 사실이 그랬다. 아마 본인도 그런 걸 믿고 나왔을 것이다. 하나 불리한 게 있다면 그쪽 세상에서 잔뼈가 굵은 사람이 아니다보니 하체가 허약한 게 흠이었다. 말하자면 힘 있는 당(발판)을 잡지 못했다.

한 번은 고향에서 나왔고, 두 번째는 도청소재지에서 나왔다. 출마 때마다 친구는 말려도 안 된다면서 고추 씹은 소리를 했지만 자기 형의 의지를 꺾지는 못했다. 두 사람 생각이 달랐다. 하긴 누구든 고배를 마실 줄 확실하게 알면서도 나설 사람은 아무도 없을 것이다.

그는 요즘도 한 번씩 자기 형이 지난날 그쪽 세상에 기웃거린 것을 곧잘 씹는다. 그때 그런 일만 없었더라면 사는 게 지금보다는 훨씬 윤택할 거라면서 회상한다. 그가 두고 쓰는 문자 가운데는 이런 말도 있다. "하루아침에 망하려거든 국회의원에 출마하고 천천히 망하려거든 아편을 피워라."

해마다 총선 철이 되면 자천, 타천으로 많은 사람들이 여의도행 말을 탄다. 그들 가운데는 저 양반 같으면 한번 나올만한 인물이다 싶은 사람도 있지만, 개중에는 저 사람이 왜 저기에 뛰어들었을까 싶은 사람도 보인다. 물론 본인들은 충분한 전략과 계산 밑에서 출사표를 던졌을 테지만 말이다.

  누가 뭐래도 국회의원 직이 좋은 자리인 것만은 분명하다. 장관을 불러다가 아이들 나무라듯 호통을 칠 수 있으니 세상에 그런 자리가 어디 있겠는가. 만나는 사람마다 고개를 숙이고 가는 곳마다 특별한 대우를 받으며, 거기에 개개인이 모두 헌법기관이니 안 부러울 수가 없는 존재다. 지난 날 어떤 국회의원은 장관실 문을 발로 열었다고 하지 않는가. 그게 객기인지 자랑인지는 모르지만 그런 사람들이 국회의원이다.

  대학교 총장을 하다가도, 재벌 회장을 하다가도 배포가 좀 두둑하다 싶으면 그쪽을 넘본다. 어디 그뿐인가, 연구실에서 컴퓨터를 만지다가도, 글을 쓰다가도, 배우로 무대 위에 섰다가도, 노래를 부르다가도 어느 정도 컸다 싶으면, 아니 유권자들이 자기 이름은 알고 있지 않을까 싶을 즈음이면, 슬그머니 그쪽을 기웃거려보는 것이다. 분명히 지금까지 걸어온 길로 봐서 그들의 길은 아니다. 그쪽 그림이 그렇게 부러웠던 건 아닌지 모르겠다.

  국민들 눈에 비치는 국회란 어떤 곳인가. 민심이 집결된 대의민주주의 최고 의결기관이지만, 또 다른 한편으로는 이전투구(泥田鬪狗), 아전인수(我田引水), 염량세태(炎凉世態), 오합지졸(烏合之卒), 오리무중(五里霧中), 조삼모사(朝三暮四), 마이동풍(馬耳東風), 동상이몽(同床異夢), 백년하청(百年河淸), 오월동주(吳越同舟), 견강부회(牽强附會), 부화뇌동(附和雷同), 우이독경(牛耳讀經)

등 세상에 골치 아픈 사자성어가 들끓는 곳이 그곳이기도 하다.

한강에 사람들이 빠지면 그 가운데 국회의원을 먼저 건져내야 하는데, 그 이유는 한강이 오염되기 때문이란다. 이런 유머가 심심찮게 양산되는 곳이 일반 시민들 눈에 비친 그곳의 풍정이다.

모두가 충정에서 나온 말이겠지만 사실 얼마나 안타깝고, 답답해서 그런 이야기까지 등장했겠는가. 도매금으로 싸잡혀 넘어가 그런 다행이 없지, 아마 일대일로 그런 이야기를 들었다면 거품을 물고 대들 욕설이 아닌가.

하루는 임금인 요가 영천(潁川)에서 농사를 짓고 있는 허유(許由)를 찾아갔다. 지난날 서당에서 같이 공부한 인연을 내세워 치세에 그대의 지혜가 필요하니 좀 도와달라고 부탁을 했던 모양이다. 그런데 허유는 요가 돌아간 뒤, 안 들어야 할 이야기를 들었다며 계곡물에 귀를 씻었다고 한다. 그러자 부근에서 소를 먹이던 다른 친구 소부(巢父)가 그 이야기를 듣고는, 그 물은 소가 먹어서도 안 된다며 얼른 소를 몰아냈다는 고사가 있다.

선정의 대명사로 알려진 요순시대에도 정치판으로 가는 시선이 곱지 않았던 걸 보면, 그렇고 그런 사람들의 구성체인가보다. 어머니가 그 세상을 '까마귀 싸우는 골'이라며 당부를 했지만 정몽주의 고결함도 선죽교의 피로 물들여놓고 말았다. 뜻이 너무 높은 곳에만 있어도 살아남기가 어려운 곳이 그쪽 세상일이다.

숙맥이 아닌 이상 그 세상일을 모를 턱이 없으련만, 그럼에도 왜 그 많은 사람들이 지금까지 열심히 걸어온 자기의 길을 내동댕이 치고 그쪽에 발을 들여놓을까. 그렇다면 지금까지 쌓아올린 그들의 탑은 그곳 문을 두드리기 위한 하나의 방편, 즉 준비과정에 지나지 않았다는 이야기가 된다.

또 이런 경우도 있다. 본인은 전혀 마음이 내키질 않는데 주변에서 간곡하게 원해서, 이를테면 선생 같은 분이 나서야 이 나라 장래가 밝아진다는 꼬드김에, 슬그머니 발을 들여놓는 사람들 말이다. 자신은 전혀 그럴 생각이 없는데 어쩔 수 없어 뛰어들었다는 사람들의 말을 그대로 믿어도 되는지는 모르지만, 개중에는 그런 사람들도 있다. 나는 장담하건데 그건 아니라고 본다. 평소부터 마음은 콩밭에 가 있었던 사람들이다. 다만 은근히 구실을 그렇게 만들어보는 것뿐이다.

운이 닿아 악전고투 끝에 의사당에 들어섰다고 해봐야 그들은 어디까지나 신참일 뿐이다. 군대생활을 해본 사람들은 신참의 영역이 어떤 것이라는 걸 잘 안다. 한계가 있다. 모난 돌이 정 맞는다고 제 생각만으로 튀다가는 그 길로 곤두박질치는 게 신참의 운명이다. 지금까지의 이력은 이쪽 이력이지 저쪽 이력은 천만에 아니다. 다시 걸음마부터 배워야 한다. 한단지보(邯鄲之步)라는 말을 들어봤는지 모르겠다. 남의 걸음을 배우려다가 제 걸음까지 잊어버려 급기야는 어중이떠중이가 되고 만다는 이야기 말이다.

들어가 봐야 거수기노릇밖에 못한다는 뜻이다. 산전수전에 공중전까지 겪은 능구렁이 고참들이 뒷짐을 지고 지켜보는 그 앞에서 아무리 탁견을 내놓고 용빼는 몸부림을 춰봐야 부처님 손바닥 안일 뿐이다.

그러나 그것도 잘 풀린 사람들의 경우다. 그 세상 신출귀몰의 권모술수는 아무도 모른다. 밖에서 보는 것과 안에서 맞는 건 하늘과 땅이다. 그러나 그런 사실을 초장에 감지해 앗 뜨거워라 하고 튀어나온 사람들은 그래도 괜찮다. 한번 실수는 병가의 상사 아닌가.

그런데 이왕지사 들여놓은 발, 빼든 칼에 무라도 한번 스치고자 버틴 사람들은 열이면 열이 다 만신창이로 몸을 망쳐 나오기가 십상이다. 그때는 이미 후회하기에도 너무 늦어 굴신조차 어렵다.

어떻게 얻은 기득권인데 전임자들이 그것을 내놓겠는가. 교도소까지 드나들며 단식으로, 삭발로, 은인자중으로 죽을 고비를 굽이굽이 넘겨가며 쟁취한 자리가 바로 그 자리다. 게다가 우리네 정치판이란 것이 이름만 정책, 정강으로 뭉쳐진 민주정당이지 여전히 인맥중심, 지역중심, 보스중심, 이념체계로 엮어진 집단이라 굴러 들어온 돌로서 제자리를 찾는다는 건, 별을 향해 시위를 당기는 것만큼 어려운 일이다.

백족지충은 사이불경(百足之蟲死而不傾, 다리가 많은 벌레는 죽어도 아니 넘어진다)이라 했다. 저마다 뿌리를 내려놓고 있는 계산된 세상에 부실한 하체로 어떻게 그곳을 버틴단 말인가. 턱도 없는 소리다. 한때 '팽'으로 유행했던 토사구팽(兎死狗烹)이 잘 가르쳐 주고 있잖은가.

우리나라 정당이라는 것은 출발부터가 엉터리였다. 1947년 제2차 미·소 공동위원회에서 정당·단체 삼가 신청을 받았을 때 그 숫자가 500여 개에 가까웠다고 한다. 거기에 신고된 당원 수는 남한이 6,200여만 명, 북한이 1,330여만 명으로 당시 남북한이 합한 인구 3배에 육박했다고 하니, 이미 이때부터 그쪽 세상은 난장판으로 시작된 것이다.

그 뒤로도 그런 불미스러운 전통은 거기에서 크게 벗어나질 못했다. 87년, 이른바 민주화이후 지금까지 20여 년간 중앙선거관리위원회에 등록된 정당만 해도 113개나 되며 평균수명이 40개월, 그 가운데서도 노무현정부 말기에 등장했던 중도개혁통합신당 같은 정당은 수명이 한 달을 겨우 넘겼다니 참으로 안타까운 일이 아닐 수 없다. 대부분 선거 때만 반짝 등장했다가 사라진 정당들이다. 이런 오합지졸 정당들에 무슨 노선을 기대하며 정강정책을 기대할 것인가. 2백 년, 3백 년을 지탱해온 미국의 민주당, 영국의 보수당 같은 정당들과 비교한다는 건 서로가 지녀온 역사가 있기 때문에 무리라곤 하지만, 그렇더라도 한 번쯤은 곁에 서볼 필요가 있지 않을까. 참으로 반성과 또 반성과 반성이 촉구되는 대목이다.

소련 수상 흐루쇼프의 유명한 발언 가운데 이런 말이 있다. "강이 없는 곳에도 다리를 놓아주겠다고 국민들에 공약하는 것이 정치"라고. 참으로 가공할 이야기다. 그러니까 그럴 자신이 없으면 아예 그쪽 꿈은 접는 게 좋다.

누구든 자기의 길은 분명히 있다. 누구든 걸어보면 내가 갈 길이 어떤 길이라는 걸 알게 되어 있고, 누구든 그 길을 그대로만 계속 간다면 태두가 면류관을 준비해두고 기다리고 있다. 그런데 왜 엉뚱한, 턱도 없는 길을 향해 기웃거린단 말인가.

누구든 능력에는 한계가 있다. 북 치고 장구 치는 것까지는 가능할지 모르나 색소폰까지 잘 불기를 바라는 건 아무래도 무리다. 조물주는 한 사람에게 모든 걸 다 주지 않는다. 남 밥그릇의 콩이 굵게 보인다면 그때부터 이미 비극의 싹이 트는 것으로 봐야 한다. 바둑 격언에 남의 집이 커 보이면 질 조짐이라 했다.

한때 어느 코미디언 출신 국회의원의 술회가 그것을 잘 말해준다. 코미디보다도 더 코미디 같은 일들이 벌어지고 있는 곳이 의정 단상이라고 하지 않았던가. 자기로선 두 번 다시 갈 수도 없지만 한 번 갈 곳도 못 되더라는 그 사람 이야기가 심금을 울린다.

요즘 우리 주변엔 야구, 축구, 농구, 배구 등 관중들의 열광을 몰고 다니는 스포츠들이 많다. 많이 봐서 그렇겠지만 모두 수준들도 높다. 한번 들어보면 해설가가 무색할 정도로 깊은 곳까지 톡톡 찍어낸다. 엉터리 짓 하는 선수를 보면 입에 담지 못할 욕을 퍼붓기도 한다. "나보다 못한다"는 핀잔도 준다.

그러나 관중은 어디까지나 관중일 뿐이다. 영역은 따로 있다. 자신이 코트에 뛰어 들어가 볼을 던질 수는 없다. 한 번 던져본다고 치자. 과연 그 볼이 마음먹은 대로 날아갈 것인가. 턱도 없는 소리다. 자기 볼에 자기가 다치는 불상사가 나온다.

또 선거철이 오면 또 수많은 사람들이 팔다리를 둥둥 걷고 저마다 선량(選良)의 꿈을 안고 스타트 라인에 들어설 것이다. 거기에는 고참도 있고 신참도 있다. 이미 구경꾼들은 우승자가 누구라는 것을 알고 있는데 선수들은 저마다 자신이 일등 할 줄 알고 있다.

여행하는 사람들에게 목적지가 있듯 우리 인생에도 목표가 뚜렷한 사람들에게는 종착역이 있다. 인생도 그 과정을 보면 하나의 여행이다. 좋은 여행은 뜻이 맞는 사람들끼리 짝을 지어 목적지에 닿을 때까지 탈선 같은 사고를 치지 않고 무사히 도착하는 것을 뜻한다.

내 인생길에 혹 남이 장에 가니까 거름지고 따라 나서는 그런 꼬락서니를 연출하는 일은 없는지 이 기회에 한번 돌아보자.

임어당(林語堂)이 추천한 경구 가운데 '조지 5세의 행장정범(行狀典範)'이라는 것이 있다. 대영제국 왕 가운데 신사도의 덕목을 가장 잘 지켰다는 그는 이 전범을 머리맡에 걸어두고 기도하듯 아침저녁으로 외었다고 전해진 말이다. 여기 그 내용을 펼쳐본다.

게임의 법칙에 순종하게 하옵시고,
칭찬할 정서와 버릴 감상을 분별할 수 있게 하시며,
값싼 칭찬은 하지도 말고,
받는 것을 영광스럽게도 생각하지 말게 하소서.
일이 나에게 수난을 요구하면

그것을 묵묵히 지키는 동물이게 하소서.
이겨야 할 때는 이기는 법을
져야 할 때는 멋진 패자가 되게 하소서.
달을 향해 읍소하지 말게 하시고
쏟아진 우유에 미련을 갖게 하지 마소서.

'…위하여'를 위하여

'…위하여'는 요즘 회식 행사에서 건배사 후렴으로 가장 많이 등장하는 구호다. 이 나라 음주문화에 빠져서는 안 될 대표적 메뉴의 하나다. 연전에 나는 이 '…위하여'를 이렇게 풀이해서 쓴 일이 있다.

"모든 문화의 탄생은 일차적으로 시대적, 사회적 상황에 배경을 두고 있다. 시류가 필요에 의해서 만들어낸 것이다. 그렇다고 봤을 때 이 음주문화의 '…위하여'도 결코 예외일 수는 없다.
 어느 모임이든 아무리 목적을 같이하는 집합체라 하더라도 구성원 모두가 같은 생각, 같은 행동으로 일사불란하게 움직인다고는 볼 수가 없다. 각자 개성이 다르고, 입장이 다르며, 그들이 가진 이념 또한 다르다. 이름이 다르고 얼굴이 다르듯 모두가 각양각색이다. 인간은 공장에서 찍어 나오는 물건이 아니기 때문이다.

그건 이들이 만든 회식자리의 목적에서도 마찬가지다. 오늘 한 특정인의 승진축하 회식자리가 마련되었다고 하자. 이 자리에는 승진에 누락된 사람도 분명히 있다. 그렇다고 그들을 빼놓을 수는 없는 노릇 아닌가. 모임의 주제는 대개 친목과 단합이다.

건배제의에 신경을 안 쓸 수가 없다. '아무개의 승진을 축하하기 위하여'라고만 제창하기도, '승진에 탈락된 사람을 위로하기 위하여'라고 주문하는 것도 모양은 편향적이다. 이를 해소하면서도 양쪽 모두를 띄워야 하는 분위기를 연출하려다보니 그런 알맹이가 행방불명이 된 '…위하여'만 남게 된 것이다.

이 세상 어느 조직이든 순풍에 돛단 듯 꾸려나가는 곳은 드물다. 어디에 가도 안티 족은 있게 마련이다. 이를 나쁘다고만 봐서도 안 된다. 걸림돌이 될 때도 있지만 경우에 따라서는 브레이크와 감시의 기능도 하기 때문이다.

이 말이 태어난 건 군사정권인 유신시대를 전후해서다. 계엄령하의 비상시국에 국민들은 언행에 많은 제약을 받았다. 이 제약을 암시 또는 묵시적으로 표출하는 방법의 하나로 태어난 것이 바로 '…위하여'가 아닌가 생각된다. 아마 그런 잠재의식이 뿌리로 내렸으리라 본다."

건배 의식은 '고수레'와 비슷한 신과 함께 술을 나눠 마신다는 종교행사에서 비롯되었다고 전해진다. 또 어떤 이는 악수라는 인사가 서로 무기를 지참하지 않았다는 화해의 형식이듯, 이 또한 술에 독약 같은 것을 타우지 않았으니 안심하고 같이 마시자는 제안에서 비롯되었다는 이야기도 전해진다.

그전까지만 해도 우리는 '브라보'니 '빙고'니 어정쩡하게 넘어간 일도 있었지만, 주로 일본말인 '간바이(勸盃)'와 중국식의 '건배(乾杯)', '축배' 정도를 썼다. 영미권에서는 '치어스(cheers)', 또는 '토스트(toast)'를 쓰는데, 자리에 따라서는 이를 흉내 낸 사람도 가끔은 있다. 그러나 모두 순수한 우리말이 아니어서 그런지 썩 어울리는 모양은 아니었다. 그러다 '…위하여'가 등장하자 다른 말은 마파람에 게 눈 감추듯 쑥 들어가 버렸다.

어쨌거나 이 '…위하여'는 남녀노소 할 것 없이 국민정서상 확고한 음주문화의 한 틀을 만들어놓고 있는 셈이다. 이 습속이 얼마나 오래 지속될지는 모르지만, 현재로서는 요지부동으로 본다. 다만 '…위하여' 앞에 붙는 내용만은 상황과 환경에 따라 달라질 수밖에 없겠지.

한때 '개나발을 위하여'라는 구호가 유행한 적이 있었다. '개나발'은 결코 좋은 어감은 아니다. 주로 빈정거릴 때 등장하는 단어다. 그런데 '개인과 나라의 발전을 위하여'라는 해석이 붙으면 제법 그럴싸하게 들린다.

'하나마나를 위하여'라는 구호도 마찬가지다. '하나마나'는 공염불이 된 위정자들의 사탕발림 선심정책을 꼬집는 트집이다. 그러나 제창자는 이렇게 설명한다. '하나님과 나라와 마누라, 그리고 나를 위하여'라고. 익살과 페이소스가 넘치면서도 세상을 자기 나름대로 비웃고 있는 구호다.

어떤 재벌 회장은 신년 교례회 석상에서 '해당화를 위하여'를 제창했다고 한다. '해가 거듭될수록 당신과 나 사이에 화목을 위하여'가 목적이라고 한다. 그런데 여기에서도 사람에 따라서는 '해가 갈수록 당신만 보면 화가 치미네'로 엉뚱한 해석을 해 어리둥절한 분위기를 만들 수도 있다는 것이다.

또 어떤 경제부처의 장관은 '9988을 위하여'를 외쳤다. 보통 우리가 알기로는 99세까지 팔팔(88)하게 살자는 뜻인데, 여기에서는 자기 직무에 걸맞게 '99%의 기업체 공장 가동과 88%의 취업률을 달성하기 위하여'라고 해설을 달았다는 것이다.

그런가 하면 너무 튀는 건배 구호로 인해 기관장이 자리에서 물러나야 하는 설화(舌禍)를 만든 사례도 있다. 한때 화제가 되었던 '오바마를 위하여'가 그것이다. 얼른 듣기에는 미국의 국가원수를 내세운 사대주의 추종세력 같은 느낌을 주지만 여기에는 "오빠, 그냥 바라만 보지 말고 니 마음대로 하란 말야"라는 연분홍 사연이 담겨 있다는 것이다. 그게 그만 성희롱 구설수에 올랐던 것. 근사하고 남다르게 분위기를 멋지게 띄워보려고 한 건배사가 안타깝게도 본의 아닌 엄청난 결과를 초래한 것이다.

"나는 지화자, 얼씨구, 할 테니까 여러분들께서는 리듬을 넣어 조

오타, 그래 제창해주시면 되겠습니다." 별다른 뜻은 없지만 술자리의 신명과 바람을 불어넣는 이런 고전적 건배사도 있다.

  요즘 통용되고 있는 몇 가지 사례를 더 들어보자. 주된 내용은 공감대와 흥을 불러내는 것이지만 짧고 재치가 있어야 한다. 잔을 들고 장광설은 피해야 한다.

- 오징어(오래오래 징그럽도록 어울려 지내보자)를 위하여
- 119(한 가지 술로, 일차만 하며, 9시 전에 귀가하자)를 위하여
- 진달래(진실 되고, 달콤한 내일)를 위하여
- 당나귀(당신과 나의 귀한 만남 또는 시간)를 위하여
- 마당발(마주 앉은 당신과 나 사이의 발전)을 위하여
- 남행열차(남 다른 행동과 열정으로 차세대의 리더가 되자)를 위하여
- 변사또(변함없는 사랑으로 또 만나자)를 위하여
- 사우나(사랑과 우정을 나누자)를 위하여
- 통통통(우리 모두 만사형통, 운수대통, 의사소통)을 위하여
- 아바타(아무쪼록 바른생활로 타에 모범이 되자)를 위하여
- 껄껄껄(좀 더 사랑할 걸, 좀 더 참을 걸, 좀 더 베풀 걸)을 위하여
- 우생순(우리 생애의 최고의 순간)을 위하여
- 당신멋져(당당하고 신나고, 멋있게 져주면서)를 위하여

  그런가 하면 K팝 가수들을 내세운 건배 제의도 있다.

- 원더걸스(원하는 만큼 더도 덜도 말고 걸러서 스스로 마시자)

를 위하여

　· 소녀시대(소중한 여러분의 시간을 대박의 꿈으로 펼치자)를 위하여

　이는 K팝이라는 한창 뜨는 한류 보컬그룹의 신선하고 발랄한 이미지를 내세워 신바람과 새로운 마음을 다지자는 데 초점을 둔 것이라 본다.

　그밖에도 모임의 뜻과 취지에 따라 여러 재미있게 만들면 될 것이다.

　한때 아프리카의 힘겨운 어린이들이 우리 앞에서 보여준 '하쿠나 마타타(hakuna matata, 괜찮아 잘 될 거야)' 라는 스와힐리어와 '스페로 스페라(spero spera, 살아있는 한 희망은 있다' 라는 라틴어도 등장한 일이 있었다. 모두 희망과 용기를 북돋우는 축복의 외침이다.

　앞의 이야기와는 또 차원을 달리하지만 어떤 명사는 이런 이야기로 '…위하여' 론을 펴기도 했다

　"요즘 '…위하여' 가 대단히 유행인 모양인데 여당에서는 '위하여(與)' 를 쓰고 야당에서는 '위하야(野)' 를 쓴다지요. 지난날 서강대학교 어떤 총장님은 '위해서(西)' 를 자주 썼다고 합니다. 그러나 오늘 이 자리는 여성분들이 많이 모였고, 행사가 여성들을 위한 것이니만큼 나는 '위하여(女)' 로 건배를 제의하겠습니다. 그렇게 아시고 잔을 높이 들어주십시오. 사회를 아름답게, 내일을 풍요롭게, 자, 이 나라 여성들의 장래를 위하여!"

어떤 행복론

연전에 "행복은 성적순이 아닙니다"라는 말이 한창 유행한 적이 있었다. 그때 한 TV프로그램에서 언뜻 본 일이다.

종업원이 2, 30명은 됨직한 기업형 식당의 주인이 카운터에서 밀려드는 손님들을 정신없이 맞으며, 또 나가는 손님들이 치르고 나간 밥값을 열심히, 신나게 세고 있다. 주인이 앉아 있는 뒷벽에는 A3용지만한 액자가 하나 걸려 있는데 거기엔 지난날 그의 성적표가 들어 있었다. 38명 중 37등 한 성적이다. 카메라가 주인의 얼굴을 클로즈업해 잡자 그는 한 움큼 쥐고 세던 돈다발을 걷고는 자기 뒤 편의 액자를 가리키며 자랑스럽게 늘어놓는다.

"이게 지 국민(초등)학교 6학년 성적푭니더. 38명에 37등 했다카

문 젤로 꼴찌 아입니꺼. 올해 지가 마흔아홉인데, 같이 나온 졸업생 가운데 지보다 성공한 사람이 하나도 읍더라고예. 우리 반에서 일등한 그 친구는 고향 군청에 계장으로 있고…. 내는 중핵교도 겨우 나왔심더. 공부 그거 물론 잘 하문 좋겠지요. 그러나 그게 꼭 성공으로 가는 지름길은 아이다 말입니다. 내가 이걸 와 여기 붙이났겠능교. 이래 사는 사람도 있다는 걸 만천하에 자랑할라꼬 그래 붙이났심더. 남이사 웃건 말건 그건 그 사람 자유고요. 내는 그래 생각합니더."

이날 방송국에서 그 집을 찾아간 이유를 충분히 알만했다. 시골에서 태어났어도, 부모들이라면 누구 없이 원하는 게 공부지만 그 공부를 하지 않더라도 적성을 개척해서 노력하면, 성적이 뛰어난 사람 이상으로 잘 산다는 걸 보여주기 위함일 것이다.

행복이란 무엇일까.

성공했다는 건 무엇을 의미하며 행복과 어떤 관계가 있을까.

행복하게 산다는 건 어떻게 사는 것이며, 지금 내가 살고 있는 건 행복한 것일까.

아마 누구든 이런 명제에 한두 번 매달려 보지 않은 사람은 없을 것이다. 나름대로 정의를 내려본 사람도 있을 것이고, 자신을 거기에 대입시켜 보기도 했을 것이다. 그러나 누구도 그 정도 선이지 나는 '행복한 사람', 아니면 '불행한 사람'으로 명쾌하게 못질한 사람은 드물 줄 안다. 그건 행복이라는 걸 재는 저울이 저마다 다르고, 그 눈금 또한 천차만별이기 때문이라고 본다.

현금 백만 원에 행복한 사람이 있는가 하면, 백억을 쥐고도 죽는 소리를 하는 사람이 있다. 부장이라는 직위에 만족하는 사람이 있는가 하면 이사직에 있어도 입이 튀어나온 사람도 있다. 저마다 사는 목표가 다르고, 방식이 다르고, 환경이 다르니 그럴 수밖에 없는 것이다. 빈곤에도 절대적 빈곤이 있고 상대적 빈곤이 있듯, 행복 또한 같은 논리다. 나에게 있어 '행복'이 남에게는 '빈곤'이 되는 경우도 있다는 말이다. 물론 그 반대도 당연히 있다.

중남미의 코스타리카는 국민소득이 7천 달러에 못 미치는 나라다. 7천 달러면 우리나라의 70년대 중반쯤 되지 않을까 생각된다. 그럼에도 은퇴 후 그곳에 가서 사는 미국인들이 10만 명이 넘는다고 한다.

〈쥬라기공원〉이라는 영화를 그곳에서 찍었다는 걸 보면 원시적 자연환경이 어떠하다는 걸 알 수가 있다. 언젠가 주한 코스타리카 대사가 쓴 칼럼을 본 일이 있는데 '이곳이야말로 금수강산이며 중남미의 스위스'라 찬탄해 놓았다.

연전에 영국의 뉴사이언티스트 지에서 "당신은 얼마나 행복한가" 설문을 했더니 아프리카의 나이지리아가 1위, 멕시코와 베네수엘라가 2, 3위로 나타났다고 한다. 상식적으로 물질문명이나 국민소득으로만 본다면 미국, 프랑스, 일본 같은 나라가 행복해야 하고 1, 2위에 올라 있어야 한다. 그러나 이러한 연구 결과를 보면 행복은 성적순이 아니듯, 경제력과도 무관한 건 아닌지 모르겠다. 행복의 기준도 달라지고 있는 것만은 분명하다.

"행복한 사람은 성공한 사람이다." "성공한 사람은 행복한 사람이다." 이 둘은 어떤 차이가 있으며 우리는 어느 것에 무게를 두어야 할까?

통속의 철학자 디오게네스를 한 번 보자. 디오게네스를 찾은 알렉산드로스대왕이 그의 어려운 환경을 보고 무엇을 도와주면 좋겠느냐고 묻자, 날이 추우니 햇볕이나 들어오게 비켜 달라 했다고 한다. 그리고 얼마 전에 인생을 마친 리비아의 카다피 대통령을 한번 보자. 성공은 했는지 모르지만 행복한 인생은 누가 봐도 아닐 것이다. 물론 여기에도 시각은 다양할 줄 안다.

이쯤 되면 성공은 행복의 필요조건은 될지 모르지만 충분조건은 아니라는 결론이 나온다. 다시 말해 국민소득 3만 달러가 넘는 선진국이라고 해서 무조건 천 달러 미만의 국민들보다 행복하다는 말은 할 수 없다는 이야기다.

행복지수라는 것이 있다. 행복의 척도를 수치로 계산해서 객관적인 잣대를 대본 모양이다.

미국의 경제학자 새뮤얼슨은 '소유/욕망=행복'으로 풀었다. 자신의 처지에 3만 원짜리 옷으로도 충분한데 6만 원짜리 옷이 생겼다면 행복지수는 200이나 돼 배로 행복하다는 방식이다. 말하자면 욕망만 낮추면 얼마든지 행복할 수 있다는 이론이다. 불교의 일체유심론과도 흡사하다.

영국의 심리학자 로스웰은 'P+(5xE)+(3xH)=행복'이라는 공식을 만들어냈다. 인생관이며 적응력 등 사적 특성인 P(personal)보다 건강, 돈 등 생존조건인 E(existence)가 5배, 개인의 자존심과 야망 등 상위욕구를 의미하는 H(higher order)가 3배 더 중요하다는 데 무게를 두어 만든 방식이다.

그런가 하면 최근 영국의 한 경제재단에서는 소득수준과 행복은 아무런 관계가 없다면서 평균수명과 삶의 만족도와 자연환경적 조건만으로 새로운 기준을 만들었다는 이야기도 전한다.

히말라야 밑의 조그만 나라 부탄은 행복지수 1위의 국가로 계속 오르내리던 나라다. 그곳은 여전히 대부분의 길이 비포장 상태다. 그런데 이 나라의 행복순위가 자꾸 떨어져 최근에 와선 20위를 웃돈다고 하는데, 그 원인이 국민소득이 높아졌기 때문이라는 것이다. TV 보급이 늘고, 그로인해 세상물정에 눈이 트이면서부터 행복지수가 떨어졌다는 것이다. 그런 것을 보면 행복지수라는 것도 제 눈에 안경일 뿐이다. 유명한 학자들이 만든 공식이니까 나름대로 상당한 근거가 있겠지만, 이 또한 인문학의 한 분야이기에 누구나 다 인정하기는 어려운 노릇이 아니겠는가.

우리나라 어느 시골 중학교 풍물패에 '세로토닌'이라 이름을 붙인 클럽이 있다. 세로토닌이란 사람이 행복할 때 행복한 만큼 분비되는 호르몬인데, 이런 호르몬 양을 측정해서 행복순위를 매기는 것이 좀 더 정확하지 않을까 하는 생각이 든다.

　신화에 이런 이야기가 있다. '행복'은 힘이 약하고 '불행'은 강했다. 그렇다보니 '불행'은 '행복'을 만나기만 하면 두들겨 패고 행패를 부려, '행복'은 이를 피해 하늘로만 떠돌아다니며 살아야 했다. 이를 안 제우스가 '행복'에 말했다. 네가 피해 다니는 건 이해할 수 있으나 많은 사람들이 너를 기다리며 찾고 있으니 몰래라도 한 번씩 내려가 보라고. 그래서 세상은 힘센 '불행'만 가득하고 '행복'은 잘 안 보인다고 한다. 아닌 게 아니라 신화 같은 이야기다.

　어떻게 사는 것이 행복하게 사는 길일까. 좀 구차스럽긴 하지만 쉬운 방법이 딱 하나 있다. 나보다 못한 처지의 사람과 비교해가며 사는 방법이다.

　내가 고등학교 3학년 때 일이다. 한양대학교에서 전국남녀고등학교 문예작품 낭독대회가 있어 예선에 통과된 사람들만이 참석, 발표한 일이 있는데 당시 심사위원으로 나온 박목월(朴木月) 교수가 심사평으로 하신 말씀을 나는 아직도 생생히 기억하고 있다.

　"여러분이 보다시피 여기 국화꽃 한 송이가 있습니다. (실제로 국화 화분이 거기 있었다.) 이 꽃 한 송이만 두고 이야기를 한다면 아름답다는 사람도 있을 거고 그렇지 않을 사람도 있을 겁니다. 그러나 이 꽃보다 못하거나, 더 아름다운 꽃이 옆에 있다면 이 꽃에 대한 평가를 누구든 쉽게 매길 수가 있을 겁니다. 오늘 여러분들이 발표한 작품도 마찬가집니다. 서로 비교를 하느라 등위가 매겨지는 것이지 하나하나는 모두 자신의 고운 마음이 알뜰하게 담긴 좋은 글들입니다. 등위에 들지 않았다고 해서 실망하지 말고 열심히 정진하십시오…."

물론 감수성이 예민한 학생들에게 하는 격려차원의 말이겠지만, 나는 요즘도 순번과 연관되는 일을 만나면 그때 박목월 교수의 말씀을 한 번씩 생각해보곤 한다.

새뮤얼슨의 행복지수라는 것도 따지고 보면 이것과 다르지 않다. 욕망의 수치를 적게 잡는다는 것이 결국은 나보다 못한 것과 비교하라는 논리 아닌가.

사회학자 버트런드 러셀은 〈행복의 정복〉이라는 책에서 "행복의 열쇠란 기쁘게 긍정적으로 일하는 것, 결과를 운명에 맡기고 열심히 일하다가 뜻대로 안될 때는 체념하는 것도 하나의 행복"으로 풀어 놓았다. 나는 이것을 욕망의 수치를 자꾸 낮추다가 급기야는 제로로 두고 싶은 상태로 해석해본다.

영국의 어느 일간지에서 "이 세상에서 누가 가장 행복할까?"라는 제목으로 현상 공모한 결과를 발표한 일이 있었다.

여기에서 1위로 당선된 것은 모래성을 쌓는 어린이였다. 2위가 아기를 목욕시키고 있는 엄마, 3위가 어려운 수술을 막 마치고 나오는 의사, 4위가 작품의 완성을 눈앞에 두고 콧노래를 흥얼대는 예술가…. 이런 순위로 행복의 등위를 매겨놓았다.

이 순위를 자세히 들여다보면 몇 가지 공통점을 발견하게 된다.

첫째로는 그들의 일이 즐거움의 대상이라는 점이다. 둘째로는 자기의 위치에서는 최선을 다하고 있다는 점이고, 셋째로는 일 자체가 자기만의 일로 자신한테는 대단찮은 평범한 일감이라는 점이다. 이런 상황으로 볼 때, 자주 쓰는 이야기지만 행복의 파랑새는 결코 멀거나 높은 데 있는 것이 아니라 내 옆에, 내 가슴속에 있다는 해답이 나온다.

행복하게 살고 싶은 것은 모든 사람들의, 아니 생명 있는 모든 것들의 소망이다. 옆에서 누가 아무리 이것이 행복이라고 떠들어봐야 내가 반갑지 아니하면 나의 행복은 아닌 것이다.

마음이 가난한 자에게 복이 있느니, 무소유가 행복하다느니 대고 떠들어봐야 예배당 문밖만 나서면, 일주만 벗어나면 그때부터 공염불이 된다.

자본주의 하에서 경제적 풍요를 배제한 행복 논리는 아무래도 설득력이 약하지 않을까 생각해본다. 그게 꼭 공리주의에 의심을 두지 않더라도 그쪽으로 접근해서 푸는 방법이 옳지 않겠는가. 음식점 카운터에서 돈을 세는 그 사람은 누가 뭐래든 본인은 성공한 사람이고 행복하기 때문이다.

누구 할 것 없이 우리는, 우리민족은 행복에 굶주린, 행복에 목마른 사람인 것만큼은 분명하다. 해마다 새해가 되면 이런 덕담으로 축수하는 게 그것을 잘 반영해주고 있다.

"새해에는 복 많이 받으세요."

마지막 남은 떡 하나

 어쩌다 아파트 경비실에 한 번씩 들를 때가 있다. 그곳에 근무하는 경비원이 나와 나이가 비슷해서 말벗이 된 것이다. 집에만 박혀 있기가 뭣해 한 번씩 문밖을 나와 봐야 갈 곳도 없고 해서 궁여지책으로 만든 친구이긴 하나 어디 간들 별다른 친구가 있겠는가.
 "우리 단지에도 별난 사람들이 많지요?"
 인사삼아 말을 붙인다. 며칠 전 장애인 표시 주차장에 멀쩡한 양반이 주차를 해서, 두 사람이 실랑이 한 것을 본 일이 있기 때문에, 이를 화제로 위로삼아 한 말이다. 그때 그들이 나눈 실랑이는 이러했다.
 "여기는 비워둬야 합니다. 다른 곳으로 옮기시지요."

경비원의 이야기에 그 양반의 반응이다.

"장애인이 오면 비켜주면 댈 거 아이라요. 지금 주차장이 모자라는 판인데 빈자리 좀 쓰믄 어때서요."

"우리가 야단맞습니다. 그러니까…."

"야단은 어느 눔이 치는데."

"주민대표자회의에서 그렇게 정해놓은 겁니다."

"미친 자식들 아이라. …여기 전화번호가 붙어 있잖아요. 장애자가 와서 비켜달라고 하거등 연락하시우."

"…."

경비원이 시무룩하니 져주는 것 같았다. 아마 주종(主從)관계가 그렇게 만드는 듯 뵈었다.

너무 어처구니가 없는 내용이어서 한마디 거들고 싶었지만, 이야기하는 말투를 들어보니 잘못되면 불똥이 내게로 될 것 같아, 부끄럽지만 모른 척 먼발치에서 구경만하고 지나쳤던 게 따끔거렸기 때문이다.

"사람 사는 데는 다 같지 어데 별 다른 데가 있습니까. 그날 좀 실랑이는 했지만 입장이 바꿔지면 나도 그럴지 모를 건데요, 뭐."

이순이라는 나이가 가르쳐 준 너그러움일까. 의외로 순하게 말을 풀어나갔다. 그런 거 하나하나 역겹게 생각하려들면 하루도 못 베긴다면서 이런 이야기를 하나 더 보탠다.

"얼마 전엔 이런 일도 있었습니다. 저어기 공중전화 부스 안에 휴지통이 하나 있잖아요. 애들이 전화 걸면서 쓰레기를 마구 버리길래 청소하기 귀찮아 갖다 둔 건데, 그런데 거기다 자기 집 쓰레기를 갖다버리는 사람이 있다 아입니까. 어떤 사람이 아침마다 그 앞을 지나가면서 까만 비닐봉지를 거기다 넣고 가더라고요. 뭔가 싶어 일부러 확인해봤는데 집안 쓰레기잖아요. 아마 종량제 봉투를 아끼느라고 그러는 건지, 더군다나 알고 봤더이 그분이 학교 선생님이더라고요. 참 얌통머리 읍는 짓 아입니까."

"…."

나도 주민의 한 사람이고, 알게 모르게 얌통머리 없는 짓을 더러 하고 있지만 아무래도 그건 심했다 싶은 생각이 든다.

얌통머리란 얌치, 즉 염치를 속되게 부르는 말이다. '-머리' 라는 접미어는 명사 뒤에 붙어 그 명사를 저질스럽게 만든다. 인정머리, 버르장머리 같은 말들이 여기에 속한다. 따라서 얌치없는 사람은 얌체, 또는 얌통머리가 없는 사람이 된다. 염치란 "부끄러운 줄을 아는 마음"이다

차례를 기다리기 위해 장사진을 치고 있는 중간에 슬그머니 끼어든다든지, 씹던 껌을 아무데나 버리는 행위, 분리가 제대로 안된 쓰레기를 아무데나 쑤셔 넣는다든지 하는 일 등, 모두 얌체가 하는 짓들이다. 생활주변에 어처구니없고 눈 밖에 난 일들은 모두 얌체 짓이라 보면 된다.

얌체 짓에는 몇 가지 특징이 있다. 정상적인 사람이라면 누구든 해서는 안 되는 일인 줄 빤히 알면서, 자기 양심을 저버리고 알게 모르게 한다는 사실이다. "나 하나쯤이야" 하는, 남은 해서는 안 되

지만 나는 한 번쯤 해도 괜찮다는 사고방식의 작용이다. 또 하나는 행위가 대개 법치의 대상이 아니라 얄미움의 대상이라는 점이다

 우리 주변 기초질서의 파괴는 모두가 얌통머리 없는 사람들의 행위다. 얌체 짓만 하지 않는다면 환경은 얼마든지 깨끗하게, 원래대로 보전할 수가 있다. 사람과 동물을 구별하는 가장 기본행태가 이것이다. 하물며 요즘은 애완동물도 길을 잘 들이면 얌체 짓을 하지 않게 된다고 한다.

 지난날 우리가 가장 많이 쓴 가훈이 '충효전가(忠孝傳家)'와 '예의염치(禮儀廉恥)'였다. 가정을 보듬는 데는 충신, 효자에 으뜸을 두었고, 개인을 지키는 예절로는 부끄러움 없는 처신에 인륜의 바탕을 둔 것이다. 얌통머리 없는 짓은 그만큼 경계의 대상이었다.

 얌통머리를 생각하면 똘레랑스라는 말이 한 번씩 떠오른다. 홍세화가 쓴 〈나는 파리의 택시운전사〉에서 나는 그 말을 처음 만났다. 그는 책에서 똘레랑스를 프랑스인들의 자긍심으로, 공동생활의 대표적 문화로 표현해놓았다.

 물론 얌통머리와는 다른 개념이다. '관용'으로 쉽게 이야기하는 사람도 있지만, 내가 남의 의견이나 행위를 인정하고 존중해야만 나도 같은 대우를 받는다는, 상호 허용과 배려의 정신이 담겨 있는 말이다. 얌통머리는 염치가 고약스럽게 변한 말이지만 똘레랑스는 '참는다(tororare)'는 라틴어가 어원이다. 두 단어의 공통점을 굳이 찾아본다면 역지사지의 정신이다.

홍세화는 그 대표적인 예로 그곳에는 특정 종교집단에서 조찬기도회를 열어 국가원수를 초청하는 일이 없다는 걸 들었다.

언젠가 한 종교단체에서 대통령 내외를 초청해 무릎까지 꿇어앉혀놓고 기도를 하는 모습을 보고 똘레랑스 정신을 다시금 생각하게 되었다. 타 종교에서 저런 모습을 보면 어떻겠는가. 그게 남들에게도 좋은 모습은 아니었던지 다음날 신문에서 그 일이 구설수에 오르내리고 있다며 개탄한 기사를 보고 혼자 고개를 끄덕인 일이 있었는데, 우리도 같이 배워야 할 정신이 아닌가 생각된다.

공동생활에는 생각이건 행위건 공통분모가 있다. 그것은 공동체의 필요에 의해 자연스럽게 자리 잡은 공동 불문규약이다. 똘레랑스도 마찬가지며 암통머리 또한 예외일 수는 없다.

한때 한 종교단체에서 "내 탓이오"라는 캠페인을 편 일이 있었다. 우리사회에서 빈번하게 일어나는 마찰, 반목, 불화 등 이런 갈등의 원인이 대부분 아전인수격 인간관계에 원인이 있다고 보고, 서로 인내하고 조금씩 양보함으로써 조화로운 세상을 만들어보자는 취지에서 전개된 운동이다.

며느리가 선반 위에 있는 항아리를 내리려다가 실수로 깨버렸다. 당사자로서는 보통 걱정이 아니다.

그런데 이를 본 시아버지는 "내가 잘못 했구나. 선반을 조금만 더 낮게 만들었어도 그런 일은 없었을 텐데…"라며 자기 탓으로 돌렸으며, 시어머니는 "아니다, 원인은 나한테 있다. 지난번에 내가 쓰고 엎어두면서 너무 끄트머리에다 둔 게 잘못이었구나" 했으며, "잘못은 제게 있습니다. 집사람이 아까부터 좀 내려달라는 걸 어영부영하다가 그만…" 하고 남편은 남편대로 자기 탓으로 만들었다.

이쯤 되면 며느리의 실수는 묻히고 집안의 화목은 평상을 유지할 수가 있다. 바로 이런 분위기를 생산하기 위해 "내 탓이오" 캠페인을 편 것으로 보인다.

그런데 이게 가족 간의 일이라면 가능하지만 이해(利害)와 손익이 수반되는 관계에서 일어났을 경우, 과연 그때도 이런 분위기가 조성될 수 있을까? 턱도 없는 소리다. 비근한 예로 애매한 차량접촉사고가 일어났을 경우 한쪽에서 "죄송합니다. 내 탓인 것 같습니다"고 했다고 가정해보자. 옳다, 됐다고는 확인서를 쓰라고 대들 건 불을 보듯 빤한 일이며, 당장 문짝 하나를 통으로 물어줘야만 할 처지에 놓일 것이다.

결국 그 캠페인은 이름만 내걸었지 아무런 구실도 못한 채 공염불로 끝나고 말았다. 세상 실정을 감안하지 못한 데 원인이 있다.

우리 음식문화 가운데는 재미있는 현상이 하나 있다. 마지막까지 남아 있는 접시 위에 떡 하나가 그것이다. 음식이 많아서 남겨 두게 아니다. 모자라더라도 항상 마지막 남은 떡 하나는 언제나 지킴이처럼 접시를 지키고 있었다. 거기에는 누구도 선뜻, 또는 얼른 손을 대는 사람이 잘 없다. 사람에 따라서는 그 마지막 하나에 손을 대는 사람을 용감한 사람이라고 칭하기도 한다. 마지막 떡 하나는 끝까지 버려지듯 남아 그대로 두고 나오는 경우도 허다했던 것이다.

바로 그게 얌통머리를 아는 사람들의 '겸양의 미덕이 남겨놓은 떡'이다. 나는 먹을 만큼 먹었으니 남한테 양보하겠다는 마음이다. 배가 부르고 말고는 별개의 문제다. 그런 향기로운 마음들이 만들어놓은 것이 접시 위에 남겨놓은 마지막 떡 하나다.

그런데 언제부터인가 접시 위에 남아 있어야 할 떡 하나가 잘 보이질 않는다. 누가 먹더라도 "이건 내가 먹는다"며 양해를 구하고 난 뒤에서야 먹던 그 떡 하나가 슬그머니 자취를 감춘 것이다. 얌통머리의 마지막 보루가 그렇게 허물어져버린 건 아닌지 모르겠다.

셋,
세월 끝나는 곳에 서 있는 사람들

'등신'은 '어리석은 사람을 얕잡아 부르는 말'입니다.
잘난 사람들이 자기보다 못난 사람들을 지칭할 때
'등신'이라고 합니다.
그런데 그 '등신'을
한문으로는 왜 '等神, 신과 같은 사람들'으로 쓸까요.

아마, 아는 사람은 알 것입니다.

아웃사이더(Outsider) 신드롬

 고사성어에 절영(絶纓)이라는 말이 나온다. 끊을 절(絶), 갓끈 영(纓) 해서 갓끈을 끊는다는 의미다.
 옛날 중국 초나라 때 장왕이라는 임금이 있었다. 나라에 경사가 생겨 그 기쁨을 문무백관과 함께 나누려고 후정에서 향연을 베풀었던가보다. 요즘 말로 하면 일과 후 가든파티를 베푼 셈이다.
 풍악이 울리고 술잔이 두어 순배 돌아 한창 취흥이 무르익을 즈음, 갑자기 돌풍이 일어 장내를 밝히고 있던 촛불들이 모두 꺼져버렸다. 사방은 칠흑 같은 어둠에 휩싸일 수밖에.
 그때 한 사내가 임금 옆에 앉은 후궁의 몸을 더듬었다. 평소 불만이 많았던 사람으로 어둠과 취기를 이용해 그런 불경스런 짓을 했던 것. 그러나 후궁은 자리가 자리인 만큼 고함은 지르지 못하고 사내의 갓끈을 잡아당겨 끊고 말았다. 그리고는 임금에게 조용히 고했다.

"전하, 방금 어떤 놈이 제 몸을 더듬어 희롱하였습니다. 그래서 그놈의 바른쪽 갓끈을 끊어놓았습니다. 엄벌을 내리시옵소서."

그 사실을 들은 임금은 잠시 생각에 묻혔다가 명을 내렸다.

"아직 불을 켜지 말고 모두들 귀담아듣도록 하라. 이 자리에 참석한 사람들 가운데 갓을 쓴 사람들은 모두 오른쪽 갓끈을 당장 손으로 당겨 끊도록 하라. 그 후에 불을 켜도록 하라."

바로 절영에 들어간 것이다. 누구의 명인데 거역을 할 것인가. 갓을 쓴 이들은 모두 오른쪽 갓끈을 끊었다.

곧 불은 켜졌지만 갓을 쓴 사람들은 모두 오른쪽 끈이 끊어져 누가 후궁을 더듬었는지 알 수가 없었다. 장왕은 신하의 무례함을 취기로 인한 순간적인 실수로 받아들여 그를 불문에 붙여 용서한 것이다.

세월이 흘러 진나라와의 전쟁에서 크게 이겨 승전고를 올리던 날, 전장에서 전두지휘를 하던 한 장군이 장왕 앞에 무릎을 꿇고 앉았다.

"전하, 용서해주십시오. 저는 지난날 전하께서 베푸신 만찬장에서 큰 무례를 저지른 사람입니다. 그날 절영으로 저에게 베풀어주신 후덕한 선처를 헤아리지 못했다면 어떻게 오늘 같은 날이 저에게 있었겠습니까. 황공하옵니다. 전하."

"장하다. 그대여, 정말 고마운지고…."

장왕은 장군의 어깨를 어루만져주었다.

이것이 '절영'이라는 단어가 태어난 고사의 줄거리다.

이 세상을 살아가는 너와 나, 즉 우리는 모두 어쩔 수 없이 숙명적으로 타고난 공동운명체다. 상형문자 사람 인(人)자는 서로가 받쳐주고 받쳐서 세워진 형상을 뜻한다. 억지건 사실이건 그럴싸한 해석이다.

두 사람이 수레를 끌고 갈 땐 한 사람은 당기고 한 사람이 밀면 훨씬 수월하다. 외나무다리를 건널 때는 차례로 줄을 서서 가는 것이 좋다. 한 사람이 노약자라면 힘 있는 다른 사람이 업고 건널 수도 있다. 무거운 짐이 있을 땐 두 사람이 나눠 들면 편하고 속도도 낼 수 있다. 백지 한 장도 같이 들면 수월하다는 말이다.

오늘을 살고 있는 우리는, 시대적으로 한 배를 탄 사람들이다. 적게는 가족이지만 크게는 국가라는 구성체, 글로벌이라는 공동체다. 공동운명체는 공동생활을 영위해야만 지탱할 수 있는 단체다. 모두가 같이 노를 저어야 한다. 목적지에 닿을 때까지 모두가 같은 방향으로 노를 저어야 하는 것은 그들의 책임이며 의무이다. 그리고 시대적 숙명이다.

오월동주라는 고사성어에는 두 가지 뜻이 있다. 앙숙끼리 피할 수 없는 자리에서 만나 일전을 불사하게 되었다는 파국의 의미도 있지만, 앙숙으로 만나긴 했으나 한배에 탄 이상 서로 손을 잡아야만 살아갈 수 있다는 메시지도 담고 있다.

세상은 같은 생각을 가진 사람들만 사는 곳이 아니다. 말하자면 같은 배를 타고 가면서도 노를 젓지 않는 사람도 있다는 말이다. 그냥 눈가림으로 젓는 척만 하는 사람도 있고, 노를 젓더라도 반대로 저어 오히려 방해하는 사람도 있다. 뿐만 아니라 자신의 행동을 합리화시켜 판을 어지럽게 해, 다른 사람들까지 혼란스럽게 만들기도 한다. 공동체가 지향하는 목적지에 도착하는 데는 엄청난 훼방꾼이다. 그러나 그들의 동승을 거부할 수 없는 것 또한 조직의 운명이다.

우리는 이런 비협조자를 아웃사이더라 부른다. 국외자, 방관자, 제삼자 등으로도 통한다. 그러나 아웃사이더들도 분명히 조직의 한 구성원이고, 조직의 영욕과 운명을 같이 해야 할 처지에 있다.

아웃사이더는 무능력자가 아니다. 님비족과도 다르다. 그렇다고 드러내놓고 반대를 하는 족속도 아니다. 그러면서도 엄청난 걸림돌이 되는 사람들, 그들이 여기에 속한다.

좀 더 구체적으로 말한다면 직장에서의 만성적인 승진누락자, 조직개편 등으로 쫓겨난 자, 자기능력을 객관적으로 인정받지 못하는 자, 선거에서 연이어 떨어진 자, 이런 사람들은 자연히 불평불만이 많다. 자신의 허물을 스스로에게서 찾기보다 엉뚱한 데에 두고 피해망상에 시달리는 사람들이 주로 여기에 속한다.

이는 구조적인 모순에 의해 나타나기도 하고 큰 흐름에 대한 시각, 또는 견해의 차이에서 오는 소외현상 때문에 빚어지기도 한다.

좋게 말해서 급진적 진보의 사고방식을 가진 자, 비판세력들이 이에 속하기도 한다. 피해자 특유의 속된 계략이 꿈틀거리는 것도 우리는 심심치 않게 본다. 물론 그밖에도 많은 경우가 있을 것이다.

아웃사이더들은 보이게 안 보이게 그 조직의 저해요인이 된다, 성장의 독소가 될 수도 있으며, 경우에 따라서는 반대론자보다도 더 위험한 현상으로 나타나기도 한다. 이런 현상은 또렷한 형태를 갖춘 것도 있지만 대부분 수면 아래에서 없는 듯 있고, 있는 듯 보이질 않아 자취가 아리송한 이단의 특성을 갖는다.

'아웃사이더 신드롬'의 존재는 자연발생적이건 인위적이건 분명히 우리 사회에 널려 있는 일종의 사회병이다. 병을 치료하는 데 가장 확실한 방법은 병인을 사전에 알아 제거하는 것이다. 그러나 뚜렷한 원인도 없이 몸이 야위어 간다면 그것만큼 괴롭고, 어려운 일도 잘 없다. 사회병이란 대개 그런 양태로 기생한다. 지금 당장은 없더라도 과거에 있었던 병력이며 언제든지 일어날 가능성이 있는 병이다.

신드롬, 즉 증후군이란 게 원래 애매모호한 병인에서 기생한다. 이를테면 병이기는 하나 얼마든지 병이 아닐 수도 있다는 말이다. 그리고 사람이 사는 곳에는 어디든 있는 현상이다.

이 병의 치료약은 지도자(경영자)의 포용력이다. 관심과 베풂과 배려가 녹아있는 아우름이다. 줄을 비틀어지게 섰더라도 솎아내지 말고 밀어 넣어 바로 세움이요, 못 따라오더라도 그냥 두고 갈게 아니라 기다렸다가 같이 오도록 해서 함께 대열을 만들어야 한다. 그들의 단점도 이용하기에 따라 얼마든지 장점이 될 수 있다.

손자병법 첫머리 시계편(始計篇)에 이런 이야기가 나온다. 전쟁을 이기는 요인에는 다섯 가지가 있는데 그것을 첫째 도(道), 둘째 천(天), 셋째 지(地), 넷째 장(將), 다섯째 법(法)의 순으로 놓았다. 전쟁에서는 그 목표가 승리인데 그것을 거두자면 완벽한 제도나 법보다는 장수들의 지모나 인애가 더 앞서야 하고, 그것보다 지형적으로 이점이 얼마나 더 중요한가를 먼저 찾아야 하며, 또 그것보다는 천시가 얼마만큼 우리를 도와줄 것인가에 더 비중을 두어야 하며, 이 네 가지보다 도(道)라는 총화와 시대적 상황에 더 비중을 두고 있다. 도는 민심의 향방이다. 함께 살고 함께 죽는(可與之生 可與之死), 즉 지도자와 국민이 마음과 행동을 같이함을 으뜸자리에 놓았다.

우연히 초등학교 학생들 웅변대회를 구경한 적이 있는데, 그때 3, 4학년으로 보이는 여학생이 인용한 웅변이 가끔 한 번씩 가슴을 친다.

"…어항에 금붕어 두 마리가 살고 있었습니다. 한 마리는 힘이 세고, 다른 한 마리는 약해 먹이가 들어오면 언제나 힘센 녀석이 다 빼앗아 먹곤 했습니다. 힘센 놈은 점점 살이 쪄 건강하게 자라는데 힘 약한 놈은 하루가 다르게 약해져서 마침내는 굶어죽게 되고 말았습니다. 그날부터 힘센 금붕어는 먹이를 독차지하게 되었습니다. 그런데 과연 혼자된 이 힘센 금붕어는 행복하게 살 수 있었을까요. 다음날부터 힘센 금붕어는 사는 재미가 없어졌습니다. 자기가 힘이 세다는 걸 알아주는 이도 없고, 같이 이야기 나눌 상대가 없으니 살맛이 나지 않았습니다. 며칠 지나지 않아 힘센 금붕어는 그 많은 먹이를 옆에 두고도 그만 시름시름 앓기 시작했습니다. 혼자만 배불리 먹고 산다는 게 얼마나 힘이 든다는 걸 알았을 땐 이미 몸에 병이 붙은 뒤였습니다. 그러다 마침내 힘센 금붕어도 세상을 떠나고 말았습니다."

드레스코드(Dress-code)

친구 아들 결혼식에 참석한 자리에서 있었던 일이다. 같은 계원 가운데 한 명이 등산복 차림으로 얼굴은 내놓은 것이다. 오후 2시쯤 예식이 있었는데 등산행사에도 빠지기가 뭐하고 결혼식에도 오지 않을 수가 없어 등산복 차림으로 허겁지겁 나타난 것이다.

그는 요즘 아웃도어라고 하는 튀는 색깔의 윗도리에 등산화를 신고 있었다. 표를 좀 덜 낸다고 모자는 벗고 들어오긴 했지만 누가 보더라도 산에서 막 내려온 사람이다. 차림새 때문에 오래 같이 못 있겠다면서 얼른 사라지긴 했지만 그가 나간 뒤 말들이 좀 오갔다.

"남의 예식 망칠 일 있나, 아무래도 그렇지 차림이 그게 뭐야."

"뭐 어때서. 사진 찍을 사람도 아닌데. 입장이 그러면 그렇게 나타날 수도 있지."

"남들 눈이 있잖어. 최소한의 예의는 지켜줘야지."

"아, 이 사람아. 요새 그런거 따지는 사람이 어디 있나. 와준 것만 해도 고맙지."

"어허, 저 사람 보게. 초상술에 권주가 불러도 괜찮다, 그 말야."

"누가 권주가를 불렀대. 이 사람이, 비약은…. 그럼 자넨 왜 그래 왔나. 갓 쓰고 두루마기라도 좀 입고 올 것이지. 이 대명천지에 부주전 상서 쓰고 앉았구먼."

이야기는 그 정도에서 끝나고 말았지만 그들 머리에 박힌 정서는 평행선을 벗어나지 못했다. 비슷한 나이, 비슷한 교육, 비슷한 환경에서 자랐는데도 시각의 차이가 엄청나다. 내용을 보면 알겠지만 누구도 양보할 기미는 없어 보인다.

누구의 말이 옳을까. 흔히 이런 논제 앞에서 곧잘 뱉는 이야기지만, 두 사람 다 다른 답일 뿐 틀린 답은 아니라고 내린다면 '열린 세상'을 살아가는 사람이다. 내 입장은 경우에 따라 행사에 어울리지 않는 입성이라도 고의성만 없다면 허용하고 싶은 쪽이다. 세상사는 게 저마다 바쁘고 또 다양화된 생활 속에서 허우적거리다보면 그런 일을 얼마든지 있을 수 있기 때문이다.

그러나 그런 건 어디까지나 내 생각이지 장례식장에 가면서 잘 보이지도 않는 양말 색까지 신경을 쓰는 사람들에게는 아예 이야기 자체가 통하지 않을 것이다. 또 세상에는 그런 걸 유독 찾는 사람도 있다.

행사장에서 의관정제(衣冠整齊)는 많은 의미를 갖는다. 무슨 일이 있더라도 초상술에 권주가를 불러서는 곤란하다는 말이다. 그건 예절이며 도리다. 그런데 그 폭이나 수위는 한 번 생각해볼 필요가 있다. 세상이 계속해서 변하고 달라지고 있기 때문이다.

언젠가 초선이던 유시민 의원이 의정단상에 의원선서를 하면서 노타이 차림으로 등장을 해 화제가 된 일이 있다. 당시 그는 흰 면바지, 초록색 티셔츠에 양복 윗도리를 걸치고 어정쩡한 웃음을 물고 나타났다. 그러자 의원들 가운데는 이게 무슨 행패냐며 30여 명이 그의 의상을 문제 삼아 퇴장하는 소동까지 벌였다. 물론 그도 국회를 모독하기 위해 그런 작태를 보인 건 아닐 것이다. 새로운 바람 내지는, 그게 신선한 건지 어떤지는 모르지만 그런 이미지를 심기 위한 일종의 쇼맨십 같은 것으로 생각된다.

그날 이후 국회의원들의 의상 문제로 이러쿵저러쿵 논란이 되자 홍보기획관은 "국회 본회의 출입을 위한 특별한 드레스코드는 없다. 지금까지 정장 양복에 넥타이를 매는 것이 관례였지만 강기갑 의원의 한복, 유시민 의원의 캐주얼 차림이 등장하면서 복장관행이 깨지고 있다"고 발표했다.

좀 다른 이야기지만 언젠가 신문에 보니까 영국에는 자전거로 출퇴근하는 국회의원도 있다는데 아마 우리나라에서 그런 국회의원이 나온다면 이 또한 엄청난 화제가 되지 않을까 생각해본다.

드레스코드 이야기라면 한복 디자이너 이혜순 씨가 한복차림으로 들어갔다가 퇴장당한 신라호텔 이야기를 한번 안 짚고 넘어갈 수가 없다. 우리나라 호텔에 우리나라 사람이, 우리나라 전통의상을 입고 들어가는데 문전박대를 당했다고 해서 당시 언론이 시끄러웠다. 말하자면 호텔의 처사를 일방적으로 나무랐던 것이다. 그런데 그쪽 이야기를 들어본즉 나름대로 이유가 있었다.

"입장 자체를 거부한 것이 아니다. 직원이 주의사항을 설명하는 과정에서 한복은 위험하다고 하는 바람에 문제가 커진 것"이라고 했는데 그 설명은 이러했다. 식당 특성상 뷔페자리에 한복을 입고 출입하면, 음식을 직접 나르고 먹어야 하기 때문에 당사자들도 거추장스러울 뿐만 아니라, 주변 사람들에게도 피해를 줄 수 있어 행동이 구속되므로 조심스럽게 당부한 것이 그런 소동 아닌 소동으로 벌어졌다는 것이다.

이름난 호텔식당은 차림에 제약을 두는 곳이 더러 있다고 한다. 제삼자에게 불편을 주거나 혐오감을 주는 슬리퍼 차림이나 핫팬츠 차림이 그 대표적 예다. 이것도 "로마에 가면 로마법을 따르라"로 보면 아무것도 아니다.

이름 있는 식당들은 저마다 관행과 규정이 있기 때문에 출입 전에, 또는 예약을 하면서 사전에 알아보고 지키는 것이 에티켓이라는 말이 있는 걸 보면, 어디든 유명한 곳엔 드레스코드가 있는 모양이다.

YS 전 대통령이 당 대표시절에 있었던 일화를 하나 소개한다. 남미의 어느 정상이 청와대 만찬장에 초청되어 나갔는데 당시 드레스코드는 세미 정장이었다. 그런데 YS 비서진의 실수로 남미의 정상만 복부에 붉은색 띠를 두른 연미복 차림으로 행사장에 나타났던 것이다. 누가 보더라도 모양이 이상하게 될 수밖에 없었다. 더군다나 주한 외교사절들은 넥타이도 매지 않은 간편한 차림이었다니 말이다.

"여기서 뛰어내려라." 김 전 대통령이 행사를 마치고 상도동 자택으로 가면서 한강다리 위에서 차를 세우게 하고는 비서에게 그렇게 말했다고 전해진다.

드레스코드 이야기가 나오면 한 번씩 오르내리는 인용이다. 드레스코드라는 것이 경우에 따라서는 난처한 모습으로 나타날 수도 있다는, 그래서 경각심 환기 차원에서 빚어진 일이리라. 그냥 일소에 붙이면 그만이긴 하지만 한 번쯤 생각을 갖게 하는 이야기다.

연회장에서 주빈이 베스트 드레스라고 뽑아 입고 나온 옷을 다른 사람이 똑같은 차림으로 옆에 나타났다고 해보자. 성인군자가 아닌 이상 심기가 불편할 건 빤한 일이다. 내가 명품가방을 들었는데 나보다 못한 사람이 똑같은 가방을 들었다는 것도 마찬가지다. 동물적 본능은 이를 쉽게 받아들이지 않을 것이다. 많은 행사장에서 일어나는 깜짝 쇼가 바로 잘 설명해주고 있다.

눈치가 빠른 사람은 행사장에 주빈이 어떤 옷을 입고 온다는 걸 사전에 파악, 일부러 피해서 다른 옷을 입고 참석한다는 사람도 있다. 아마 그런 것도 요즘 같은 세상에 처세의 한 방법은 될 수 있을 것이다.

  어떤 생물학자의 말에 의하면 호랑이는 여러 동물들이 있을 때 그중에서 고양이를 가장 먼저 잡아먹는다고 한다. 이유는 자기를 닮아서 기분이 나쁘다는 것이다. 그게 사실인지 아닌지 우리 같은 사람은, 그렇다니까 그런가보다고 여길 뿐 더는 알 수가 없지만, 그런 정황은 충분히 그려볼 만하다.

고스톱, 국민오락?

한반도 대한민국에서 20세기 후반부터 지금까지 가장 대표적인 대중문화를 내세우라면 나는 단연 계와 고스톱을 엄지에 꼽는다. 우리나라 성인 치고 계 한둘 안 하고 있는 사람 없고 고스톱 모르는 사람도 없다. 이보다 더 확실한 대중문화가 어디 있겠는가.

문화란 무엇인가. 한마디로 정의하자면 "한 조직의 구성원들이 그들의 경험과 학습으로 필요에 의해 자연스럽게 자리 잡은 의식과 행동"을 말한다. 그렇다면 알아보고 자시고 할 것도 없다. 핫바지들은 모였다하면 계부터 먼저 만들고 본다는 것도, 또 고스톱도 그런 문화의 소산이다. 필요하기 때문에 생겨난 것이라는 뜻이다.

경제적 여유가 생긴다면 나는 상금을 푸짐하게 걸고 전국 고스톱

대회를 한번 열어보고 싶다. 그것도 해마다 전국 각지에서 지역대회를 열어 또 거기서 우승한 사람들을 다시 모아 전국대회를 크게 한번 열어보고 싶다. 내가 이런 얘기를 하면 대다수의 사람들은 "세상이 시끄러우니까 별 희한한 놈이 다 나왔군" 하고 미친놈 만용으로 몰아 부칠지도 모르겠다. 남의 이목이나 한번 끌어볼 양으로 허튼 수작이라고 웃어넘길지 모르나, 그러나 그런 건 천만에 아니다.

그렇게 생각하는 사람들이 있다면 그들에게 하나 물어보고 싶은 게 있다. 바둑 대회는 어떻게 생각하느냐고. 왜 점잖게 있는 바둑을 걸고 넘어지느냐 그러겠지만 같은 이치다. 고스톱을 그것과 같은 반열에 못 둘 이유도 없다는 말이다. 오히려 비중을 따지자면 나는 고스톱 쪽에 더 무게를 둔다. 여기에서 비중이란 그것이 갖는 오락성과 사회적 기여도 같은 것을 말한다.

나는 누가 뭐래도 우리나라의 대중문화의 총아로는, 적어도 지금까지는 고스톱만한 것이 없다고 보는 사람이다. 더 나아가서는 지난날 암울했던 과도기의 우리 서민들을 위로해주었던 대표적 놀이 문화가 아니었던가. 대중적이고 건전한 문화의 하나로 승화시켜 보고 싶은 사람이다.

대한민국 사람치고 고스톱을 모르는 사람은 거의 없다. 명절 끝이면 동네마다, 집집마다 고스톱으로 웃음꽃이 만발한 것 하나만으로도 설명은 충분하다. 어느 틈에 이젠 윷놀이 대신 안방을 차지한 놀이가 됐다. 모두 서로가 좋아서, 원해서 받아들인 만장일치 놀이다. 매스컴에서 고스톱 공화국이라고 떠들어도 누구하나 아니라고 반론을 내놓는 이가 없을 만큼 확고부동 자리를 잡았다.

그런데 이런 친근한 놀이를 왜 공개적인 장소에서는 매도하고 씹어대는지 모르겠다. 그런 사람들의 이중성이 참으로 안타깝다. 소태라도 씹은 듯 인상을 그으며 매도하던 그런 양반들도 돌아앉아서는 은근히 즐기면서 말이다. 나도 한때는 그런 부류의 한 사람이었다. 참으로 안타까운 노릇이다. 왜 그런 일에까지 가면을 썼는지 모르겠다.

그 까닭이 고스톱은 화투로 치는 놀이고, 화투는 패가망신의 주범인 도박의 도구이기 때문에 그런 현상이 나타난 것이 아닌가 하는 생각을 해본다. 이를테면 잘못된 고정관념이 그런 해괴한 억측을 낳은 것이라는 말이다.

그러나 결론부터 말해, 이것이 강도가 칼을 들었다고 칼을 든 사람을 모두 강도로 몰아붙이는 것과 무엇이 다른가. 이런 어불성설이 없다. 칼을 든 사람은 이발사, 요리사, 의사, 정원사, 조각가 등, 수도 없이 많다. 이들은 모두 칼로 먹고사는 사람들이다. 칼 때문에 예술작품이 나오고 명품요리가 오르는 것이다. 칼 때문에 죽어가는 생명이 살아난다. 그러니 칼에는, 더불어 화투에는 아무런 죄가 없다.

같은 물을 마셔도 독사가 먹으면 독으로 변하고, 사슴이 먹으면 사향이 된다고 하지 않는가. 원래 물에는 독도, 약도 없다. 그러니까 생명의 원소인 물을 보고 독이니, 약이니 야단법석을 떤다는 건

과잉반응이다.

　또 하나는 판에 돈이 오락가락하는 걸 문제 삼을 수 있다는 노파심이다. 기원에 가보면 바둑판 밑에 지전 하나 안 묻힌 바둑판이 없다. 안 묻혔다면 점심내기라도 하지 그냥 두는 바둑은 잘 없다. 당구, 골프, 볼링 등 승부를 찾는 놀이는 다 마찬가지다.

　산업사회의 놀이문화는 농경시대의 놀이와는 다르다. 오고가는 게 있어야 한다는 말이다. 고스톱도 그냥 치라고 해봐라, 아무도 치는 사람이 없다. 무엇을 걸어도 걸어야 할 맛이 난다. 그게 산업사회의 오락이다. 지난날 윷놀이, 그네뛰기가 지금까지 아슬아슬하게 명을 이어오는 건 척사(擲柶)대회, 추천(秋韆)대회로 상품을 걸어 놓았기에 망정이지 그것마저 없다면, 어린이 놀이터에는 있을지 모르나 벌써 박물관으로 갔을 것이다. 표현이 조금 비약된 것 같지만 놀이도 하나의 경제활동으로 보는 개념이 어느 틈에 자리 잡은 셈이다.

　시절 따라, 세월 따라 그렇게 문화도 변해가고 있는 것이다. 고스톱이 도박이라는 건 막연한 선입관에 맹목적인 고정관념일 뿐이다. 분명히 말하지만 고스톱은 도박이 아니다. 고스톱을 도박으로 매도한다면 세상에 도박이 아닌 놀이는 없다. 그리고 천박하게 보는 것도 잘못이다. 서민들이 즐긴다고 천박하게 보는 건 엄청난 착각이다. 대중화와 천박함은 다르다. 상류층이 찾더라도 매음 이발관 같은 게 천박한 것이다.

　나는 아니, 우리 친구들은 요즘도 가끔 만나면 고스톱을 한 번씩

친다. 점심은 주로 그렇게 해결한다. 내가 형편이 좋아 내거나, 주머니 사정이 두둑한 친구가 있어 얻어먹을 수 있다면 좋겠지만, 하긴 그것도 얻어먹고 나면 그때부터는 서로가 부담이 된다. 이런 부담을 고스톱이 해결해주니 얼마나 고마운가.

내가 이겨서 공으로 얻어먹어도 좋고, 져서 한 그릇 대접해도 좋다. 그렇다고 내가 늘 지는 것도 아니고 내가 늘 이기는 것도 아니다. 거의가 비슷하다. 그야말로 복불복(福不福)인 셈이다. 자주 만나다 보면 결국 자기 주머니에서 나온 돈으로 먹는 꼴이지만 그걸 중신애비로 서로 만나 즐거운 시간을 갖는 것이다.

'고스톱 친구'라는 말이 있다. 친구라고 해서, 친하다고 해서 만나면 다 고스톱을 치는 것도 아니다. 서로 마음이 통하는, 허교가 되는 사람들끼리만 가능한 게 이 놀이다. '죽도록 마주앉아 고(Go)를 부르짖는 친구들'이 죽마고우라는 우스개도 있지만, 경제활동을 하는 친구들끼리의 친구가 현대판 죽마고우다. 도박은 생판 모르는 사람과도 어울릴 수 있지만, 아니 오히려 낫겠지만, 고스톱은 아니다. 그만큼 믿음이 바탕인 건전한 오락이라는 말이다. 물론 예외도 있을 것이다. 세상에 예외 없는 법칙이 어디 있는가.

고스톱이 없다고 해보자. 친구들을 만나면 술잔 기울일 일밖에 없다. 요지경 같은 세상, 속에 술이 들어가면 남 험담이나 하고 욕밖에 더하겠는가. 거기에 비하면 얼마나 건전하고 생산적(?)인가 말이다. 그런 점에서도 고스톱은 우리 사회에 기여한 바가 크다고 봐야 한다. 그리고 계모임과도 그렇게 잘 어울릴 수가 없다.

고스톱이 우리나라에 들어온(또는 자생된) 건 1960년대 초다. 그럭저럭 50여 년을 우리와 함께 동고동락을 해온 문화다. 하지만 고스톱으로 기둥뿌리 뽑은 일은 없고, 과문 탓인지는 모르지만 고스톱 때문에 패가망신했다는 이야긴 아직 들어본 적이 없다. 기름값은 벌었다, 점심은 공으로 먹었다는 소리는 가끔 듣기도 하고, 내가 받기도 한 말이다.

내가 고스톱을 배운 건 60년대 후반이니까 그쪽 역사로는 꽤 깊은 셈이다. 나만 즐기는 게 아니라 내 아내, 우리 아이들까지 모두 즐기는 놀이다. 물론 내가 권해서 한 건 아니다. 그네들끼리 터득해서 배운 것이다.

고스톱의 힘, 그 매력은 어디에 있는가. '고스톱 공화국'이라는 말이 왜 생겼을까. 공화(共和)라는 말이 무엇을 뜻하는지, 뭣 때문에 그 많은 사람들이 거기에 매달리는지 한번 알아보자.

먼저 게임의 간편성을 들 수 있다. 화투 한 모에 3, 4명 또는 5, 6명이 모여 앉을 수 있는 공간만 주어지면 언제 어디서든 가능하다. 세상에 이보다 더 간편한 놀이는 없다. 3, 4평의 방에서 하는 놀이로는 딱이다.

다음은 변화의 다양성으로 서민들의 지친 삶의 카타르시스에 있다. 낱개로는 아무 힘도, 가치도 없는 쭉지(피)가 모이면 힘이 되고, 심지어는 상대편에 바가지도 씌울 수 있으니, 이는 주권재민의 민중사상이 알게 모르게 녹아 있는 셈이다. 그리고 같은 패가 세장이 들면 이를 흔들게 해 배로 보상을 함으로써, 골고루 갖추지 못한 어러운 국면을 해소시켜준다. 그리고 참여는 했으나 같이 즐기지 못하는 사람들에게는 광을 팔게 해서 보상을 해주는 등, 한 배를 탄 공동운명체에 대한 배려가 곳곳에 묻어 있다.

또 하나는 의외성으로 우리 세태가 안고 있는 여러 문제점들을 패러디했다는 점이다. 기득권자인 승자에게 '고'라는 특혜를 주는 반면에 실패할 경우 옆 사람 몫까지 떠맡아 부담시킴으로 과욕의 허망함을 맛보게 하는 안분자족의 교훈과 담합(쇼당)으로 위험에서 함께 벗어나는 소통으로 윈-윈, 즉 상생의 지혜 같은 것이 배어 있는 것도 재미있는 발상이다.

그밖에도 싹쓸이, 설사 등 한 치 앞을 내다볼 수 없는 국면 조장과 조커라는 정수 외의 패를 넣어 불로소득의 운도 따르게 하는 판상의 우연성도 빼놓을 수 없다. 우리가 고스톱을 선호할 수밖에 없는 건 바로 이런 현상들 때문이다. 운칠기삼(運七技三)이라고 해서 경륜과 실력만으로는 이길 수 없다는 판세도 바둑 같은 오락과는 또 다른 대중성과 시장성을 갖게 한다.

여기에서 오고가는 언사 또한 이미 사회적 소통의 수단으로 뿌리내린 것이 많다.

"이거 짜고 치는 고스톱 판 아냐."

"그 사기꾼들한테 피바가지를 썼다니까."

이미 이런 투의 말들은 우리 실생활에서 일상 언어보다 더 비유적으로 호소력 있게 통용되고 있다. 언젠가 한 국회의원은 의정단상에서까지 "장관직에 있는 사람이 그런 면피성 발언에나 매달린다면…" 이라고 발언한 적도 있다. 어떤 이는 시집간 딸에게 출가외인이라는 단어를 쓴다는 게 "넌 이제 시집을 갔으니 낙장불입"이라고 말을 했다는 이야기까지 나올 정도가 됐다. 그만큼 이제는, 아니 어느 틈에 우리의 친숙한 언어문화에까지 깊이 박혀 있다.

 세상에 어떤 놀이가 이보다 더 다양하며 변화무쌍하게 연출할 수 있을까. 사람들은 곧잘 우리에게는 내세울만한 건전한 놀이문화가 없다고 공자 말씀을 한다. 없다면 하나 만들어야 할 것 아닌가. 세상에 가장 골치 아픈 사람이 아무런 대안도 없이 남을 헐뜯거나 현실을 부정적으로 몰아대는 사람이다.

 누가 무슨 말을 하든, 현시점에서 고스톱은 우리나라에서 흔들리지 않는 0순위의 대중적 오락문화다. 세상의 어떤 놀이건 순기능, 역기능은 다 있다. 효과 면에서도 마찬가지다. 그러나 그것 또한 받아들이는 사람들의 마음에 달려 있을 뿐이다.

 내가 가끔 한 번씩 나가곤 하는 퇴직자들 모임인 동우회 사무실에는 상설 고스톱 장을 만들어놓았다. 여기에는 동우회 회원이라면 언제든지 나와서 칠 수 있다. 동전까지 환전해가면서 칠 수 있도록 준비해둔다.

 엄한 규칙 몇 가지는 무조건 꼭 준수해야 한다. 점에 백 원, 한도는 5천 원이다. 시간은 13시부터 17시까지다. 그리고 외상은 일체 사절이다. 동우회 창설 이래 지금까지 15년을 그렇게 운영해오고 있다. 나는 그곳에서 총무노릇을 5년쯤 했지만 아직 언성높인 일은 한 번도 없었다.

　우리네 정서 속에서, 이처럼 공개적으로 고스톱 상설시장을 마련해두고 상습적으로 치는 곳은 그리 많지 않으리라 본다. 하루 평균 서로 잃고 따는 금액은, 예외가 있긴 하나 평균 5천 원에서 만 원 안팎이다. 요즘 어디 가서 놀더라도 하루해를 보내는데 그 정도 돈 안 쓰곤 놀 수 있는 곳은 없다. 입법취지(?)도 여기에 있다. 그래서 모두 심심하면 거기에 나와서 한 번씩 화투패를 두들겨 댄다.

　입구에는 古友修道部(고우수도부)라는 팻말이 붙어 있다. 고스톱을 해학적, 풍류적으로 풀이한 이름이다. 실내 벽에는 雖不蝕善哉古友(수불식선재고우)라는 예서체의 족자 한 폭도 걸려 있다. "비록 내가 먹지 못하더라도 고우를 한번 불러보는데 친구들 간에 정이 쌓인다"는 내용이다. "go"를 "古友"로 풀이한 게 재미있다. 그런 문구가 실제 있는지 자작인지 모르지만 회원 가운데 한사람이 직접 쓴 글씨다.

　경로당이나 사랑에서 사람들이 하는 일이 무엇일까. 옛날 사람들처럼 진경도 놀이로, 운자를 띄워놓고 시문으로 세월을 보낼 수는 없는 노릇이다. 잠을 자지 않으면 술을 마시거나 음담패설뿐인데 그것도 이야기가 안 된다. 그렇다면 그들이 하는 일들이란 빤한 것 아니겠는가. 고스톱뿐이다. 화목과 결속은 그들이 만들면 된다. 그 속에서 즐거움과 만족을 누리면 되는 것이다. 미풍양속이라는 것도 처음부터 그런 이름으로 태어난 것이 아니고 사람들이 어울려서 만든 것이다.

그들에게 있어 고스톱은 일종의 보약이다. 어떤 의사는 치매성 노인환자들에 화투놀이를 권장한다고 한다. 충분히 이해가 되는 주문이다. 그 나이에 재미를 수반한 정신운동으로 그보다 더 좋은 것은 드물다.

언젠가 어느 신문에서 국회 회기 중 의원회관 별실에서 기사들이 고스톱을 치며 허송세월을 하며 놀고 있다고 매도해놓은 기사를 본 일이 있다. 사람에 따라서는 그런 걸 읽고 혀를 차는 사람도 있을 테지만 나는 그게 왜 매도의 대상이 되어야 하는지 모르겠다. 그들이 거기에서 논문을 쓰거나 같이 국사를 의논하고 있어야 한다는 말인가. 기사들의 임무란 빤한 것이고 그 일을 충실하게 수행할 수 있는 준비만 되어 있으면 그만인 것이다. 그들이 바둑을 두고 있다고 생각하면 그만일 뿐이다. 같은 이치다. 하나도 눈살 찌푸릴 일이 아니다.

공항 대합실에서도 마찬가지다. 언젠가 결항으로 발이 묶이게 된 승객들이 시간을 때울 겸 공항 대합실에서 고스톱을 쳤던 모양이다. 그런데 그걸 또 한 신문이 꼬집었다. 그게 뭐가 그렇게 나쁜가. 그 시간에 잠을 자거나 술을 먹는다고 해도 씹어댈 것 아닌가.

일본에 가본 사람들은 잘 알 것이다. 골목마다 거리마다 빠칭코가 난무해도 욕하는 사람 아무도 없다. 눈만 뜨면 거기에 매달려 사는 사람도 있다. 그거야말로 사행성 오락이다. 그런 데에 비하면 고스톱은 시스템부터가 양반 놀이다.

놀이는 어디까지나 놀이일 뿐이다. 즐겁게 웃고, 그 시간을 신나고 유쾌하게 보내면 그것만큼 근사한 놀이는 없는 것이다. 놀이는 철없이, 부담 없이 본능으로 놀아야 그게 참된 놀이다. 놀이에서 품위를 찾고 격을 들먹이는 건 고통이고 사역이다. 성생활에서 어떤 의식을 찾는 것과 같은 논리다. 참다운 놀이는 그 시간이 어떻게 가는 줄 모르게 신명에 빠지는 일이다. 그러다보면 스트레스도 풀리고 일상의 재충전도 되는 것이다.

어느 프로 바둑기사가 "바둑 두는 것처럼 인생을 살면 그 인생은 낭패"라고 말한 인터뷰 기사를 읽은 적이 있다. 바둑으로 사귄 친구는 하나같이 내가 못 이기면 지는 '제로섬 게임'의 대상으로만 상대해 왔기 때문에, 바둑 속에서처럼 항상 저쪽 약점만 노리고 그곳을 공략하는 게 관습이 돼, 자기도 모르게 생활이 그렇게 굳어진 걸 원망하는 듯한 내용이었다. 한 예를 들어 바둑 용어에 성동격서(聲東擊西, 동쪽에 소리를 질러 시선을 쏠리게 해놓고는 서쪽을 공략하는 기법)란 게 있는데 사회생활을 그렇게 하면 사기꾼 소리밖에 못 듣는다는 이야기다.

비교적 건전하고, 점잖은 오락이라는 데에도 그런 취약점이 있다니, 무슨 오락에든 장단점은 다 있다고 봐야 한다.

명절 때만 되면 나는 모처럼 찾아온 이날을 주로 동생들과 어울려 고스톱을 치며 즐긴다. 윷놀이는 같이 떠들고 춤사위가 나올 만큼 추임새가 필요한데 아파트 생활에서는 그러기가 힘들어 우리 집에서 윷놀이가 떠난 건 아주 오래 되었다. 형제가 넷이어서 고스톱 팀으로는 아주 이상적이다. 제수씨들도 옆자리에서 한데 어울려 두들긴다. 이따금씩 설사를 했느니, 바가지를 썼느니 탄성과 한숨이 터지는데 그때마다 다른 한쪽에선 웃음이 쏟아진다.
"이 사람아, 똥 나왔다, 얼른 먹어라."
"삼고초려라는 말이 무슨 말인고 하면 쓰리고에는 난초 쌍피를 조심하란 이 말이야."
"저는 일찌감치 죽습니다."
고스톱 판에서 오고가는 말들이다. 어찌 들으면 상스런 말 같지만 하나도 상스럽지가 않다. 그게 고스톱의 진미고, 생명이다.

고스톱이 이 나라에 들어와 서민의 벗으로, 대중 오락문화의 총아로 자리 잡은 지도 어언 반세기. 이제 고스톱도 기능적, 문화사적으로 한번쯤 검증되어야 할 시점에 왔다고 본다. 전쟁 이후 반세기 동안 대중과 이만한 애환을 같이한 오락문화는 없었다. 충분히 연구해볼만한 가치가 있는 놀이다. 그럼에도 아직 그쪽으로 논문 한 편 없다니 이런 안타까운 일이 있는가.

몇몇 한정된 사람이 읽는 소설 한두 편, 유행가 한 자락, 특정 지역의 사투리 생성, 이런 것을 캐어 학위를 받는 것보다는 더 보편타당성 있는 가치가 아닐까 생각해본다. 이 나라 국민치고 모르는 사람이 없는 이 대중문화를, 어떤 자리에든 어떤 사람이든 모이기만 하면 앞 다투어 즐기는 이 오락을, 왜 음지에 두고 욕을 하면서 몰래 즐기는지 모를 일이다. 그게 무슨 아편인가. 양지에 내놓고 즐기면 체면에 흠집이라도 생길까 그러는 걸까. 언제까지 이런 식으로 숨겨두고 사랑해야 하는지, 좋은 것을 좋다고 못하는 그 마음이 참으로 야속하고 답답하다.

이제 고스톱은 누가 뭐래도 이 나라, 한반도에서는 확고부동의 최고 대중 오락문화로 자리 잡은 안방의 주인공이다. 경쟁할만한 다른 오락이 없는, 한마디로 명실상부한 독보적 존재다. 앞으로 어떤 놀이가 나타날지 모르지만 지금 상황으로 봐서 쉽게 무너질 것도, 경쟁자가 나타나지도 않을 것 같다.

곧잘 한 번씩 매스컴에서는 고스톱 공화국을 떠벌려 내세운다. 그만큼 많은 사람들이 알게, 모르게 고스톱과는 불가분의 관계를 유지하며 산다는 것이다. 우리는 거부감 없이 좋아하는 사물 앞에 '국민'이라는 단어를 잘 붙인다. 국민배우 국민가수, 국민가요, 국민체육 같은 것이 대표적 예다. 나는 감히 한 공화국의 주인공으로 등장한 이 고스톱 앞에 국민을 붙여 '국민오락'으로 한번 멋지게 불러주고 싶다.

떠나는 사람들

　비망록을 새로 작성한다. 직장을 그만 두던 해에 정리하고 처음이니까 그 사이 5, 6년 세월이 껑충 뛴 셈이다. 비망록이라고 해봐야 모두 사람 이름이고 그들 전화번호가 대부분이다. 최근에 와서 이메일 주소를 불러주어 적은 사람이 몇 있지만, 적어두기만 했지 아직 이용해본 일은 한 번도 없다.

　아닌 게 아니라 한때는 열심히 가지고 다녔던 물건이다. 없으면 불안해서 어디 나다닐 수 없을 정도로 의지했던 동반자다. 좀 귀찮더라도 적어두는 게 기억보다는 오래 간다는 둔필승청(鈍筆勝聽)이 버릇이 돼, 무엇이든 들으면 적기부터 먼저 하는 직장생활의 산물이기도 했다.

옮기기 전에 죽 한번 훑어본다. 지금 쓰고 있는 수첩에 옮길 때만도 6, 70여 명은 되었는데 오늘 새로 옮기려고 보니 동우회원과 계원(契員)들을 빼고 나니 20여 명 남짓밖에 안 된다. 계원과 동우회원들의 주소는 따로 유인물이 있으니까 그냥두기로 하고, 나머지는 휴대폰에 저장해도 될 숫자밖에 안 되지만 이왕 마음먹은 일이라 옮겨 적기로 한다.

이미 고인이 된 사람도 서너 명 들어 있다. 고인 가운데 어떤 사람 옆에는 사망한 일자를 적어놓은 것도 있는데 그건 왜 적어놓았는지, 분명히 내가 한 일인데도 잘 모르겠다.

이름을 보면 그 사람들의 얼굴이 한 번씩 스친다. 미운사람, 고운사람, 있으나마나한 사람 등 여러 유형으로 등장한다. 모두 오늘의 나를 있게 하는 데 어떤 모양으로든 영향을 준 사람들이다. 사람이 산다는 게 사람과 사람의 관계에서 형성된 활동이라는 게 새삼스럽다.

그 가운데는 옮겨놓기만 하고 한 번도 찾은 일이 없는, 다시 말해 마음만 두었지 연락 한 번을 못한 사람도 몇 있다. 너무 오래 돼 지금도 그 번호를 쓰고 있는지 없는지도 모르겠다.

윤석태 23-4722. 비망록을 서너 번 갈았는데 그때마다 옮겨놓은 번호로 지금은 세상 어디와도 연결되지 않는 번호다. 두 자리 국번호가 없어진 지가 30년도 더 되는데 지금까지 얹혀 있다. 그만큼 서로 연락이 없었다는 이야기다. 그 친구 얼굴이 눈앞에 아른거린다. 송구하기 짝이 없다.

한창 일에 파묻혀 직장생활을 할 때다.

"이 과장, 수위실 전환데 누가 면회를 온 모양이야. 윤석태 씨라고 그러는데 올라오시라고 그럴까?"

"누구?"

"윤석태 씨라 그라네."

동료직원이 수화기에다 손을 막고 이른다.

"윤석태…. 시내 외근 나갔다고 그러라고. 전화번호나 좀 받아놓고."

곧 직원은 그렇게 전했고, 그 친구는 빈 걸음으로 돌아간 걸로 안다.

윤석태. 그는 동향 사람으로 나와는 중학교 동기다. 그때까지 전화는 두어 번 있었지만 나를 직접 찾아온 건 중학교 졸업하고 처음이니까 얼른 계산해도 30년 쯤 된다.

내가 그날 그의 면회를 거절한 사유는 이렇다. 그 친구가 서적 팸플릿을 들고 지인들을 찾아다니더라는 이야기를 풍문으로 들었기 때문이다. 한 친구는 월부 책을 떠맡기는데 값이 장난이 아니어서 대신에 점심을 대접해 보냈다는 이야기도 했다. 필시 나한테도 그런 일로 찾아왔을 것 같아 우선 피하고 볼 양으로 그렇게 따돌렸던 것이다. 이름만 거창하게 과장이었지 나도 13평 아파트에서 어머니 모시고 동생들과 함께 살 때라 곁눈 팔 틈이 없었다.

풍문에 의하면 그는 중학교를 졸업한 뒤 어떤 사고로 몸이 부자연스러울 정도로 큰 상처를 입었고, 그 상처를 치료하기 위해 병원에 장기간 입원했다가, 그게 인연이 돼 그 병원에서 허드렛일을 봐주는 조수로 지냈는데, 나이 때문에 거기에서도 나와야 했고, 그 뒤로 외판원으로 여기저기 지인들을 찾아다니며 지낸다는 것이다.

 그 뒤로 그는 두 번 다시 찾아오지 않았고, 전화도 없었다. 물론 나도 못했다. 그도 내가 자기를 피한다는 걸 모를 턱이 없을 것이었다. 나중에 형편이 되면 연락해본다고 전화번호만 하나 받아놓았는데 끝내 전화를 못했던, 아니 안했던 것이다.

 처음엔 어려운 형편에 핑계를 두었다가 나중엔 모른 척 했고, 그 뒤론 잊고 지냈었다. 좋게 말해 감탄고토(甘呑苦吐)의 염량세태에 물이 든 것이고, 나쁘게 말하면 만나봐야 득 될 게 없을 것 같아 아예 요령으로 담을 쌓은 셈이다.

 면회를 거절한 뒤 10년도 더 지나 그 번호를 한번 두들겨본 일이 있었다. 예상한 대로 전화는 먹통이었다. 그때는 이미 시스템도 다이얼에서 버튼으로 바뀌었고, 국(局) 번호 자리수도 변해 있었다. 스스로 구실을 하나 만들어보려는 어처구니없고, 속이 빤히 뵈는 한심스러운 작태밖에 안 되었다. 그때부터 비망록을 뒤적이다가 한 번씩 눈이 머물 때마다 마음이 짠한 건 어쩔 수가 없었다. 아마 그건 인간적 고뇌라기보다는 동물적 본능일 테다.

 어렸을 때 죽마고우 시절을 생각하면 내가 그렇게 처신해서는 안 될 그런 사이다. 한동네에 이웃해서 살았으니까 우리만 친구가 아니라 부모님들도 모두 친구다. 아버지는 한약방을, 친구의 아버지는 면장을 지낸 당시 시골에서는 유지들이었다.

그와 연락이 닿지 않자 그때부터 그날의 졸속한 내 처신에 스스로 부끄러워지기 시작한 것이다. 하긴 이제 친구를 만날 길이 없으니 내가 나한테 연극을 하고 있는지도 모를 일이지만, 하여튼 그랬다. 일말의 인간적인 회포는 어쩔 수가 없다. 그 친구가 나를 어떻게 생각했을 것인가, 가 그것이다.

유야무야한 동창모임이지만 그런 자리에서, 또는 고향사람들을 만나면 한 번씩 물어보았지만 누구도 그의 행방을 아는 사람은 없었다.

"남매를 뒀는데 둘째가 여식인데 농아였던가 봐. 청첩장이 와서 가봤더니 멀찍감치서 수화로 이거저거를 가르쳐주면서 예식을 치르고 있더라고. 참 보기가 딱하더구먼."

10여 년도 더 전에 친구의 먼 친척 된다는 사람에게 이런 이야기 한번 들은 게 전부였다. 평탄하지 않은 친구의 인생역정 때문인지 그날의 만남을 거절한 게, 그날은 그렇게 거절했더라도 뒷날 바로 전화 한 번 못한 게, 더 가슴을 울가망하게 만든다.

최도식의 번호도 빼버렸다. 아직도 그 번호 직장에 그대로 근무하고 있는지, 혹 다른 데 가 있더라도 찾아보면 찾을 수 있는 사람이지만 내가 붙들어놓을 번호는 아닌 것 같아서다.

쉰 줄에 들어설 무렵, 어느 연수원에 파견되어 교육을 받고 있을 때다. 점심을 먹고 휴게실에서 동료들과 잡담을 하고 있는데 젊은 친구 하나가 나를 찍어서는 좀 보자고 했다.

"저 알아보시겠어요?"

얼굴도, 명찰 이름도 전혀 모르는 사람이었다. 제복을 입고 있어 어디 신입사원 정도로 유추되는 것 외엔 전혀 기억에 없었다.

"모르겠는데요."

"저는 10여 년 전에 K청 사무실 옆에서 구두를 닦으며 야간고등학교를 다니고 있었는데 혹시 기억이 안 나십니까?"

"기억이 안 나는데…."

그 친구의 이야기인즉, 청사 옆에서 구두닦이 생활을 했는데, 하루는 수위가 보기 안 좋다면서 다른 곳으로 쫓아내는 걸, 내가 그 수위에게 부탁해 거기에서 그대로 일할 수 있도록 선처해주었다는 것이다. 거기는 비바람도 피할 수 있는 곳이라 그때 그런 배려가 자신에게 큰 도움이 되었다면서, 언제라도 한번 연락주시면 점심이라도 한 끼 대접하겠다는 이야기였다. 그러면서 건네받은 명함을 적어둔 것이었다.

하지만 나는 그런 선행을 베푼 일이 전혀 기억에 없다. 당시 나는 부속실 근무를 했는데, 다 아는 일이지만 부속실 근무란 게 그 직장 우두머리의 시중을 드는 일이 주 업무인데다가 그 무렵 내가 모신 관서장은 구두에 무척 신경을 쓰는 분이라, 혹 그것 때문에 그 사람을 거기에 붙들어 둔 건 아닌지 모르겠다는 추측만, 그것도 아슴푸레하게 할 뿐이다.

어쨌거나 그 친구에게는 내가 인간미 넘치는 사람으로 보였으니 감지덕지해야 할 일이다. 내가 만일 그 친구가 쫓겨나는 것을 두고 보기만 했더라면, 내 성격에 상관 구두 닦는 일만 없었다면 충분히 그랬을 것이다, 그런 관계로 이 자리에서 마주쳤으면 그 친구 눈에 내가 어떻게 비쳤을까. 생각만으로도 아찔하다.

"아, 그 얘길 들으니까 기억이 조금 나는 것도 같구먼. 하여튼 이래 만나니 반갑네."

내 입에서 나온 엉거주춤한 대답이었다.

그 친구는 상대가 누구든 사람을 대할 때는 함부로 해선 안 된다는 역지사지의 발상을 새삼스레 가르쳐 준 사람이다. 나는 요즘도 그 이야기를 곧잘 한 번씩 써먹는다.

아마 그 친구도 지금쯤은 나를 잊었을 것이다. 그 친구는 감동적으로 나를 고맙게 얘기했지만 정작 내 정성은 손톱만큼도 들어가지 않았는데, 그런 감동이 얼마나 가겠는가. 인간미란 게 그리 쉽게 생성되는 것이 아니다.

저쪽에서 이미 잊고 있는 걸 이제 와서 전화를 해본다는 것도 난센스일 것이다. 그저 가슴속에 즐거운 기억으로 심어두면 되지 싶다.

오래 보관했지만 더 이상 걸 일이 없는 번호가 또 하나 있다. 이범상 청장. 나는 그 분이 대구에 근무할 때 2년 동안 부속실 근무를 하면서 시중을 들었다. 이곳 근무를 모두 마치고 서울로 떠나면서 나한테 양복교환권을 하나 주고 가신 분이다.

"이 주사, 이거 받아요. 그동안 수고 많았어요. 우리 집 전화번호 알지요? 서울에 올 기회 있거든 한번 들러요. 무사히 근무하고 갈 수 있도록 도와줘 고마워요."

이미 작심하고 준 것이라 넙죽 받기는 했지만 그런 일은 거의 없는 드문 일이다. 세상에 어느 상사가 그 자리를 떠나면서 부하 직원에 고맙다고 양복을 사줄 것인가. 상응하는 일을 봐준 일도 내 기억으로는 없다. 또 있다 하더라도 위계사회에서는 당연한 일일뿐 대가가 따라야 하는 건 아니다.

얼른 손이 나가지 않아 꾸물거리자 그는, 나도 이거 누구한테 받은 거야. 그러니까 좋게 받아요, 하던 말이 지금도 생생하다.

보름쯤 뒤 나는 서문시장에 가서 햇밤 한 말을 사서 그분 집으로 보냈다. 우리 고향 뒷산에서 딴 밤이라는 거짓메모와 함께.

그뿐 그 뒤로 한번 연락한 일도 없고 받은 일도 물론 없다. 연전에 돌아가셨다는 이야기를 그것도 해가 바뀐 뒤에서야 언뜻 들었다. 그런데도 여전히 그분의 번호가 남겨져 있었다.

그분 이름을 보자 양복상품권보다 더 무거운 게 떠오른다. 7, 8년 전, 아파트 계단을 급히 내려가다가 발을 삐끗하는 바람에 나뒹굴어져 혼쭐이 난 일이 있었다. 그 일로 꽤 여러 날을 고생을 했는데 그때 나는 그분의 말씀을 머릿속에 그리고 있었다.

"가만히 보니까 이 주사한테 나쁜 버릇이 하나 있구먼. 계단 내려갈 때 바지주머니에 손 넣고 다니는 거, 그거 얼른 고쳐요. 그거 버릇되면 큰일 나."

재직 할 때 함께 사무실 계단을 내려오면서 그가 내게 한 말이다. 그때는 예사로 들었는데 한번 일을 당하고 나니 그때까지 고치지 않은 게 큰 실수였다.

 그밖에도 수첩 비망록에 올라 있는 이름들은 나름대로 한두 가지 일화로 내 머리에 남아 있지만 이젠 작별할 시점을 맞은 것 같다. 추려놓고 보니 반도 안 된다. 일로 맺은 인연들이 대부분이라, 직장을 나온 지 한참이 지나고 보니, 이름만 남아 있었지 이미 실생활에서는 떠난 사람들이다.

 사정이야 어떻든 이제는 만날 이유가 없다는 이유로 이름을 빼자니 그 사람과 영영 이별을 하는 것 같아 괜히 마음이 무거운, 모두가 조금은 아쉬운 사람들이다.

 20여 명으로 추려놓고 나니 내 생활반경이 너무 쪼그라든 듯해 해방감도 드나, 다른 한편으로는 이렇게 해서 모두 내 곁을 떠나는구나 싶은 마음이 드는 것도 숨길 수가 없다.

 어떤 사람들이 새 비망록에 올라 있는가. 다 옮겨놓은 뒤 그들의 면목을 잠깐 살펴본다. 모두가 내 유리시도(唯利是圖)에서 벗어나지 않는 사람들이다. 좋게 말해 현실적인 것을 택한 것이고, 나쁘게 말하면 만나 손해 볼 사람은 빼버린 것이다.

 아마 지금쯤 내 이름도 나를 아는 사람들의 비망록에서 오르락내리락 하리라본다. 이미, 아니 벌써 떠나보낸 사람도 있을 것이다. 내가 그들을 배반(?)하는데 그들인들 그냥 두겠는가. 그러다가 언젠가는 이름 위에 줄이 그어질 것이고, 또 그러다가 언젠가는 사라지겠지. 내 비망록에서의 떠나간 그들처럼.

 누가 말했는지 모르지만 "세상에 가장 불쌍한 사람이 버림받은 사람이고, 그보다 더 불쌍한 사람은 잊혀진 사람"이라는 말이 생각난다.

이름값이냐, 작품값이냐

 지금은 창고에 들어가 있지만 한때 우리 집 벽에 작은 병풍 한 폭 키쯤 되는 그림 한 점이 걸려 있었다. 지금 사는 아파트로 이사 오고 집들이를 하던 날 동생이 들고 온 물건이다. 돌무더기 속에 난초가 듬성듬성 솟아난 묵화인데 어찌 보면 날치기 같기도 하고, 또 어찌 보면 노련한 솜씨같이도 보인다.

 그림 상단에 뭐라고 휘갈긴 글씨가 들어 있으나 너무 흘려놓아 이쪽으로는 영 맹탕은 아니라 자부하던 나조차도 읽기가 힘들었다. 그런 쪽으로는 별로 관심을 주지 않는 동생에게 지나는 투로 물어봤지만 역시나 모른다고 했다. 친구 일을 하나 봐주었더니 답례로 주더라면서, 형님 취향에 어울릴 것 같아 가지고 왔다고 했다.

나는 나름대로 '석란(石蘭)'이라는 이름을 달아보았다.

그림 모퉁이에 '咬水山人'만은 충분히 읽을 수 있도록 또렷했다. 누군지는 모르지만 그린 사람 아호나 별명 같아 보였다. 그러나 처음엔 그런 사람이 있는가보다고만 생각했을 뿐 누구란 걸 모르고 지냈다. 일 년쯤 뒤 우연히 그 사람이 누군지 알게 되었다. 조선조 삼대화가의 한 사람인 오원(吾園) 장승업(張承業)이 가진 여러 개의 호 가운데 하나였다.

그런데 그 그림이 오원의 그림이란 것을 안 이후부터 내 마음이 울렁거리기 시작한 것이다. 〈취화선〉이라는 영화로 이미 널리 알려진 화가이기 때문에 그의 그림이라면 기필코 보통 그림이 아니기에 말이다.

가짜일까, 진짜일까. 이게 진품이라면 가격이 꽤 나갈 터인데 동생이 그 사실을 알고는 있는지, 아니면 가짜라는 걸 알고 내게 준 건지, 동생이 아무것도 모른 상태에서 줬다면 나 또한 안 듯 모른 듯 조용히 지내는 게 제대로 된 형으로서의 처신인지, 세속적인 여러 가지 잡동사니들이 골머리를 어수선하게 만든 것이다. 그러나 이유는 빤했다. 거액으로 환산된 돈이 오락가락하기 때문이다.

"진품명품"은 내가 즐겨보는 TV프로그램 가운데 하나다. 휴일 프로그램이어서 거의 빼먹지 않고 본다. '문수산인'이 오원의 다른 이름이란 걸 가르쳐준 것도, 오원이 단원(壇園) 김홍도와 혜원(惠園) 신윤복과 조선 삼대 화가라는 것도, 오원이라는 호도 당신네들이 모두 아무개 원(園)이라고 지었으니 나 오(吾)자를 써서 나도 원이다, 라고 붙였다는 것도 모두 이 프로그램을 통해서 배운 것들이다.

한 번이라도 본 사람들은 알겠지만 "진품명품"은 각계각층의 사람들이 소유하고 있는 고서화, 백청자, 골동품, 민족 고유의 생필품 등을 내놓고 그 방면의 전문가들과 아마추어들이 이야기로 풀어 진짜, 가짜를 밝혀줌은 물론 그 시세까지 알려주어, 평소 관심은 있었지만 문외한이었던 나 같은 사람들에게 그쪽 세계의 눈을 틔어준 프로그램이다.

하루는 어떤 사람이 백자 필통을 하나 들고 나왔는데 시가 5억 원이라는 감정결과가 나왔다. 사회자는 이 프로그램이 생긴 이후 최고의 금액이라며 흥분을 감추지 못했다.

내 눈에는 화면으로 봐서 그런지 모르지만 어느 골동품상에 가도 쉽게 만날 것 같은 물건으로 보였다. 그런데 주먹크기의 그 물건이 5억이라니 아무리 돈의 가치가 떨어진 세상이라고는 하지만 벌어진 입이 다물어지질 않는다. 소장자도 예상 밖의 금액에 놀랐던지 화등잔 눈을 만들었다.

하기야 어디 비싼 물건이 그뿐이겠는가. 다른 나라의 경우이긴 하지만 루벤스, 고흐, 라파엘로 같은 화가들의 그림은 일정한 가격이 없다고 하지 않는가.

언제가 신문에서 본 일이다. 뉴욕 한 경매장에서 고흐가 그린 〈의사 갓셰의 초상〉이라는 그림이 나왔었다. 치열한 경쟁 끝에 7,500

만 달러에 낙찰되어, 여기에 경매장 수수료 10%를 합해 8,250만 달러, 우리 돈으로 1,000억 원이 웃도는 금액에 거래된 일이 있었다. 매입한 사람은 일본의 한 제지업자라고 했는데, 우리 같은 사람들로서는 감히 상상도 하기 힘든 일이다. 그런데다 비한다면 별 것 아니지만 그렇더라도 5억은 필통 하나 값으로는 엄청난 금액이다. 다른 사람들은 몰라도 내 눈엔 그랬다.

TV프로그램 끝난 후 나는 백자 필통을 화제로 아내와 이런저런 이야기를 나누었다. 5억 원이라는 충격이 계속 머리에서 떠나지 않았던 것이다. 과연 저게 5억 원 가치가 있을까, 그리고 우리 같으면 아무리 경제적 여유가 있다손 치더라도 저런 물건을 5억 원에 살 수 있을까, 제대로 감정이나 한 걸까, 집값(내가 살고 있는 아파트 값의 3배다)보다도 훨씬 비싼 저런 걸 집에 보관해둔다면 어디다 둘까, 혹 도둑이라도 들어 훔쳐간다면, 잘못만지다가 깨지기라도 하면 어떡하나, 우리가 안 해도 좋을 별의별 이야기를 다 해가면서…. 우리 같은 속물들의 생각이란 한계가 있을 수밖에 없다.

그 전에 추사(秋史) 김정희의 서예병풍 한 점이 나온 일이 있었다. 이른바 추사체라는 필체의 여덟 폭의 고풍스런 장정에다가 추사의 낙관(落款)까지 떡 찍힌 물건이었다. 소장자도 추사와 무관하지 않는 집안의 후손이라고 했다. 이런저런 이야기를 참고로 고심 끝에 매긴 아마추어 감정단들의 가격도 만만찮았다. 모두가 억대의 금액을 오르내렸다. 아마 추사라는 명성에다 비중을 둔 듯한 매김이었으리라. 시청자의 한 사람인 나도 그동안 들은 풍월은 있기 때문에 이를 바탕으로 고가의 값을 매겨놓고 어느 정도 근사치에 접근하는가를 기다렸다.

그런데 결과는 완전히 빗나갔다. 전문가의 가격이 만 원으로 나온 것이다. 화면에 나온 사람들 모두가 어리둥절한 표정을 만들었다. 전문가의 해설이 재미있다.

"이 병풍 글씨는 추사가 쓴 글씨보다도 더 추사체에 가깝습니다. 우리도 보고 속을 뻔했습니다. 이 작품은 아주 교묘하게 만든 가짭니다. 아마 이게 진짜 같으면 7, 8천만 원은 될 겁니다."

그러면서 이런 위작은 값이 없다고, 남의 작품을 베껴서 세상을 혼란스럽게 만드는 이런 사람들한테는 응분의 책임마저 물어야 한다는 혹평까지 덧붙였다. 우리나라 사람치고 추사를 모르는 사람도 없지만 제대로 아는 사람도 잘 없다는 고차원의 말도 나왔다.

알쏭달쏭한 위작이 나올 때마다 나한테는 속앓이로 품고 있는 고민이 하나 있는데, 그게 또 발동을 한다. 무식한 소리라는 걸 알면서도 한 번 안 꺼내볼 수가 없다. "똑같은 글씨인데 추사가 썼다고 해서 7, 8천만 원을 오르내리고, 딴 사람이 썼다고 해서 만 원이라면 이건 분명히 잘못된 것이 아닐까?" 하는 의문이 그것이다. 물론 다른 작품에서도 마찬가지다.

당시 그쪽 전문 감정단은, 가짜에다 여덟 폭 병풍을 만드는 종이 값도 안 되는 가격을 매긴 이면에는 남의 것을 표절해 이득을 보겠다는 그릇된 정신자세를 징계하는 뜻도 없는 건 아니라고 했지만,

그리고 어느 정도 납득도 되는 일이지만, 그러나 가슴 한쪽 구석에서는 나만의 외곬 생각이 떠나지 않는 건 어인 까닭인지 모르겠다. 웃음거리가 되거나말거나 한 자리에 있으면 한번 따져 묻고 싶은 게 솔직한 내 심정이다.

연전에 〈꽃과 여인〉으로 우리한테 잘 알려진 천경자(千鏡子) 화백의 그림 한 점이 화제에 오른 일이 있었다. 본인은 그런 그림을 그린 일이 없다고 하는데 전문가들은 천 화백의 그림이 틀림없다는 것이다. 누가 들어도 해괴한 일이 아닐 수 없다. 당시 정황으로 봐서는 천 화백이 수세에 몰려 있었다. 제삼자들이 볼 땐 소장자의 보이지 않는 힘과 이미 거래된 가격 등이 그것을 원점으로 돌려놓기에 역부족이 아니었을까 싶은 그런 생각을 갖게 했다. 세상에 이런 망측한 꼴이 어디 있겠는가.

결국은 결론도 내리지 못한 채, 아니 진품 쪽으로 더 큰 힘이 실려 흐지부지하게 되고 말았는데, 그 뒤에 그 그림을 그린 사람이 나타난 것이다. 그러자 또 한 번 시끌벅적해졌던 사건이었다. 예술이라는 것도 돈 앞에서는 온갖 추태가 다 연출되는구나 하는 씁쓸한 여운이 남은 이야기다.

당시 세간에 화제가 된 게 하나 더 있었다. 소정 변관식 화백의 〈외금강옥류천도(外金剛玉流川圖)〉라는 금강산 비경을 담은 동양화 한 점이 또 싸개통에 오른 것이다. 사계의 평론가들은 물론 그 값도 엄청나서 이미 알 만한 사람들은 다 아는, 서화집에까지 나와 있는 명실상부한 그의 작품이었다. 그런데 그 그림을 그린 사람이 엉뚱한 곳에서 나타난 것이다. 그는 소정의 제자로 미국에서 살고 있는 조 아무개라는 사람이었다. 어느 전시회에서 입상한 자기 작품에 소정의 낙관이 찍혀 그렇게 나돈다는 것이다.

모두 매스컴을 통해 알게 된 일들이라 그 뒤 결말이 어떻게 났는지 알 수 없지만 예술계의 일이라고 예술처럼 아름답게 볼 일만은 아닌듯해 입맛이 무척 떫었다.

이런 일들은 지금 이 순간에도 심심찮게 일어나고 있는 모양이다. 그리고 이런 일들이 일어날 때마다 진품명품을 가진 사람들의 마음도 편하지 않으리라본다. 진품이라고 내가 가진 물건이 어느 날 경매장에서 또 한 점 나타나 자기가 친자라며 으스대는 장면을 한번 생각해보자. 상상만으로도 얼마든지 아연실색할 일이 아닌가.

중국 청나라 때 하소기라는(何紹基)라는 유명한 서예가가 있었다. 하루는 그가 저잣거리에 산책을 나갔다가 많은 사람들이 모인 것을 보고 무슨 일인가 해서 같이 들여다보다가 크게 놀랐다. 거기에는 한 노인이 글씨를 써서 팔고 있었는데, 그 글씨는 당대의 명필이라고 자타가 인정하는 자신도 흉내 내기 힘들만큼 명필이었기 때문이다. 그런데 그가 더욱 놀란 것은 그 노인의 낙관이었다. 뜻밖에도 자신의 아호인 '동주(東洲)'를 찍어 팔고 있는 게 아닌가. 자신이 동주인데 동주가 또 하나 있었다.

그는 시장이 파한 뒤 그 노인을 조용히 자신의 집으로 초대했다.

주안상을 앞에다 놓고 물어보았다. 그렇게 글씨를 잘 쓰면서 자신의 이름으로 내질 않고 왜 남의 이름으로 파느냐고.

"나도 내 글씨가 동주보다 못하지 않다는 건 알고 있소이다. 하지만 세상 사람들이 모두 동주의 글만을 찾는 데야 대책이 없는 일 아닙니까. 그래서 그 양반한테는 죄송한 일이지만 먹고 살려다보니 일이 그 모양이 되었소이다."

노인은 사실대로 털어놓았다.

그는 곧 자신이 그 '동주'임을 밝혔다. 그리고는 자신의 글이 부족함을 시인하고 그 노인을 스승으로 삼아 글쓰기에 더욱 매진했다. 그가 명필이 된 이면에는 그 노인의 힘이 컸다는 이야기다. 참으로 이야기 같은 이야기다.

과연 예술작품의 값이라는 게 관념화된 이름값인지, 작품 그 자체의 값인지, 이런 이야기를 들으면 더욱 아리송해진다. 정말 진품에만 가치가 있고 모작에는 일고의 가치도 없는 것일까. 모작은 과연 그 정신까지 징계의 대상이 될 만큼 나쁘기만 한 행위일까.

나는 앞에서 언급한 하소기의 일화처럼 이 세상에는 기존 작가들의 작품보다 훌륭한 작품들이 분명히 더러 있다고 보는 사람이다. 안타깝게도 그 사람이 세상에 알려지지 않았기 때문에, 시류에 편승하지 못했기 때문에, 작품으로서의 가치마저 버려지고 있는 경우가 분명히 어딘가에 있다는 말이다.

신문을 보고 안 일이지만 요즘 시중에 나와 있는 이중섭(李仲燮) 화백의 그림은 75퍼센트, 청전(靑田)의 그림도 31퍼센트가 위작이라고 하는데 어디서 어떻게 나온 통계인지는 모르지만, 그런 통계가 있는 걸 보면, 위작은 계속 돌아다닌다고 봐야 하고, 그렇다면 그런 걸 진품으로 알고 소장한 사람도 많이 있다는 이야기가 된다.

위작에 관한 이야기를 하나 더 해보자. 춘추좌씨전(春秋左氏傳)인가 어디에 나오는 이야기라고 한다. 옛날 중국 제(齊)나라가 노(魯)나라를 점령해서는 임금이 참정(讒鼎)이라는 솥을 내놓으라고 했다. 그게 당시에는 임금이 관심을 가질 만큼 유명했던 물건이었나 보다. 가지고 온 물건이 아무래도 이상해서, 악정자춘(樂正子春)이라는 유명한 감정가를 불러 확인을 해보았다. 감정 결과, 가짜라는 판명이 내려졌다. 그러자 제나라 임금이 말했다.

"됐구나. 그래도 나는 이 참정을 좋아할 수밖에 없다."

"신 역시 신의 감정을 믿습니다."

두 사람은 서로가 자기의 주장을 내세웠다. 안작이라는 고사가 여기에서 나왔다고 하는데 그렇다면 안작에도 그만한 가치가 있다고 봄이다. 모방은 제2의 창작이라는 말이 새삼스럽다.

신문기사 가운데 더 알쏭달쏭한 건 우리나라에도 위작 전문화가가 80여 명이 넘는다는 통계가 나와 있고, 또 재미있는 건 위작에도 A, B, C로 등급이 나와 있다니 참으로 알다가도 모를 일이 그쪽 세상 이야기다.

백락일고(伯樂一顧)라는 고사성어가 생각난다. 백락이라는 유명한 준마(駿馬) 감별사가 있었는데 그가 한 번 더 돌아보고(一顧), 그냥 지나침에 따라 말의 가치가 달라진다는 것 때문에 생긴 말인데, 이를 두고 뒷날 한유(韓愈)라는 문장가는 이런 말을 남겼다.

"세상의 천리마가 백락 때문에 그 가치를 알게 된다니, 천리마는 어디에나 있을 수 있지만 백락은 그렇지 못함이 안타깝구나. 백락이 없음으로 해서 일생을 뭇 말들과 마구간에서 종들의 학대를 받다가 떠나는 천리마들이 얼마나 많은가."

세상 어디에나 유통이 있는 곳엔 이런 진가(眞假)의 너울이 소용돌이 치고 있다고 봐야 한다. 조금은 비약된 점이 있을지 모르지만, 반면에 빼어난 작품들이 작가의 이름이 미약하다는 이유로 올바른 평가를 받지 못하고 버려져 있는 것도 분명 있다고 볼 수 있지 않을까.

작품을 평가하는 심미안이라는 게 주관적인데다가 보는 사람들의 취향과 미적 감각이 저마다 다르기 때문에 더욱 그런 결과를 낳을 가능성이 높다. 이중섭 화백을 비롯해 지난날 사후에 빛을 본 작가의 작품들이 적잖게 그런 과정을 그쳤다는 건 문외한이라도 많이 들었기 때문이다.

우리 집 벽에 걸린 '석란'은 일찌감치 옮겨놓았다. 한 1년쯤 걸려 있었지 싶다. 우리 집에 찾아올 사람들이래야 가까운 친인척이 대부분이고 그나마 명절 끝으로 한두 번 들리는 게 모두라, 누가 뭐랄 사람도 없고 해서 그냥 걸어두려 했었다. 그럼에도 불구하고 걸어 치운 건 이런 까닭에서다.

'석란'을 걸어두고 일 년쯤 뒤, 집에서 계모임을 했다. 직장시절에 알았던 사람들로 들쑥날쑥한 사람들 모임이다.

그 자리에서 유독 한사람이 저 그림이 누구 그림이냐고 자꾸 캐물었다. 거기 낙관 보면 모르냐고 오원 장승업 그림이라고 하자, 일언지하에 가짜라고 잘랐다. 오원의 그림이 자네 집에까지 있을 만큼 흔한 그림도 아닐뿐더러, 이면엔 내가 자네의 처지를 잘 아는데 그런 그림을 가질만한 형편이 안 된다는, 나름대로 나를 보는 눈이 깔려 있었다.

이야기는 이러쿵저러쿵 좀 더 있었지만 왈가왈부 논쟁할 일이 아니어서 엉거주춤 그날은 그쯤에서 끝나고 말았다.

다음날 나는 그림을 바로 떼버렸다. 그림으로 구설을 만들기가 싫었던 것이다. 거기 있는 한 언제 또 어떤 설왕설래가 있을지 모를 일이기에 말이다.

그런 일이 없었다면 진가를 떠나 그 그림을 거기에다 두고 지내려 했었다. 동생이 집들이로 가지고 온 선물에다 비중을 두면 그만이기 때문이다.

나도 그게 진품이 아니란 건 감으로 잡고 있다. 그러나 그건 어디까지나 감이지 결정이 난 건 아니기에 적당히 넘어가면 된다. 그렇다고 전문가를 찾아 알아본다는 것도 좋은 모양새는 아니어서 이래도 그만 저래도 그만으로, 동기간 우애만 생각하고 거기 둔 것인데, 그날 그렇게 옮긴 것이다.

차라리 그림에 대해서 아무것도 몰랐더라면 좋았을 뻔했다. 내 눈에는 분명히 괜찮은 그림이기에 말이다. 일테면 식자우환이라고

나 할까 어설픈 지식이 일을 만든 것이다. 그날 그 친구의 그런 이야기만 없었다면 아무 탈 없이 여전이 그 자리에 걸려 있었을 것이다.

"살까, 말까로 망설여질 때는 사지를 말고 갈까, 말까로 망설여질 때는 가버려라." 왜 이 이야기가 여기서 갑자기 생각나는지 모르겠다.

친구여, 아! 친구여

"P말이야, 요새 사람이 좀 달라진 거 같더라. 얻어먹을 줄만 알지 한 번도 사는 일은 없더라고. 두 번 얻어먹었으면 한 번쯤은 사는 게 도리 아냐. 지 돈 아깝지 않은 사람이 어디 있냐. 안 그래."

점심 사준다면서 나오라기에 나갔다가 그 자리에서 친구 K에 들은 말이다. P, K를 포함한 우리는 직장생활 할 때는 물론 그 뒤로도 이따금씩, 서로가 불러내기도 하고 또 다른 일로도 한 번씩 만나 점심을 나누는 그런 사이다. 평소 그런 말은 잘 없었는데 그날은 이상하게 P를 꼬집어 씹는다.

"…."

뭐라고 뒷말을 달지는 않았지만 듣기가 여간 난감하지가 않았다.

왜냐면 P와 나 사이에도 가만히 생각해보니 비대칭관계가 성립될 것 같아서다. 지난번에도 얻어먹고 오늘도 또 얻어먹고 있기 때문이다. 그만 머리가 혼란스러웠다. 꼭 나한테 하는 소리 같아서다.

아무리 가까운 친구라고 하지만 한번 얻어먹으면 빚으로 자리 잡는 게 보통 사람들의 생각이다. 다른 사람들은 어떤지 모르지만 나는 그렇게 생각한다. 그렇기 때문에 수입원이 거의 없는 요즘 나로서는 가끔 친구들이 불러 마지못해 나가긴 해도 개운하지 못할 때가 많은데, 오늘 기어코 그런 걸 절감한다.

사실 형편만 된다면 남도 아닌 친구에게 점심 한 끼 사는 것, 그것만큼 기분 좋은 일도 없다. 그리고 내가 한 끼 샀다고 꼭 저쪽에서도 사기를 바란다면 솔직히 사지 않는 게 낫다. 친구로 생각한다면 더군다나 그렇다. 왜 그런 일로 신경 쓰는가 말이다. 하긴 이것도 내 생각일 뿐 다른 사람들은 어떻게 생각하는지 모르겠다.

직장을 그만 두던 해 일이다. 신상카드를 낼 일이 생겨 빈칸을 메우는데 교우란에 와서 꽤 오랜 시간을 머뭇거리며 심각하게 나를 돌아본 일이 한번 있었다.

회갑을 눈앞에 두도록, 딴에는 원만하게 살아왔다고 생각하는데도 이 사람이다, 하고 얼른 칸을 메울 친구 두 명이 안 떠오르는 것이다. 고향친구, 학교친구, 군대친구, 직장친구, 사회친구, 동네친구 등등, 손가락으로 꼽을 수 있는 친구만 하더라도 족히 3, 40명은 넘는데도 말이다.

형편에 따라 얼마간의 급전(急錢)도 빌릴 수 있고, 갈증이 나면 소주 한 잔 사달라고 얻어먹을 수 있는 친구도, 하루쯤 집을 비우고 같이 놀러갈 친구도 그들 가운데 찾아보면 있다. 그런데 이상하게도 교우란을 메우려니 누구도 선뜻 떠오르는 이가 없다.

누가 확인해 볼 일도 아니고 나 혼자만 알고 적는 일이라 대충 한 사람 찍어 넣으면 그만이다. 그럼에도 얼른 못 적는 이유는 이렇다. 만약에 거기 적힌 친구가 그 사실을 알았을 때, 그 친구는 나를 어떻게 생각하겠는가 하는 점 때문이다. 그 친구도 나를, 내가 생각하는 것만큼 비중 있는 상대로 봐줄 것인가 말이다. 아무래도 자신이 없다.

적당히 한 사람 찍어 메우기는 했지만 그때 그 순간적 갈등은, 친구 이야기만 나오면 시나브로 나를 괴롭혔다. 그런 거 저런 거 따져 조금 깊이 생각해보니 결국 나한테는 옳은 친구가 한 사람도 없다는 결론과 부닥뜨린 셈이다.

인간관계는 대부분 철저한 상대적 관계라는 건 세상 사람들이 다 아는 일이다. 일방적, 희생적 관계가 아닌 'Give and Take' 관계에서만이 지탱한다. 하긴 이런 것도 나 같은 속물이나 하는 건지는 모르지만 내 경험으론 그렇다. 서로 친하다고 같이 어울려 돌아다니는 사람들도 결국 그 범주에서 크게 벗어나지 못한다는 사실을 확실하게 알고 있기 때문이다.

내가 누구에게도 진정한 친구노릇을 못했는데, 누가 나를 그렇게 대우해줄 것인가. 주범은 나다. 원인은 딴 데 있는 것이 아니라 오로지 모두 나한테 있다.

  친구에도 여러 유형이 있다. 술친구, 담배친구, 바둑친구, 등산친구, 고스톱친구들이 그렇다. 좀 다듬어 말한다면 백아절현(伯牙絶絃)으로 생기게 된 지음(知音)에서부터, 생사를 같이 나눈다는 문경지교(刎頸之交), 허물없이 지내는 막역지간(莫逆之間), 차원 높은 교제로 지란지교(芝蘭之交), 동양에서는 우정의 표본이 된 관포지교(管鮑之交), 부랄 친구라는 죽마고우(竹馬故友) 등등. 거기에다가 익자삼우(益者三友), 손자삼우(損者三友)가 있는 걸 보면 좋은 친구만 있는 것도 아닌 모양이다.

  사람이 살아가는 데 친구를 무시하고는 살 수가 없다. 친구를 잘 둬 대통령하는 사람이 있는가 하면 친구를 잘못 둬 하루아침에 천추의 한을 남기고 오랏줄을 찬 사람도 있다. "친구 따라 강남 간다"는 말도 있고, "돈이 많으면 아내를 바꾸고, 지위가 높으면 친구를 바꾼다"는 말도 있다. 모두 흔하게 듣는, 염량세태와 무관하지 않는 말이다. 심지어는 부모 팔아 친구 산다는 말도 있다. 그것도 남이 아닌 아버지한테 들은 말이다.

  좋은 친구를 두었다는 건 서로에게 행복이다. "소나무가 무성하니 잣나무 또한 기쁘도다"라는 송무백열(松茂栢悅)이니, "혜초가 불에 타니 난초가 비통에 잠기다"는 혜초난비(蕙草蘭悲)가 그것을 잘 설명해주고 있다. 친구란 바로 그런 것이다.

  나는 최근에 관중(管仲)과 포숙아(鮑叔牙)에 대한 이야기를 한 권 읽었다. 그걸 읽으면서 이상한 것을 하나 발견했다. 평소 내가 알았던, 우리 국어사전에 나와 있는 관포지교(管鮑之交)의 해석인 '매우 친한 친구사이임을 이르는 말'과는 너무 동떨어진 내용이었던 것이다.

관중은 중국 제나라 환공의 정적이자 자다가도 이를 갈 원수 같은 사람이다. 제나라가 권력투쟁으로 휩싸였을 때 관중은 환공을 향해 시위를 당긴 적이 있었다. 다행히 명중이 되지 않아 목숨은 부지했지만 아찔한 순간이었다. 그런데 그런 관중을 재상으로 기용하고 중부로 받아들였다고 돼 있다.

환공이 이런 관중을 기용한 데에는 그의 친구 포숙아의 간곡한 천거가 있었다. 생포되어온 관중을 죽이려 하자 포숙아가 나섰다.

"현명한 군주는 사사로운 감정을 품어서는 안 됩니다. 주군이 제나라만 다스린다면 저런 친구는 죽여도 좋지만 천하를 다스려야 할 군주라면 관중 같은 사람을 기용함이 옳을 줄 아옵니다."

친구의 덕을 크게 본 것이다. 뒷날 그는 이런 말을 남겼다.

"나를 낳아준 것은 부모님이지만 나를 알아준 것은 포숙아다"

세월이 흘러 관중이 병으로 눕게 되었다. 문병하러 환공이 찾아와 그의 후임을 협의한다.

"포숙아를 후임재상으로 했으면 좋겠는데 공의 생각은 어떠하오?"

그러자 그의 입에서는 뜻밖의 이야기가 나온다.

"그건 안 됩니다. 그 친구는 청렴결백하기만 했지, 인간적으로는 결함이 많은 사람입니다. 남의 잘못을 보면 못 참는 소인배입니다.

만약 그를 중용했다가는 뒷날 큰 화를 입을 수도 있습니다."

우리가 일반적으로 알고 있는 그들이 우정과는 너무 엉뚱한 내용이었다. 그밖에도 두 사람의 엇박자는 곳곳에서 불거진다.

이를 두고 사람들은 사사로운 정의와 국사를 걱정하는 대의는 다른 것이라고 한다지만, 그렇더라도 나 같은 사람들은 이해하기가 힘든 대목이다. 아리송하기 짝이 없다.

사람을 제대로 알려면 그 사람의 친구를 보라는 말도 있고, 상여 뒤를 따라오는 친구를 봐야 그 사람의 인품을 제대로 알 수 있다는 말도 전한다. 과연 내가 먼저 죽었을 때 어떤 친구가 내 상여 뒤를 따라 올 것인가. 절로 고개가 흔들린다. 아무도 따라올 사람이 없지 싶다. 내가 따라간 일이 별로 없는데 누가 따라 올 것인가. 생각 자체에서 벌써 오류를 범하고 있는 것이다.

30년 지기들이 점에 백 원 하는 고스톱 치다가 수가 틀어져 죽일 놈, 살릴 놈 하며 싸우다가 끝내 등을 내뵈는 사람도 보았다. 있으나마나 한 친구는 차라리 적보다 못하다는 말도 있다. 적과의 동침도 있으며, 오늘의 친구가 내일의 적도 된다.

좀 다른 이야기지만 우리에게는 '동무'라는 좋은 말이 있는데 그 단어를 버린 것이 너무 안타깝다. 우리가 어렸을 때만 해도 많이 썼던 단어다. 모를 일이긴 하나, 혹 북녘 사람들이 상대를 가리지 않고 써대는 바람에 식상해서 우리가 미리 포기한 건 아닌가 하는 생각도 든다. 어쨌건 좋은 모양새는 아니다. 같이 써도 될 텐데 왜 안 쓰는지 모르겠다.

  그밖에도 친구에 대해서는 이야기들이 많다. 원인은 어디에 있든, 이 나이에 신상카드 메울 친구 둘을 못 만나 고심을 했다든지, 같은 비율로 제 때에 점심을 사지 못해 쓰리 쿠션으로 돌아온 원망을 덮어쓴다면, 이유를 불문하고 자신의 흠결일 수밖에 없다는 게 내 생각이다. 함량 미달이라고 봐야 한다. 한 마디로 세상을 잘못 산 셈이다. 저쪽을 친구로 대하지 않았기 때문에, 너무 내 안경으로만 바라봤기 때문에 그런 업보(業報)로 나타난 것이다. 세상이 그런 세상이다.

  사마천(司馬遷)의 글 가운데 "以權利合者 權利盡而交疎(이권이합자 권리진이교소: 권세와 이해로 만난 사람들은 그것이 다 끝나면 다시 돌아서게 된다)"라는 말이 있다. 나를 포함한 내 주변의 친구들이 대개 이런 식으로 어울려 있음이 안타깝기도 하고 어쩔 수 없음이 딱할 뿐이다.

  나는 가끔 조용필의 노래 "친구여"를 혼자 흥얼거릴 때가 있다.

    꿈은 하늘에서 잠자고
    추억은 구름 따라 흐르고
    친구여 모습은 어디 갔나, 그리운 친구여
    옛날 생각이 날 때마다
    우리 잃어버린 정 찾아

친구여 꿈속에서 만날까, 조용히 눈을 감네
슬픔도 기쁨도 외로움도 함께했지
부푼 꿈을 안고 내일을 다짐했던
우리 굳센 약속 어디에

음치라서 부르는 것보다 듣는 걸 참 좋아한다. 눈을 감고 혼자 조용히 이 노래를 듣노라면 잠시나마 어떤 이상향을 헤매는 기분이 된다. 가슴이 뭉클한 무아지경에 빠진다.

슬픔도 기쁨도 함께 했던, 부푼 꿈을 안고 내일을 다짐했던 친구가 어디엔가 있어, 지금쯤 그 친구를 한번 만나봤으면 싶은 충동을 느낀다. 하지만 불행하게도 내게는 그런 친구가 없다. 그런 친구가 없기 때문에 그 노래가 내게 그렇게 안겨드는지도 모를 일이다.

모든 건 자기 하기 나름이라는 말이 있다. 내게 그런 친구가 없는 것도 마찬가지다. 내가 남에게 그런 친구가 되어주지 못하는데, 어찌 그런 친구가 내 옆에 없다며 말할 수 있겠는가.

언구럭 같지만 내일모레가 종심인데, 이 나이가 되면 마음에 둔 걸 아무렇게나 떠벌려도 손가락질 받을 일이 없다는, 인생으로 숙성된 나이인데도, 주변에 변변한 친구 하나 못 심어둔 게 마냥 한스러울 뿐이다.

"친구여"를 듣고 있노라면 논어의 "有朋 自遠訪來 不亦悅呼(유붕 자원방래 불역열호: 참다운 친구가 있어 멀리서 찾아와 준다면 이 또한 사는 즐거움이 아니겠는가)"가 스친다. 혹 공자도 좋은 친구를 제대로 못 두어 그 염원을 이렇게 글로 나타낸 건 아닌지, 턱도 없는 생각을 궁여지책으로 한번 해본다.

미완성의 완성

　세상 모든 작업은 완성에 그 가치를 둔다. 특히 예술작품은 완성도가 더 요구되는 분야다. 완성과 미완성의 차이는 엄청나다. 미완성에는 아예 점수를 주지 않는 항목도 있다. 한양까지 가는 게 목적인데 과천에서 멎었다면 그게 아무리 먼 곳에서 공들여온 일이라도 의미가 없다. 시작이 반이라는 것과는 별개의 개념이다. 완성과 미완은 그런 가치를 갖는다.
　그런데 어쩌다가 미완성으로 해서 더 유명한 게 있다. 대표적인 예가 슈베르트의 교향곡 〈제 8번 b단조〉와 레오나르도 다 빈치의 〈모나리자〉라는 그림이 그것이다. 이들은 모두 미완성이라는 이름으로 더 사랑을 받고 감동을 준다. 〈제 8번 b단조〉 교향곡을 사람들은 아예 〈미완성 교향곡〉으로 부르는 까닭도 그런 데 있다.

둥그런 보름달보다는 반달에, 활짝 핀 꽃보다는 봉긋이 피어오르는 봉오리에, 한낮보다는 새벽녘 여명에, 그리고 아무리 팔등신 미인이라고 해도 홀딱 벗어놓은 모양새보다는 실루엣으로 아슴푸레 보이는 것이, 보는 이로 하여금 미적 감흥은 물론 예술적으로도 높은 점수를 준다.

이는 사람도 마찬가지다. 물 찬 제비 같이 세련된 사람, 바늘로 찔러봐야 피 한 방울 나지 않을 것 같이 반들반들한 사람, 박학다식으로 이론이 정연한 사람들보다는 가끔 실수도 하고, 후학들에 물을 줄도 알고, 더러는 어설픈 해프닝으로 좌중을 웃음바다로 만들 줄도 아는 사람에 우리는 더 후한 점수를 준다. 인간적인 매력, 즉 사람의 냄새를 맡을 수 있기 때문이다.

예능인 선발대회에서 심사위원들이 두고 쓰는 문자가 하나 있다. "당장 완성된 것보다는 지금은 좀 아쉬우나 장래성에 더 점수를 준다"는 심사평이다. 어찌 들으면 좀 혼란스러운 말인데도 우리는 곧잘 고개를 끄덕인다. 문학작품 같은 것을 고를 때도 마찬가지다. 다시 말하면 미완성에 더 큰 기대를 해본다는 이야기다.

누구에게든 첫사랑의 추억은 오랫동안 달콤하게 가슴밑바닥에 남아 있다. 다 그렇다는 건 아니지만 대개의 경우 첫사랑은 실패한 사랑이다. 즉 미완의 사랑인 셈이다. 미완의 사랑이기 때문에 홍건히 적시었고, 미완이기 때문에 그림처럼 아름다우며, 미완이기 때문에 인생의 종착역에 이를 때까지 오랫동안 애틋한 그리움으로 남아 있는 것이다.

다시 앞서 말한 슈베르트의 미완성 교향곡을 한번 보자. 그 곡을 미완성으로 보는 이유는 이렇다. 당시 교향곡의 한 파트는 보통 4악장으로 구성되었는데 8번 b단조만이 2악장까지만 작곡해놓고 3, 4악장은 보이질 않아 그렇게 부른다는 것이다. 이는 다른 말로 비유한다면 단편소설 한 편은 일반적으로 200자 원고지 7, 80매가 정석인데, 3, 40매로 써놓은 소설을 보고 아직 반밖에 쓰지 않았다고 보는 논리와 같은 이치다.

뒷날 후학들이 볼 땐 말들이 있을 수밖에 없다. 미완성으로 이름은 달았지만 완성으로 봐도 무방하다는 것이다. 보편적 형식으로는 그 기능을 다 했다고 볼 수 없지만 3, 40매로도 단편소설이 될 수 있듯, 내용이라든지 당시 상황 등을 미루어 짐작컨대 2악장만으로 충분히 한 파트가 될 수 있다는 게 그들의 주장이다.

하나 더 예를 든다면 프랑스의 시인 장 곡토의 〈소라껍질〉이라는 유명한 시가 있다. "내 귀는 소라껍질, 파도소리가 그립습니다." 이게 전문이다. 또 그의 작품 〈정원〉도 마찬가지다. "비누방울 안에 정원이 들어갈 수 없다. 그 주위만 뱅뱅 돌고 있다."

누구든 장 곡토를 잘 모르는 사람들은 이야기할 것이다. 세상에 이렇게 짧은 시도 있느냐고, 혹 옮기면서 빠트린 게 아니냐고. 충분히 있을 수 있는 일이다.

레오나르도 다 빈치의 그림 〈모나리자〉를 보자. 이것 역시 미완성 작품으로 보는 이도 있지만 완성으로 보는 게 옳다는 사람도 있다. 미완성으로 보는 결정적인 흠은 눈썹이 없는 것인데, 이걸 어떻게 받아들이느냐는 것이 문제 관건이다.

이 작품의 모델은 피렌체의 한 은행원 부인인데 그림을 그리는 도중에 모델이 남편을 따라 외국에 나갔다가 사망했기 때문에 더 이상 붓을 댈 수가 없어 그렇게 되었다는 이야기와, 처음부터 모델에게 눈썹이 없었다는 이야기 등이 완성과 미완성의 논란을 만들었다는 것이다. 어처구니없는 이야기 같기도 하고 코미디 보는 기분도 든다.

인문학에는 원래 말들이 많고 그 가운데서도 예술의 세계는 더욱 그렇다. 백 사람이 보면 백 사람이 다른 소리를 하는 곳이 예술의 세계다. 그만큼 상상의 나래가 펼쳐지는 폭이 넓다는 이야기다. 작가가 한사코 고양이를 그렸다는데도 평자가 호랑이라고 평을 달면 호랑이가 되는 게 그쪽 세상이다.

그런 허공을 헤집는 일들로 더군다나 만든 사람들도 고인이 된 마당에 우리같이 사람이 그 틈에 끼어 왈가왈부한다는 건 그 자체가 난센스요, 같잖은 이야기가 아니겠는가.

주역의 건괘(乾掛)에 항룡유회(亢龍有悔)라는 말이 나온다. 용이 승천하는 단계의 과정과 그런 이야기다.

처음 잠룡(潛龍)으로 물속에서 초심자로서의 덕을 쌓고, 다음은 견룡(見龍)으로 성장해 군주의 성정을 배우며, 마침내 비룡(飛龍)으로 하늘을 날아올라 항룡(亢龍)이 된다고 했다. 그러나 항룡이 된 뒤부터는 후회로써 세월을 보내게 된다는 이야기다. 말하자면 그동안 노력과 공과에 대한 어떤 보상을 얻었다기보다는 그 자리를 지켜야 하는 수성(守城)에 대한 고통, 등극에 대한 허망함, 달성에 대한 불안, 완성에 대한 허탈의 비유로 곧잘 쓰는 말이 되어버렸다. 이를 공자는 "모든 사물이 극에 다다르면 기울게 되어 있다(物極則反)"고 표현했다.

아무리 바둑을 잘 두는 사람이라도 10단은 주지 않는다. 9단이 최고의 자리다. 9단을 입신이라고 하는 것도, 완성을 신의 영역으로 남겨두기 위해서다. 신의 영역은 우리가 추구하는 이상의 세계다. 유도, 검도, 태권도 등 어느 운동에도 10단은 두지 않는데 모두가 같은 이유다. 집을 지어도 99칸을 지었고 백 칸을 채우지 않는 것도 같은 이치다. 백이라는 완성에는 거리를 두어 더 근사한 세상을 펴 보라는 주문을 담고 있다.

지금 우리가 살고 있는 공간은 모두가 미완이며, 우리가 하고 있는 일 또한 미완이다. 내가 살고 있는 처지가 그러하며, 직장에서 내 위치가 그러하며, 가슴속에 있는 내 꿈이 그러하다.

그러나 그 미완의 꿈도 우리가 떠나고 난 뒤에는 누군가가 완성으로 불러줄지 모른다. 슈베르트의 〈미완성 교향곡〉처럼, 또 레오나르도 다 빈치의 〈모나리자〉처럼.

아담과 이브의 사랑싸움

　우리 동양사상의 근본 바탕을 음양설에 둔 사람들이 있다. 특히 인문학에서 그러하다. 이 세상에 존재하는 삼라만상을 크게 음과 양, 두 가지 양태로 구분하는 학설이 그것이다.

　하늘과 땅, 해와 달, 바다와 육지, 낮과 밤, 삶과 죽음, 원(圓)과 방(方), 빛과 그늘, 암컷과 수컷, 여자와 남자 등등. 이들이 모두 여기에 속한다. 음양사상의 으뜸은 사람, 즉 남자와 여자다. 모든 것을 인간중심으로 판단하고 만들어놓았기 때문이다. 하긴 인간이 만들었으니 그럴 수밖에 없었겠지.

　음양은 원래 세상만사를 양극 관계로 보는 이론이다. 서로 상승(相乘), 상극하는 이원적 체계를 갖추고 있으면서도 상보(相補), 조화로 일원화를 지향하는 것으로 돼 있다. 이것이 곧 동양의 음양설 사상이다. 다시 말해 음양설은 대립적 개념이지만 합일을 추구하는 이론이다. 둘이면서도 궁극적으로는 하나로 풀어야 성사가 되는 논리다.

남자와 여자, 또 여자와 남자. 성비(性比)로 서로가 이 세상 인구의 반반을 차지하며 조화를 이루고 있다. 이 균형이 깨지는 날엔 엄청난 비극이 생길지 모르다. 그러나 이 균형은 인위적으로 깨지 않는 이상 결코 허물어지는 게 아니다. 세상 이치가 그렇게 되어 있고 거기에 음양설을 둔 것이다.

여기에서 남자와 여자가 티격태격하는 이야기를 한번 들어보자. 가끔 토론에 등장하는 내용들이다.

"남여차별금지법이나 남여고용평등법이 왜 필요하다는 건지 우린 도무지 이해할 수가 없습니다. 그렇다면 우리가 지금까지 남녀가 불평등으로 살아왔단 이야기가 되는데 이건 말이 안 되잖아요. 지금이 어떤 세상입니까? 능력만 있어보세요, 여자라고 못할 게 뭐가 있습니까. 국회의원도 하고, 장관도 하고, 사장도 회장도 못하는 게 뭐가 있습니까. 문제는 차별이 아니고 능력입니다. 그런데…."

"천만에 말씀입니다. 인구 과반이 여자인데 여성 국회의원, 여성 장관이 몇이나 된다고 그런 말씀을 하십니까?"

"그건 평등과 다른 문제라니까요. 국회의원은 선출직 공무원 아닙니까? 국민들의 지지를 받아 당선이 돼야 하는 거예요."

"당에서 공천을 해줘야 할 거 아닙니까? 그럼 선생께서는 모든 직장에서 남자, 여자가 똑같은 대우를 받는다고 생각하십니까? 미스 김, 차 한 잔 빼와, 이거 가져가서 타이핑 해, 이게 오늘날 여직원들의 위상, 아니 현주소 아닙니까?"

"마침 그 말씀 잘 나왔습니다. 여자들한테 영장 나오는 거 봤습니까? 그렇게 따지면 오히려 남자가 불평등한 대우를 받는단 말입니다. 여사님 집에서는 어떻게 하시는지 모르겠습니다만 우리 집에서는 커피 타는 일은 딸자식한테 시키고, 벽에 못 박는 일은 사내자식한테 시킵니다. 나는 그런 걸 차별이라고 생각해본 일은 아직 없습니다. 그런 것도 그럼…."

"너무 비약할 거까진 없고요. 그것과는 차원이 다른 얘깁니다. 그럼 이왕 말이 나온 김에 하나만 더 물어보겠습니다. 호주를 남자로 못박아두는 건 어떻게 생각하십니까? 부인이 시퍼렇게 살아있는데 아들, 손자로 이어지니 세상에 이런 차별이 어디 있나요. 더군다나 그 손자는 다섯 살도 먹잖은 아이들인데…."

"어허 참 그거 무너진 지가 언제 적 일인데. 한 번 알아보세요. 그건 벌써 무너졌습니다."

"삼종지도니, 칠거지악이니, 남존여비니 하는 건 박물관에 간 지 이미 오래됐습니다. 요새 어느 간 큰 남자가 그런 걸 들먹인답니까? 요즘 아이들은 남존여비를 어떻게 해석하는지 아세요? '남자의 존재의미는 여자들 비위맞추는 것'으로 해석한답니다. 세상이 그렇게 돌아가고 있는 판에 무슨 그런…."

"성 역할의 고정관념에도 문제가 많습니다. 여자들한테 여성장관이니, 여류소설가니, 이런 것도 엄밀히 따지면 모두 성 차별이라니까요."

"그것도 지어낸 이야기일 뿐입니다. 조수미한테 여류성악가라고 부르는 사람은 세상에 아무도 없습니다. 누구도 고두심한테 여자배우라고 하지 않습니다. 오히려 이제는 남자 조리사니, 남자 간호사니해서 오히려 남자들한테 그런 혹을 붙이더라고요. 그럼 이건 성차별이 아닌가요."

"미스 코리아 뽑는 것만 해도 그렇잖아요. 인품으로 사람을 뽑는 것도 아니고, 사람을 벌거벗겨놓고는 눈요기로 아래 위를 훑어보며 어디가 몇 센티고, 어쩌고, 인격체를 가진 사람을 그렇게 재단하는 건 야만인들이 하는 추태 아닌가요."

"내가 할 말 사돈이 한다고, 그 말 잘 나왔습니다. 그건 말도 아니죠. 거기 한번 가보세요. 모두 여자들 판입니다. 여자들이 자기네들이 좋아서 그렇게 벌거벗고 난리를 치는 거예요. 인격적으로 부당한 대우를 받는다고 생각하면 안 나오면 그만 아닙니까. 지상파 방송에서 중계 안한 지도 꽤 됐습니다. 그걸 가지고 남녀 차별 운운하다는 건 어불성설입니다."

"어쨌거나 남녀차별 금지법은 당연히 있어야 합니다."

"그런 게 있다면, 시도별 안배채용법이니, 세대별 균형배치법이니 이런 것도 만들어야 하는 거 아닙니까."

"제가 수수께끼를 한번 내볼 테니까 한번 알아맞혀보세요. 한 신사가 길을 가는데 뒤에서 아버지하고 불렀습니다. 신사가 돌아보니까 자기 아들은 아닌 거예요. 두 사람은 어떤 관계이겠습니까."

"…?"

"모르시겠죠. 답은 딸입니다. 선생님 같은 똑똑한 분이 그걸 몰랐다는 건 그 사실 하나만으로도 남녀차별이 얼마나 뿌리 깊게 내려 있다는 걸 알 수 있습니다."

"영화나 TV같은데 보면 귀싸대기 맞는 건 하나같이 남자들이란 말입니다. 모두 성질도 좋지, 우리 같으면 같이 대들어 한 대 치겠더구면, 꼴에 신사도를 찾는 건지 얻어맞기만 하고 그냥 있는 건 무슨 경운지 모르겠더라고요. 세상에 하늘(天)보다 높다는 게 지아비(夫)라고 했는데, 도대체 어느 나라 풍습인지 모르겠어요. 시어머니도 여자인데 시어머니가 그 꼬락서니를 보았다면 마음이 어떻겠어요. 나 원 참, 도무지 가리사니가 잡히질 않는다니까."

"그건 작가가 가공으로 그려놓은 하나의 그림 아닙니까. 현실적으로는 어려우니까 그렇게라도 해서 보상을 받겠다는 것으로 받아들여야지 그걸 그렇게 곱씹는다는 건 좀 어불성설이 아닙니까."

그야말로 끝이 보이지 않는 논쟁이다. 과연 이런 논쟁이 필요한 것인가, 의아심을 품게 한다. 거기에다가 요즘 성희롱이 등장하고 나서부터는 더욱 민감하고 묘한 국면을 맞는다.

얼마 전까지만 해도 몸매가 잘빠졌다느니, 섹시하다느니, 어쩌니 하고 대놓고 얘기하면 음탕한 저질 이야기라고 해서 성희롱이 되었는데 최근에 와서는 요조숙녀보다 더 기다리는 찬사가 되었다. 여자와 남자, 남자와 여자 사이에 이런 논쟁이 과연 의미가 있으며 필요한 것일까.

이 논쟁을 가정으로 한번 안고 들어가 보자. 사회조직의 가장 기본적인 구성단위가 가정이기 때문에 여기서부터 검증해보는 것이 해결방법으로는 좋을 것 같아서이다.

아버지와 어머니, 딸과 아들, 이들 사이엔 어떤 차별이 있을까. 차별이 있을 수가 없다. 다 같이 사랑으로 감싸줘야 하고 도움이 필요한 관계다. 옛날에는 달랐다. 남성이 여성보다 우위에 있었던 건 사실이다. 교육을 시켜도 아들을 더 시켰고, 옷을 입혀도 남자 옷에 더 신경을 썼다. 사회적 활동 면에 있어서도 남성 중심이었으니 어쩔 수가 없다. 이는 한마디로 전통이 그러했고 문화가 그랬기 때문에 거기에 얽매이다 보니 그렇게 된 것이다.

한때 해가 지지 않는 나라였던 영국의 데이비드 캐머런 영국 총리도 최근(2011년 9월) 장자인 왕자에게 우선적으로 주는 현행 왕위계승법에 남녀차별을 없애고 장녀에게도 줄 수 있도록 하자는 안을, 엘리자베스 여왕이 국가원수로 있는 영연방 15개국 총리들에 서한을 보내 이 같은 의사를 밝혔다고 한다. 그러면서 그는 "많은 이들이 받아들이기 쉽지 않을 이번 개혁을 위한 법적절차에 대해 걱정하고 있지만 나는 우리가 반드시 해결해야 하는 문제"라며 강조했다는 것이다.

이미 스웨덴, 덴마크, 벨기에, 노르웨이, 네덜란드, 룩셈부르크 등

왕실에서는 이미 오래전부터 성별과 관계없이 첫째가 왕위를 계승하고 있다.

이제 성역할의 고정관념은 완전히 무너졌다고 봐도 좋을 것이다. 우리나라에도 이미 3만 명 가까운 주부(主婦) 아닌, 주부(主夫)가 남편이 아닌 여편(女便)의 내조자로서의 바뀐 성역할의 주인공으로 살고 있다는 게 그걸 잘 설명해주고 있다.

내 어머니, 내 남편, 내 아들이 남자고 내 어머니, 내 아내, 내 딸이 여자인데 뭐 땜에 상대를 폄하시키고 내가 피해자라고 우기는지 모르겠다. 남자가 국토방위의 의무를 마친 2년간을 고과점수에 반영해준다는데 그게 어떻게 불평등이 되는지 모르겠다. 자신에게는 딸만 있기 때문에 그게 못마땅하다는 것인가. 한 다리만 건너면 남동생이 혜택을 본다는 것도 한번 생각해보자. 그럼에도 우리는 그게 불평등하다고 계속 아옹다옹하는 것이다.

여성상위로 잘 알려진 미국을 한번 보자. 미국의 독립선언문은 "모든 인간은 평등하다(All man are created equal)"고 선언하고 있다. 그러나 사람에 따라서는 man대신에 human을 씀으로써 women이 빠진 것을 단순한 실수가 아닌 것으로 보고 있다.

이미 그때부터 보이게 안보이게 여성을 배제시켜 남성만이 정치에 참여할 수 있는 이성적 능력을 지닌 완전한 시민으로 대우했다는 것이다. 그 후 계속되는 도전으로 지금은 많이 약화되었지만 이런 사고의 잔재가 지금껏 남아 여성의 참정권을 방해한다고 보는 사람들이 있다. 물론 여성들이다.

이런 것을 볼 때 어느 시대든, 어느 나라든, 모든 계층에서 만족하는 완전한 평등의 모습은 찾기 힘든 것 같다.

과거는 과거고 현재는 현재다. 오랫동안 남자 중심의 사회에서 여자들이 구박받고 고통을 참아온 건 사실이다. 그러나 이제는 아니다. 달라도 크게 다르다. 자꾸만 구원을 꺼내어 왈가왈부할 필요는 없다. 긁어 부스럼 만드는 꼴밖에 되지 않는다.

어떻게 된 일인지, 어디에 비중을 두고 매긴 것인지는 모르지만 2011년도 세계 성 평등평가에서 우리나라는 대상 135개국 가운데 107위에 자리했다. 뒤에서부터 세는 것이 더 빠른 꼴이라니 참으로 답답한 일이 아닐 수 없다.

"암탉이 울면 집안에 망조가 든다"가 아니라 "암탉이 울면 달걀이 생기지만 수탉이 울면 지붕 위의 기왓장이 떨어진다"로 변해 있는 세상을 우리는 살고 있다. 여자는 남자의 갈빗대 하나로 만들었다고 하지만 세계를 지배하는 건 남자, 그 남자를 지배하는 건 여자라는 게 오늘날 여자의 권위다. 모든 건 '여자 하기 나름'의 세상이다.

남녀 간의 자리매김은 규정으로, 법으로 묶고 푸는 게 아니다. 큰 흐름을 따라야 한다. 섭리로, 조화로 찾아야 한다. 동양 음양사상이 그렇게 가르치고 있다. 그럼에도 우리는 답답하게도 도토리 키를 재려고 토닥거리고 있는 것이다. 어찌 보면 세상에 이런 난센스가 없는 것이다. 사랑싸움(?) 치고는 얄궂기 짝이 없는 놀이다.

거짓말 하여가(何如歌)

고등학교 다닐 때 일이다. 내가 다녔던 김천고등학교에서는 해마다 신학기가 되면 '내한(耐寒)마라톤'이라는 이름으로 전교생이 달리기를 했다. 학교 운동장에서 출발해 김천 시내를 통과해서 감천 다리까지 갔다 오는 왕복 시오리쯤 되는 장거리 경기다. 1학년이 출발하고 1분 뒤에 2학년, 또 1분 뒤에 3학년이 출발한다.

내가 2학년 때다. 이 경기를 위해 평소 준비를 한 학생들도 있지만 대부분 준비 없이 대들기 때문에 처음만 달렸지 나중엔 대부분 걷다시피 했다. 김천시내 중간쯤 가는데 벌써 앞서나갔던 친구들은 돌아오고 있었다. 그런데 여기에서 솔깃한 일이 눈에 띄었다. 돌아오는 학생들 손목에는 그곳까지 왔다는 확인도장 '檢' 자가 찍혀 있어야 하는데, 대다수가 도장대신 붉은색 머큐로크롬을 묻히고 오는 것이었다. 까닭인즉 학생들이 몰려드는 바람에 도장으로는 감당할 수가 없어 상비약으로 준비해간 소독약을 솜에 묻혀 마구 찍어주더라는 것이다. 당시 내 몸에는 전날 탁구를 치다가 손목을 다쳐 그 약을 발라둔 게 있었는데, 그 표시와 똑같았다. 더 생각할 것도 없이 그대로 돌아섰고, 50명까지 시상을 하는 등위에서 47등으로 입상해 공책을 두 권 받았다. 8백 명이 넘는 숫자에서 입상은 어쨌거나 자랑이었다.

그러나 그 기쁨도 잠깐, 다음 주 체육시간에 마라톤 행사를 주관했던 이달식 (당시 경북 투포환 대표선수) 선생님이 어떻게 알았던지 그 사실을 알고는 아무도 모르게 불러 이런 말을 해주었다.

"너 인마, 이번에 내가 그냥 봐주는데 다른 데 가서는 그런 짓 하면 못써. 거짓말은 이번으로 끝내야 한다, 알았지."

그날 이후부터 입상의 즐거움보다 수십 배나 되는 부끄러움을 지고 살아야 했다. 다행히 친구들은 몰라 수치스러움을 혼자만 감내하고 지냈지만 지금도 그때 일을 생각하면 얼굴은 얼굴대로 화끈하면서도 조용히 타일러준 선생님이 그렇게 고마울 수가 없다는 생각을 하게 된다.

시외버스 주차장에서 있었던 일이다. 지방 출장을 가기 위해 개찰을 해서 버스 안에 타고 있는데 대학생처럼 보이는 한 젊은이가 올라왔다.

"저는 서울대학교 공과대학 기계공학과 졸업반에 적을 둔 채, 고려정밀 인턴사원으로 근무하고 있는 김 아무개라는 사람입니다. 이번에 저의 회사에서는 회사경영방침에 따라 신입사원들 연수과정의 하나로 마케팅이 수업을 받고 있는데, 오늘 실습차 나와 여러분을 뵙게 되었습니다. 다소 불편하고 소란스럽더라도 한 사람의 인적자원을…."

알밤처럼 매끄러운 얼굴에 단정한 차림의 젊은이는 세련된 화술로 제 말마따나 마케팅기법의 세일을 했다.

버스주차장에서 곧잘 맞는 풍정이지만 판매방법이 적어도 내가 보기엔 신선했다. 보통 잡상인이라는 이름으로 그런 데 등장하는 사람들은 하나같이 '본 제품은 영등포에 자리 잡고 있는…' 으로 시작해서, 앞으로 시장에 나오면 얼마를 하는데 선전기간에만 반값으로 드린다는 노골적인 장사를 했는데, 이 친구는 전혀 딴 분위기를 만들었다.

젊은이가 파는 물건은 손목시계였다. 값도 4천 원쯤 됐다. 큰돈은 아니니까 일단 속는 셈치고 하나 샀다. 당시 나는 마침 손목시계가 필요했기 때문이다.

초등학교 5학년 때부터 막내가 자기 반 아이들 태반이 시계를 차고 있는데 혼자만 없다고는 졸라, 중학교에 들어가면 무슨 일이 있더라도 사주겠노라 약속을 해놓은 터에다가, 그때까지 여의치 않아 차일피일 미루고 있었던 참이었다. 그날 저녁 녀석을 불러 앉혀 놓고 말했다.

"자, 약속한 시계 여기 있다. 아빠 친구가 중앙통에서 시계방을 하나 냈는데, 그냥 넘어갈 수는 없고 해서 마침 잘 됐다고 팔아준 거다. 만 육천 원 줬는데 어떠냐."

그럴싸하게 거짓말을 했다. 어쨌건 입학선물로 사준 물건인데 싸구려로 포장할 수만은 없는 일 아닌가. 죄책감이 아주 없기야 하련만 그 정도는 괜찮으리라 생각했던 것이다.

"고맙습니다, 아버지."

녀석은 신이 났다. 자면서도 차고 자는 수선을 피웠다.

그리고 한 달은 잘 지냈는지 모르겠다. 나는 그 일을 이제 까맣게 잊고 있는데, 하루는 녀석이 턱밑에 바짝 다가앉더니 정색을 하고 물었다.

"아버지, 시계 이거 시계방에서 산 거 맞습니까?"

"왜, 잘 안 가나?"

"그냥 물어보는 겁니다."

"인마 이거, 그건 왜 묻니. 시간만 잘 맞으면…."

그때 옆에서 보고 있던 아내가 이실직고를 하라고 주문했다. 어제 고향에 들어가면서 주차장에서 그런 시계 파는 사람과 부닥뜨렸다는 것이다.

이쯤 되면 어떤 변명을 해도 내 이야기는 무의미해질 수밖에 없다. 아무리 자식 앞이지만 얼굴이 화끈 달아오를 판이다. 이윽고, 모양이 좀 이상하긴 했지만 솔직히 시인을 하고 말았다.

내가 지금까지 살아오면서 얼른 떠오르는 거짓말 가운데 두 가지를 꺼내보았다. 물론 이밖에도 많다. 이야기 가운데는 한번 웃고 넘길 것도 있지만 과연 사람으로 이런 거짓말을 해도 괜찮을까 싶은 더러 것도 있다.

나를 합리화시키기 위한 변명이 아니라 살다가 보면 고의든, 아니든 거짓말은 조금씩 하면서 살아가게 되어 있다. 경우에 따라 선의의 거짓말이라는 것도 있다지만 거짓말은 거짓말일 뿐 선의의 거짓말도 하나의 변명일 뿐이다.

흔히 하는 말로 세상 사람들이 인정하는 거짓말 세 가지가 있다. 장사치들이 본전에 밑져가면서 판다는 것, 노인네들 죽고 싶다는 것, 처녀들 시집 안 간다는 것이 그것이다. 이런 이야기들은 아무리 심각하게 꺼내더라도 그러려니 듣고 넘긴다는 말이다. 이를테면 콩으로 메주를 쑨다고 해도 안 믿는다는 뜻이다.

상투적인 거짓말은 이런 것뿐만이 아니다. '고객은 왕'이니, '직원은 가족'이니 하는 것도 마찬가지다. 모두 하나하나 밑바닥을 들여다보면 하얀 거짓말이다. 왕 대접 받은 고객은 세상 어디에도 없다. 가족 또한 마찬가지다. 만에 하나 그런 걸 느끼고 있는 사람들이 있다면 그들의 상혼(商魂) 속에서 미망(迷妄)의 허수아비 춤을 추고 있을 뿐이다. 그걸 액면 그대로 믿는다면 그대로 속절없이 그들의 거짓말에 속을 뿐이다.

세상의 모든 거래에는 그게 작고 보이지 않아 그렇다뿐이지 거짓은 다 들어있다고 보면 옳게 보는 것이다. 그렇게 알게 모르게, 속고 속이고 사는 것이 거래다.

　아버지가 자식을 데리고 목욕탕 욕조에 들어가면서 어, 시원하다 그러면서 들어가니까 아들이 그 말을 곧이곧대로 믿고 들어갔다가 뜨거워 튀어나오면서 세상에 믿을 사람은 하나도 없다니까, 그러더라는 우스개가 있다.

　빵이 크다는 걸 표현한다고 "나는 그 집 빵 하나를 다 먹고 배 터져 죽는 줄 알았다"는 이야기가 있다. 상대하는 이의 이야기는 더 걸작이다. "그럼 그 집에 들렀다가 나온 놈들은 모두 귀신이었던가 보지."

　옛날 거짓말 좋아하는 임금이 있었다. 자기에게 거짓말 세 가지만 하면 백만 냥을 주겠다고 방을 내걸었다. 그런데 누구든 두 번째 이야기까지는 거짓말이라는 걸 인정하면서도, 세 번째에 가서는 어떤 거짓말을 해도 그런 일은 실제 있었다면서, 받아들이질 않고 퇴짜를 놓았다.

　그 사실을 안 한 친구가 거짓말 셋을 준비해 찾아갔다. 첫 번째, 두 번째 이야기는 여느 사람들과 마찬가지로 거짓말이라는 걸 인정받았다. 이윽고 세 번째 이야기로 들어갔다. "…다음으로 노인은 은진미륵 머리에다 대추나무를 심었습니다. 그런데 너무 높아서 대추가 익어도 딸 수가 있어야지요. 그래서 꾀를 냈습니다. 장대로 은진미륵 콧구멍을 쑤셔 간지럼을 주자 그만 재채기를 해서 따게 되었답니다. 이번에는 그 대추를 판 돈으로 진남포에 바람을 사러

갔답니다. 진남포 바람이 그렇게 시원하대요. 그걸 자루에 담아 집에 두고 지낸다면 여름 한 철 더위를 모르고 지낸답니다. 올 봄에 그 바람주머니를 제가 임금님께 외상으로 팔았습니다. 요금이 백만 냥입니다. 이상입니다." 이야기를 끝내자마자 임금은 빙그레 웃으면서 그런 일도 사실이라면서, 버릇으로 받아버렸다. 그러자 그 친구는 같이 웃으면서 졸랐다.
"그게 사실이라면 저한테 바람 값 백만 냥을 주서야죠?"
"뭐라구…."
"거짓말이면 상금으로 주시구요."
"…."
거짓말을 좋아하는 임금을 그런 거짓말로 골탕 먹였다는 이야기가 있다.

거짓말에도 여러 가지 유형이 있다. 사기성 거짓말이 있는가 하면 필요악적인 거짓말이 있고, 선의의 거짓말이 있는가 하면, 해학 차원의 거짓말이 있다.
송광사 스님과 해인사 스님이 만났다. 송광사에는 방이 크고 해인사에는 화장실이 깊은 걸 두 스님이 서로 설명을 한다.
"큰스님이 시동한테 윗목에 있는 목침을 가져오라고 심부름을 시키면 중간에서 회갑잔치를 하고 온답니다."
"내가 어제 절간을 떠나오면서 일을 보고 나왔는데 아직 그놈이 바닥에 닿지 않았을 걸요."

이쯤 되면 거짓말이라기보다 하나의 유머요, 위트다. 남한테 피해를 안주는 거짓말은 해학이다. 이런 거짓말은 사람 사는 데 윤활유 역할을 한다.

4월 1일은 만우절이다. 이날 하루만은 거짓말을 하더라도 괜찮다는 우리사회가 공개적으로 허용한 거짓말 하는 날이다. 사람이 살아가는 데 어느 정도의 거짓말은 카타르시스 역할을 한다고 본 것이다. 앞에서 한 거짓말 이야기들이 여기에 든다고 보면 될 것이다. 한번 웃고 넘어가면 그만이기 때문이다.

그런데 여기에는 반드시 지켜야 할 게 있다. 119에 전화질을 해서 소방차를 불러내는 그런 거짓말을 해서는 안 된다는 말이다. 요즘 만우절이 만우절 역할을 못하는 이유가 여기에 있다.

지난날 어려웠던 시절 잔칫집에 들린 어머니들이 당신 몫으로 돌아온 음식을 싸가지고 와 자식들 앞에 내놓으면서 "나는 많이 먹고 왔으니 어서들 먹어라"고 하시는 말씀은 선의의 거짓말이다.

아내에게 늦어진 귀가를 변명하기 위해 이미 작고한 친구의 아버지를 두 번, 세 번, 장례를 치르게 만든 사례가 두 번째 유형에 든다. 속인 건 나쁘지만 물질적 피해는 발생하지 않았으니까 그냥저냥 한두 번쯤은 애교로 봐준다는 조건부로 수용한다는 이야기다.

유언비어나 보이스 피싱 같은 거짓말은 그야말로 완전한 사기성 거짓말이다. 이는 하는 사람도 범죄자이며 당하는 사람도 엄청난 피해를 입는다. 경우에 따라서는 포고령으로 부르는 반국가적 범죄로도 나타날 수가 있는 거짓말이다.

제레미 캠벨이 쓴 〈거짓말쟁이 이야기〉라는 책에 보면 "거짓은 삶의 편을 들고 사회를 돌아가게 하는 윤활유 역할을 하는 반면, 진리는 가혹하고 위험하며 파괴적일 수 있다. 거짓말이 삶에 꼭 필요한 것이라는 사실은 존재의 무섭고 불확실한 특징을 나타낸다"고 했다. 세상에 거짓말이 없다면 오늘날의 진실들이 제구실을 다하지 못했을 것이라는 가정을, 다시 말해 거짓말이 필요악이라는 설정을 해놓았다.

요즘 "진심으로 사랑한다", "진심으로 축하한다", "진심으로 받아들인다"는 말이 유행한다. '진심으로 사랑하는' 것과 그냥 '사랑하는' 것과는 어떤 차이가 있을까. 입으로만 나불거리는 사랑이 너무 많아 이들과 차이를 두기 위해 '진심으로'라는 색종이로 한 번 더 포장을 해본다는 뜻이 아니겠는가. 그러나 모두가 다 같이 색종이로 포장한다면 또 하나마나일 뿐이다.

이런 일들에 익숙한 사람이 대수롭잖게 외국인들과의 토론에서도 비슷한 말을 했던 모양이다. 그 말을 들은 외국인이 '결론'은 무엇이며 '최종적 결론'은 또 무엇이냐고 반문을 했다는 이야기가 있다. 걸핏하면 삼세판을 내세우는 우리네 관습이 그들한테는 이상하게 비칠 수밖에 없었을 것이다.

요즘 나는 명품 상표가 박힌 허리띠를 하나 매고 다닌다. 얼마 전 막내가 중국 출장길에 사다준 물건이다. 그때 막내는 허리띠와 지갑이 든 상품세트를 내놓으면서 말했다.

"이 상표 아시죠, 아버지."

열어보니 물건들이 미끈하고 윤기가 자르르 흐른다.

"이거 비싼 거 아이가…."

부모자식 간이지만 그냥 받기가 뭣해 고맙다는 표현을 그렇게 한다.

막내가 싱긋 웃으면서 꺼낸 다음 이야기,

"아버지, 근데 그거 짝퉁입니다. 진짜는 30만 원도 넘는데 1/10밖에 안 주고 샀어요."

"괜찮다. 아무렴 어때. 우리 같은 사람 진짜 매고 다녀도 그거 진짜로 안 본다. 사람이 진짜를 매고 다닐 사람이 아닌데 뭐가 어때서…."

선물 이야기는 그쯤에서 모두 끝났다. 이야기가 다 끝난 뒤 나는 혼자 가만히 생각해보았다. 이 녀석이 그냥 진짜인 척 줘도 그만일 텐데, 꼭 그게 뭣하면 진짜라고 사왔는데 내용은 저도 잘 모르겠습니다, 쯤으로 얼버무리면 얼마든지 넘어갈 수 있는 일을 굳이 짝퉁이라고 밝히는 게, 내 귀에는 반갑잖게 들려서다. 지난날 막내에게 거짓말로 사준 손목시계가 마음에 걸렸다.

요즘 가장 유행하는 거짓말이 "직장을 그만 두고 싶다"와, "사는 게 귀찮다"라고 한다. 이 또한 자본주의 산물인지 바닥에는 경제가 깔려 있다. 그래서 생면부지의 '귀차니스트'가 등장한 것인가. 이름이 거짓말이지 사실 그런 건 거짓말도 아니다. 그러려니 들으면 그만인 일상적 상투어일 뿐이다.

불우한 세상이 사람을 거짓말쟁이로 만든다면 변명일까. 지금도 거짓말은 여기저기 수도 없이 양산되어 정신없이 쏘다닌다. 정치, 경제, 교육 가리지 않고 구멍만 보이면 비집고 든다. 그럴싸하다는 법정까지 난무한다. '불편한 진실'이라는 얄궂은 너울까지 덮어쓰고 돌아다닌다.

그러고 보니 오늘도 나는 멀쩡한 낯으로 거짓말을 했다. 중앙통 지하철 주차장에서 모처럼 퇴직 동기생을 만났는데, 서로가 갈라서야 할 판이라 얼른 거짓말을 주어 섬긴 것이다.

"여, 이 사람 정말 오랜만이다. 언제 우리 한번 만나세."

"그러세. 내가 조용하거든 일간에 한번 연락할게."

그도 천연덕스럽게 거짓말을 던지고 간다. 연락처도 받아두질 않았는데 뭘 어떻게 연락한단 말인가. 설령 받아두었다고 한들, 그리고 조용한 시간이 난다고 한들 과연 우리가 받은 말처럼 연락이 가능할까. 그냥 해본 소리밖에 아무것도 아니다. 그것도 예사로 넘겼는데 저녁 잠자리에 누워 가만히 생각해보니 거짓말이었다.

남극, 북극에 사는 두 사람 속에 우리나라에서 가장 춥다는 중강진 사람이 끼어들었다. 자연히 추위 이야기가 나올 수밖에.

먼저 중강진 사람이 말했다.

"우리는 소변을 보자면 막대기를 들고 봅니다. 나오는 순간 바로 얼어붙어서 깨 가면서 눠야 한다니까요. 엄청 춥죠."

다음은 북극사람 이야기.

"초 한 자루만 사놓으면 평생 불 걱정은 없습니다. 한번 불을 붙여놓으면 그대로 얼어붙어 녹지를 안으니까요."

마지막으로 남극사람 이야기.

"우리는 서로 만나더라도 당장은 대화가 안 됩니다. 말이 입 밖에만 나오면 바로 얼어붙으니까요. 그래서 그걸 그대로 집에 가지고 와 프라이팬에 데워서 듣는답니다.

넷,
지나간 것은 다 그리움이다

그리움은
여행길에서 만난 물 좋은 정자와 같은 것.
한번쯤 다녀오고는 싶지만
차마 살고 싶지는 않은 곳.

그리움은
가슴 한 켠에 그려놓은 한 장의 그림
무지개와 같은 ….

아파트 골목길

"할아버지 골목이 뭐예요?"

모처럼 들린 손녀의 뜬금없이 묻는 질문이다.

"골목이라니, 그건 어디서 들었냐?"

"방금 할머니가 그러셨잖아요."

그러고 보니 아내랑 나누는 이야기 속에 골목이 들어 있었다. "우리 골목에 고양이 키우는 사람이 없을 텐데 고양이 소리가 어데서 났는지 모르겠네." 조금 전 아내가 한 말이다. 아파트에서 태어나, 아직 단지 밖을 벗어나보지 않은 녀석에게 골목은 분명 낯설게 들렸을 것이다.

우리아파트 사람들은 계단을 골목이라고 부른다. 같은 출입문을 이용하는 15층의 30세대를 '한 골목 사람들'이라고 부르고 그밖에도 '골목 반상회', '골목 아주머니들' 등, 곧잘 골목을 넣어 곧잘 이름을 붙인다. '1문 골목', '2문 골목'이라고 해서 다른 곳과는 구분도 한다.

아파트 생활을 수십 년 했지만 계단을 골목이라고 부르는 건 나도 여기 와서 처음 듣는다. 누가 붙인 건지는 모르지만 어색하긴 해도 계단보다는 낫다는 생각이 들어 우리도 같이 쓰고는 있는데, 막상 따지고 보면 골목과는 거리가 멀다. 그게 어떻게 골목인가.

승강기가 고장이 나면 모르지만 그쪽으로는 사람이 내왕하지도 않는다. 사람이 다니지 않는 골목이 있을까. 거기 붙어 있는 말 그대로 그곳은 비상통로일 뿐이다.

그 주변도 자전거, 휴지통, 배달해 먹은 빈 자장면 그릇 같은 허접스런 물건들이 나와 있어 어지럽다. 골목이라기보다 뒤안길 같은 느낌도 든다. 그런 아파트 계단을 아직 학교에도 안 들어간 녀석에게 골목으로 끌어들여 설명하려니까 힘이 안 들어갈 수가 없다.

"골목이라는 건 사람들이 사는 동네 가운데로 난 작은 길을 말하는데, 거기에는 강아지도 뛰어놀고…."

녀석이 고개를 끄덕이긴 해도 쉽게 받아들여지지 않는 모양이다. 아직은 그럴 수밖에 없겠지.

골목을 생각하면 먼저 떠오르는 게 우리 일가붙이들이 옹기종기 어울려 살았던 고향마을이다. 다른 사람들한테도 비슷하겠지만 나한테는 생각만으로도 그리움과 정감이 넘치는 추억의 산실이다.

　돌담 위로는 하얀 박꽃이 달빛에도 얼굴이 그슬릴까봐 제 잎을 양산으로 쓰고 오가는 사람들을 몰래 기웃거렸고, 가을이면 돌담 너머로 주렁주렁 달린 똬리 감이 인물을 자랑하던, 마치 꽃병풍 속을 걷는 듯한 고샅길. 담 모퉁이 마다 사람들의 눈을 피해 앉은뱅이 질경이랑 민들레가 저네들끼리 소꿉살림을 차린 곳이 내가 살았던 마을의 골목이다.

　초여름이면 감꽃을 주우러 남 먼저 일어나 꼬부랑 골목을 돌아 이집 저집 드나들었고, 가을이면 떨어진 감을 줍기 위해 또 그렇게 뛰어다녔던 곳. 동무들과 어울리면 숨바꼭질이며, 비석치기, 자치기로 해빠지는 줄 모르고 놀았던 곳이 그곳이다.

　징집영장을 받은 삼촌이 '북진통일'이라는 머리띠를 두르고 마을 사람들의 눈물 찍어내는 환송을 받으며 떠나던 곳도, 남색저고리에 분홍치마를 입은 막내숙모가 가마에서 내려 짚단 불을 조신하게 타넘어 바깥마당 초례청으로 들어오던 곳도 골목이었다.

　나무꾼을 가장한 한 사내가 나지막한 돌담을 기웃거리며 뒷집 누나에게 장가들겠다고 염탐하러 왔다가 들킨 곳도 골목이고, 기울어져가는 하루해를 엿판 위에 뉘어놓고 구멍난 양은 냄비나, 짝 잃고 돌아다니는 고무신을 찾는 엿장수 할아버지의 목쉰 가위질이 울리던 곳도, 동동 구리무(크림)장수가 북을 동동 울리던 곳도, 새우젓장수가 "강경 보리새우젓 사려!"를 외치며 오락가락하던 곳도 골목이다.

"수촌댁이 어델 간다고 속곳을 펄렁거리며 저래 바삐 가는공."

"안평댁에 우체부 들어가는 걸 보이 둘째한테서 이자 소식이 오는갑구나. 돈 번다고 독일 탄광꺼정 가서 아즉 깜깜 소식이라고 날만 새문 걱정이더이만."

골목은 온 동네의 정보가 살아 숨 쉬는 곳이기도 했다.

밤이면 삼희성(三喜聲)이라 해서 신생아의 울음소리, 아낙네들의 다듬이소리, 아이들 글 읽는 소리들이 으슥토록 떠나지 않던 곳이 바로 우리네 골목이었다.

골목 입구에 수문장처럼 지키고 섰던 장승, 그 천하대장군(天下大將軍)의 배웅을 받으며 떠난 골목 개구쟁이들은 모두 어디에 가서 어떻게 지내는지, 흩날리는 바람에 희비 얼룩진 소문만 들릴 뿐 한번 헤어진 뒤로는 좀처럼 만나기도 힘 들다.

큰집 재실의 빗살무늬 담을 덮고 있는 능소화(凌霄花)는 여름 내내 골목을 온통 꽃단장으로 치장해놓았다. 하늘을 능멸하는 꽃이라는 이름과는 달리 너무 곱고 풍성했다. 훗날 강릉 쪽으로 여행을 갔다가 경포호 남쪽에 있는, 홍길동전을 지은 허균의 생가를 들렀다가 거기에서 모처럼 그 꽃을 보았다.

"옛날 한 궁궐에 소화라는 궁녀가 살았습니다. 여름 밤 뜰에 바람 쐬러 나왔다가 임금님 눈에 띄어 그날 저녁 바로 성은을 입게 되었는데, 그 이후로는 한 번도 임금이 찾지 않았답니다, 아마 모르긴 해도 밤에 그렇게 만나 급하게 일을 치르다보니 사람 얼굴도, 이름도 기억해두지 않았던가 봐요. 그래서 소화는 여생을 임금을 원망하며 살다가 죽었는데 그 궁녀가 환생한 꽃이 바로 저 능소화랍니다. 저 꽃은 항상 울타리에만 붙어사는데, 그건 바로 담장너머 저쪽에 있는 임금님을 보기 위해서라는 군요, 만들어낸 전설이지만 참 재미있죠."

수십 년이 지난 뒤에서야, 그것도 문화해설사의 구성진 이야기 끝에 가까스로 이름을 알게 된 능소화, 그 전까지만 해도 나는 그냥 덩굴꽃으로만 알고 있었다.

고향을 떠나온 지 어언 반세기. 이제는 모두 옛날이야기가 돼버렸다. 엿장수 가위소리도, 능소화도, 골목 입구에 외톨이로 하나 서 있던 장승도 모두 가슴속에만 남아 있을 뿐이다. "복숭아꽃 살구꽃으로 차린 동산"이 노랫말 속에만 살아 있을 뿐, 이 세상 어디에도 없는 것처럼.

골목에 경운기가 드나들면서 뜯어고쳐 이젠 골목도, 신작로도 아닌 농로라는 고약한 이름으로 바뀌어졌다고 한다. 민들레와 질경이가 수놓았던 길바닥은 버려진 깡통과 비닐조각이 뒹굴고, 이농으로 폐가가 되어 허물어진 돌담 모퉁이로 흔적만 남아 있는 골목이, 이제 후진과 퇴영의 상징물이 되어 있다니 마냥 안타까울 뿐이다.

해장국 골목이니, 약장 골목이니, 점쟁이 골목이니 해서 곳곳에 새로운 이름의 기능성 골목이 등장하기는 했지만, 그리고 요즘 '올레'라는 이름의 도시 주변으로, 언덕진 비탈길로, 강안의 둔치로 길을 내어 골목이라는 이름으로 명맥을 잇고는 있지만, 아무래도 골목의 모태에는 거리가 멀 수밖에 없다.

아파트 계단과 골목.
아래위 층이 내왕할 수 있는 비상통로 계단을 골목이라니 이를 어떻게 받아들여야 할까. 어설프고 안타깝다. '마을 가운데로 난 작은 길'이라는 단순한 사전의 의미로도 그곳은 분명히 골목은 아니다.
달빛 한 점 찾아주지 않고, 바람 한 자락 지나지 않는 그곳을 그나마 골목이라 부르고, 골목사람들이라고 정을 내려는 그 심성이 갸륵할 뿐이다. 누구의 머리에서 나왔는지 모르지만, 그렇게나마 없는 골목의 명줄을 이어낸 그 사람의 마음씨가 새삼스레, 참으로 고맙고 살뜰하다는 생각이 든다.
세월이 흘러 먼 훗날, 손자 녀석이 내 나이가 되어 있을 무렵에는 아파트 계단이 진짜 골목으로 변해 있을지도 모를 일이다. 그때쯤이면 그곳에도 골목의 새로운 애환이 서려 있지 않겠는가.

'윌드메르디앙' 아저씨

宅號 : 善山

  오랜만에 만난 선배가 건넨 명함에 들어 있다. 뜻밖이다. 아호가 든 명함은 더러 보았지만 택호가 든 명함은 처음 구경한다. 문학박사에다 한문학교수로, 정년 무렵에는 퇴계(退溪: 이황)학회 연구소장까지 지낸 분이니까 그 선배에게 잘 어울리는 명함일 수도 있다. 그러나 시류로 봐서 저런 게 과연 필요한 것인가에 대해서는 고개를 갸우뚱하게 만든다.

  아이들한테 명함을 보이며 택호를 아느냐고 한번 물어보았다. 대학교를 나와서 사회생활을 좀 했는데도 잘 모르겠단다. 기껏 설명한다는 게 재실 같은 곳의 편액을 그런 것과 연관시킨다. 하긴 배우지도 않았고 쓰는 사람을 못 보았으니 모르는 건 당연한 일일지도 모른다. 어쨌거나 명함속의 택호는 선배다운 풍모와 인간적인 연민을 보여준다.

  어렸을 때 우리 집 택호는 상장원(上獐院)이다. 금릉군 구성면 면소재지를 속칭 그렇게 부른다. 당시 연안(延安) 이 씨들이 많이 살았고 어머니도 혼인 전까지 그곳에서 산, 어머니 친정 곳이며 나의 외가 곳이다. 아버지와 결혼이후 어머니는 평생을 성과 이름 대신 '상장원 댁' 으로 살았다. 항열에 따라 '상장원 아지매', '상장원 할매' 로 호칭되기도 했다. 아버지는 당연히 '상장원 양반' 이었고, 나는 '상장원 댁 큰아들' 이 됐다. 아버지도, 나도 동네에서는 이름보다는 '상장원 양반(어른, 아저씨 등)', '상장원 댁 아들' 로 더 많이 통했다. 마을 사람들도 나를 이야기하는 데는 그게 더 편했고 확실했다. 상장원은 우리 집, 우리가족의 대명사가 된 셈이다. 물론 주변의 다른 집들도 다 자기네들 택호로 살았다. 모계중심사회의 유풍이 아닌가 싶을 만큼 택호 없는 집은 동네에서 한집도 없었다.

  택호를 들으면 그 집 내력과 가풍을 어느 정도 짐작할 수 있다. 바닥에는 혼반이 깔려 있고 혼반은 지체와 전혀 무관하지가 않기 때문이다. 숙모, 당숙모 가운데는 영동, 안동을 택호로 쓰는 분들이 있다. 충청도 전체를 통으로 택호로 쓰는 댁도 있다. 그때만 해도 교통이 그만큼 힘들었고 내왕이 힘들었던 사절이라 그렇게 쓰더라도 혼란은 없었다. 그러나 인근에서는 한 면에서도, 심지어는 한 동에서도 두 사람이 우리 마을로 시집을 와 '새뜸' 이니, '달밭' 이니 해서 자연부락명칭을 택호로 쓰는 이도 있다.

당숙모 가운데 같은 군 이웃 면의 자연부락인 '사도실'을 택호로 스는 분이 있다. 사도실이라면 심산(心山) 김창숙선생과 양강(兩岡)으로 잘 알려진 동강(東剛) 김우옹의 선생의 태어난 곳으로 이른바 명사의 고향으로 은근히 그들과 무관하지 않음을 암시한다.

택호 속에는 보이게 안보이게 가족을 묶는 공동체 의식이 들어있다. 뿐만 아니라 거기에는 사회적 비중 같은, 요즘 식으로 말하면 노블리스 오블리제 정신도 당연히 들어 있다고 봐야 한다. "왕후장상 씨가 따로 있나"고도 하지만 "씨는 못 속인다"는 연대감의 작용도 무시 못 하는 출신성향과도 맥을 같이 한다. 안동에서 시집온 '안동'댁이라면 안동이 세상 사람들한테 풍기는 득세, 인맥, 반촌의 신분을 자연히 생각하게 된다는 말이다.

내가 결혼을 하자 다음 달에 아버지는 우리한테 '월배(月背)'라 쓴 쪽지를 내밀며 너희들 택호라고 했다. 그때부터 나는 '월배 양반'이, 우리 가정이나 아내는 '월배 댁'으로 세상을 살아가게 됨은 말할 것도 없다. 월배는 달성군의 한 지명이다. 처가 곳이 택호가 된다면 당연히 아내가 살았던 곳이어야 하는데 그것과는 무관한 이름이다. 아내의 관향은 단양(丹陽) 우 씨로 나와는 같은 성주 사람이다. 한때 우 씨들이 월배 쪽에 많이 기거를 했고, 그쪽 사람들의 행신들이며 처세가 양반이라는 소문이 났기 때문에 그렇게 붙인 것이 아닌가 생각된다. 들어보니 택호를 짓느라고 아버지는 꽤나 신경을 쓴 눈치다.

올봄에 고향에서 족친들 모임이 있었다. 지금은 모두 고인이 된 분들이지만 나에게 할아버지뻘 되는 사형제분의 성가한 후손들이 일 년에 한 번씩 계모임 형식으로 모여, 안부는 물론 숭조상문(崇祖尙門)의 대소사를 의논하기 위해 만나는 모임이다. 이번 모임의 발제는 택호 없는 집 택호 지어주기가 의제로 등장했다. 올해 희수인 큰집 종형이 제안한 것으로, 후손을 세상 돌아가는 대로 버려두었다간 모두 상놈을 만들겠다는 노파심의 작용이라 했다. 오늘날 이 나라에 팽배한 비리, 불륜, 혼란 등, 어지러운 난맥상들이 동몽선습, 명심보감을 내팽개친 가정교육 부재에 더 큰 책임이 있다고 보는 형님으로서는 당연히 내세울 수 있는 주장이라 본다.

자연스럽게 논란이 오고갔다. 집안 어른의 제안이라 노골적인 반발은 없었으나 젊은 층에서는 반응이 심드렁했다. 인천에 살면 '인천 아저씨', 칠성동에 살면 '칠성동 형님', 슈퍼마켓을 운영하면 '슈퍼마켓 아무개'라고 지금까지 하던 그대로 두면 되는데 괜히 택호라는 옥상옥을 지어 번거롭게 할 필요가 있느냐는 투다.

연전에 아이들 앞에서 가훈 이야기를 꺼냈다가 인상만 구기고 만 일이 잠깐 스쳤다. 사원들의 창의력을 구속한다면서 회사에서는 있던 사훈도 없애는 마당에 새삼스레 그게 왜 필요하냐는 게 아이들의 이야기다. 딴에는 마음먹고 내놓은 제안인데도 더 이상 구세대의 구닥다리가 되기 싫어 너희들이 싫으면 됐다면서 접은 일이 있다.

오늘 종형의 이야기가 그날 내 이야기처럼 이미 무게를 잃고 있었다. 재혼한 사람은 누구를 따라야 할 것이며, 또 캄보디아에서 온 사람은 어떻게 불러야하는지 여러 문제에 봉착하자 그만 형님은 마른 입술에 침만 바른다.

"모르겠다. 피양감사도 지 하기 싫으면 몬 하는 거 아이가. 내력이 있는데 시정잡배로 사는 것만은 막아보자고 꺼낸 말인데⋯. 시상이 그래 돌아가는데 우짜겠노."

형님은 큰일이라고 장탄식을 했지만 이야기는 더 진전을 못보고 제자리바퀴를 돌다가 유야무야로 주저앉고 말았다. 나이로 보나 뭐로 보나 종형 편에 서야 할 나까지 흔들리고 있으니 말이다.

우리 집 택호를 '월배'로 제대로 아는 사람은 세상에 우리 내외 뿐이다. 형제들도 잘 모른다. 자식들도 외면한다. 이웃이나 친구는 말할 것도 없다. 잘 쓰지를 않으니 이젠 당사자인 우리가 들어도 어색할 판이다. 택호는 이름과 같이 남이 불러달라고 지어놓은 건데 아무도 불러주는 이가 없으니 있으나마나고, 어느 틈에 존재의미까지 없어진 상태다. 택호도 우리 세대, 아니 이미 전 세대에서 목숨을 다 한 건 아닌가 하는 생각이 든다.

"내일이 '월드메르디앙' 아저씨 둘째 아이 잔칫날 아니우. 우린 오늘 한번 들여다봅시다."

아파트 이름이 자연히 친인척의 택호 아닌 택호가 된다. 아니 이미 그렇게 들어앉아 책상다리를 하고 있다. 그게 더 편하고, 모두가 그렇게 사용하는데 이를 어이하랴.

하긴 옛날에도 그런 건 있었다. 세도로 잘 알려진 안동 김 씨도 장동(壯洞)에 많이 산다고 해서 당시 사람들은 장동 김 씨 또는 장김(壯金)으로 불렀다. 시류의 흐름을 누가 어떻게 막을 것인가. 이메일 주소 밑에 조그맣게 들어앉아 있는 선배의 명함 속 택호를 보니 왠지 당랑거철(螳螂拒轍)의 고군분투를 보고 있는 것 같아 안쓰럽고 딱하다. 같은 세대, 같이 택호를 가진 사람이라 더욱 답답하다. 닿지 못하는 몸부림을 보는 듯 마음이 무겁다. 이미 저만큼 멀어져 외톨이가 된 택호, 우리 세대를 마지막으로 명함 속에서 작별인사를 하고 있는 건 아닌지 모르겠다.

그 푸르른 날들은 어디에

오늘도 나는 강가 둔치로 난 길을 거닌다. 강이 불러서 나온 것이다. 우리 아파트 앞으로는 금호강(錦湖江)이 흐른다. 전국 지도에는 나오지도 않는 이름만의 강이다. 그러나 보로 물을 가둬놓아 사시장철 물결이 출렁거린다. 그런 때만은 모처럼 이름값을 한다.

맑은 날 해질녘이면 강안이 고즈넉해지고, 일렁이는 물결에 잘게 부서진 낙조가 강물을 분홍으로 물들이며 반짝이는 모습은, 흡사 비단 무늬를 깔아놓은 호수를 연출한다. 이런 때만은 모처럼 강이 한 번씩 이름값을 해준다.

겨울이면 더욱 좋고, 거기다 기러기 떼라도 역광(逆光)으로 날아오를라 치면 그 정경에 숨소리를 죽이고 빠질 때도 있다. 유니버시

아드 경기가 끝나고 다음해에 선수들이 묵던 아파트를 분양받아 들어왔으니까 내가 이곳에 정을 붙이고 산 게 그럭저럭 10여 년이 다 돼간다.

곳곳에 쉼터와 시민들 생활체육을 위해 마련해놓은 운동시설들도 산책 나온 사람들한테는 고맙고 잘 어울린다.

"이 강에 수달이 살고 있으니 자연보호에 시민들의 많은 관심과 협조를 바랍니다"라는 안내판 옆에서 주고받는 주민들의 이야기들도 재미있다.

"저기 좀 봐요. 저게 오리, 아니 청둥오리 아니우?"

"청둥오리라니?"

"목줄기에 색깔을 좀 보라구. 파랗잖아."

"그러고 보니 정말 그러네."

"지금이 어느 철인데 저놈들이 아직 여기서 저러고 있지. 낼이면 초파일인데."

"그러게 참 별꼴이네. 바람이 난 게로구먼."

"바람이 나도 그렇지. 지금쯤은 시베리아에 가 있어야 할 거 아냐. 참 희한한 일도 다 있구마."

"요새 어디 지 정신 가지고 사는 놈들이 잘 있나. 저놈들이라고 어디 지 정신으로 살겠어. 시상만사가 다 그래 돌아가고 있는데."

아무리 살기가 좋기로서니 철이 바뀌었는데도 돌아가지 않고 있다니 이상하다. 다시 생각해보면 그것보다 더 절실한 것이 있다는 이야기가 된다. 그렇다고 동물들 생태까지 내 마음으로 헤아리는 건 분명히 죄송한 일이다.

　밤이면 강 저쪽 시내의 야경이 아름답게 눈에 들어온다. 물속에 잠긴 야경은 더 볼만하다. 잡티를 죄다 걸러낸 선명한 디지털화면을 보는 기분이다. 고층건물의 반짝이는 경광등이며, 강을 엇비슷이 질러 놓인 경부고속도로 다리 위를 달리는 차량들의 꼬리를 잇는 불빛들이 가끔은 동화의 나라를 보는 듯 아름답다. 같은 모습이라도 사진에 담아보면 예술작품이 되는 이유를 새삼스레 알 것 같다.

　풀숲으로 난 오솔길은 한 번씩 걸을만해서, 나는 짬이 생기면 아파트단지 뒤 가람봉을 오르거나, 그게 귀찮으면 강 둔치에 나가서 시간을 보낸다.

　추석 전후가 되면 구절초랑 달맞이꽃, 망초, 강아지풀, 쑥부쟁이 따위가 어울려 한창이다. 아마 이런 환경 때문에 손 안대고 그냥 두자는 것 같다. 내가 여길 자주 찾는 것도 혹 이들 때문에, 이들의 꼬드김에 못 이겨 나온 건 아닌지 모르겠다.

　지자요수(知者樂水)이요, 인자요산(仁者樂山)이라 하지 않는가. 지자동(知者動)이요, 인자정(仁者靜)이라 했고, 지자락(知者樂)이요, 인자수(仁者壽)로 이어진다. 논어 옹야(翁也) 편에 나온다. 물을 좋아한다면 나는 분명히 지자여야 하고 동적이고 낙천적이어야 하는데 꼭 그런 것만은 아닌 것 같다.

　낚시꾼들이 이곳을 그냥 둘 턱이 없다. 길게 누워 있는 강안으로는 곳곳이 낚시터다. 꾼들 가운데는 면이 익은 이도 많다. 몇몇 사람들은 아예 그곳에다 비닐 움막을 지어 조석 해결은 물론 거의 살다시피 하는 걸 보면 낚시의 재미가 보통 아닌 모양이다. 걸쳐놓은 낚싯대도 여남은 대가 좋다.

"어찌 이 자리를 정승 자리와 바꾸리오(三公不換此江山)"

낚시의 즐거움을 예찬한 어떤 사람의 시 한 구절이 떠오른다. 우리 같은 사람들로서는 감히 근접이 안 되는 발상이다.

가끔은 그냥 구경만하기가 뭣해 인사삼아 한마디씩 거들 때도 있다.

"입질은 좀 옵니까."

"그저 그렇습니다."

대거리가 싫었던지 대답이 심드렁하다.

잡아놓은 걸 보니 수태 여러 마리고 그중 큰 놈은 제법 뼘 길이다. 팔뚝만한 잉어도 보인다. 어떤 날은 자라도 한 마리 들어 있고, 또 어떤 날은 베스라는 외래종도 들어있는 걸 보면 무는 데로 잡는 모양이다.

반백의 머리랑 골 깊은 주름이 내 나이와 비슷해 보여 동류의식을 믿고 한마디 더 보탠다.

"이래 보내믄 시월 하나는 잘 가겠습니다."

"그래 뵙니까? 그래 보이 좋기는 합니다만…."

"강태공 이야기도 그런 거 아이겠습니까. 고기는 중신아비고 거저 시월이나 낚으려고…."

"하긴, 보는 사람들에 따라 그렇기도 하겠지요."

"…."

내가 뭘 잘못 물었는지 상대의 이야기가 조금 뒤뚱하게 들린다.

"내가 얘기 하나 할까요. 옛날에 어떤 영감이 산에 나무를 하러 갔다가 호랑이를 만났다 아입니까. 기냥 있으문 물려 죽겠다시퍼 얼릉 나무에 올라갔지요. 호랑이가 밑에서 어흥 카믄서 둥치를 흔들어대자 그만 뚝 떨어졌는데, 다행인지 불행인지 그게 그만 호랑이 등에 떨어졌다 아이라요. 이거 큰일 났고나, 땅에 떨어지믄 바로 호랑이 입에 들어갈 판이라 영감은 죽을힘을 다해 등줄기에 매달렸지요. 그라이까 호랑인 호랑이대로 이거 잘못 건디렸구나 해서, 기겁을 하고는 달아났다 말입니다. 영감을 그대로 태우고는. 그런데 개뿔도 모르는 사람들은 그걸 보고 이런답니다. 산신령이 호랑이타고 주류천하를 한다고 그러더래요. 재미있지요."

"…."

할 말을 잃는다. 이녁이 생각하는 것처럼 내가 그렇게 팔자 좋은 사람이 아니라는 걸 우회적으로 털어놓는 듯한 쓸쓸한 표정이 나를 울가망하게 만든다.

숙연해질 수밖에 없다. 그 나이에 비닐 움막에서 혼자 지내며 낚시로 생활을 꾸려나간다는 이야기 같은데, 갑자기 그 사실 하나만으로도 그 양반 살아온 지난날들이 잠깐이나마 눈앞에 그려진다.

문득 당나라시인 노동(盧仝)이라는 시인의 절구가 생각난다.

刻成片玉白鷺　(각성편옥자로오)

欲捉纖鱗心自急 (욕착섬인심자급)

翹足沙讀不得時 (교족사독부득시)

傍人不知謂閑立 (방인부지위한립)

(옥으로 다듬은듯한 백로 한 마리, 물고기를 잡으려고 마음을 조이며, 물가 모래밭에 발끝을 세워 기다리는 데에도, 사람들은 알지도 못하면서 한가한 세월을 보낸다고 이르네.)

한번은 그날도 낚시구경을 하고 있다가 갑자기 비가 뿌려 그 양반 움막으로 잠깐 몸을 피하게 된 적이 있었다. 본의 아니게 그 안에서 커피까지 한잔 얻어먹게 되었다. 그만해도 서로 이야기 벗이 된 셈이다.

"이자 이 짓도 몬 해묵지 싶습니다."

"어데, 나이 앞에 장사가 있던가요?"

위로삼아 같이 나이가 들어간다는 동류의식에서 편을 든다.

"나이야 내가 묵은 거이까 그렇다손 치고, 어느 눔이 찔렀는지 우쨌는지 모르지만, 추석 전으로 이걸 다 뜯어라 카는구만요. 내헌티는 이기 집인디. 허허허"

"아, 그래요."

"죽을병만 안 들면 노숙자 생활은 민하는구나 생각했는데 제기랄, 그게 또 그래 돌아가네요."

저쪽 이야긴 즉, 부근에 어떤 사람들이 낚시꾼을 가장해서 천막을 쳐놓고 노름을 했던 모양인데, 그게 불화로 번져 경찰에다 고발을 했고, 이를 안 행정당국에서는 부근에 쳐놓은 모든 텐트족들을 미관상의 이유로 철거령이 떨어졌다고 했다.

"…."

어떤 말이 위로가 될까, 내가 아는 어휘 양으로 이런 일에 대처할 말이 얼른 떠오르지 않는다는 게 마냥 안타까울 뿐이다. 지난번에 잠깐 들은 노인의 산신령 이야기가 새삼스레 떠올라 사람 마음을 더 무겁게 만든다.

추석을 쇠고 며칠 뒤, 성묘도 다녀오고 한동안 놓았던 친인척들을 만나느라 여러 날 잊었다가 다시 둔치의 풀숲 길을 찾는다. 한 열흘 사이인데도 벌써 소매 끝 바람이 스산하다. 달맞이꽃도, 망초도, 강아지풀도 모두 시들어, 자연의 섭리가 조금은 서글퍼지는 계절이 되었다.

그런데 풀숲이 끝나는 곳에 있어야 할 노인의 비닐움막이 보이질 않는다. 혹 다른 곳으로 옮겼나 해서 여기저기 눈길을 던져보았지만 없다. 그 앞에 즐비하게 놓여 있던 낚싯대도 안 보인다. 분위기가 누군가에 의해 정리된 것이 분명했고, 그의 움막이 안 보이는 것도 그 정리의 일환으로 느껴졌다.

인생 후반의 늘그막 처지를 산신령으로 승화(?)시키더니만 호랑이 등을 탄 채 어디론가 떠난 모양이다. 이상하게 그만 내 일처럼 마음이 무겁다. 허투루 웃는 것만은 분명히 아닌 씁쓰레한 그의 웃음도 아직 귓전에 그냥 살아있는데.

계절 탓인지, 아니면 나이 탓인지 모르지만 이상하게도 요즘은 하찮은 일에도 섭섭한 마음이 자꾸 든다. 그네들과 가슴을 헐어 나눈 이야기도 없는데, 어느 틈에 그게 정으로 붙은 건 아닌지 모르겠다.

낚시가 놓여있던 그 자리에 어디서 왔던지 황새 한마리가 강물에 떠내려 오는 가을 하늘을 시나브로 건져내고 있다.

마른 꽃 걸린 창가에서

바람 속으로 걸어갔어요.
이른 아침의 그 찻집
마른 꽃 걸린 창가에 앉아
외로움을 마셔요.
아름다운 죄 사랑 때문에
홀로 지샌 긴 밤이여
뜨거운 이름 가슴에 두면
왜 한숨이 나는 걸까.
아아, 웃고 있어도 눈물이 난다.
그대 나의 사랑아.

조용필의 "그 겨울의 찻집" 노랫말이다.

아름다운 죄 사랑 때문에 홀로 밤을 새우고, 이른 아침 바람 속으로 걸어와 마른 꽃 걸린 창가에 앉아 외로움을 마시듯, 차를 마셔본 사람이 세상에는 몇이나 있을까.

실연의 서러움을 한잔의 차로 달래고 있는 이 달콤한 낭만, 그게 얼마나 가슴 저미는 안타까움인지는 모르지만, 이 노래를 들으면 그렇더라도 그런 처지에 한번 빠져 허우적거려봤으면 싶은 가슴이 된다. 무아경을 헤집는 듯한 조용필 특유의 가락이 더욱 더 사람을 그렇게 혼미하게, 어지럽도록 만들어 놓는다.

불행하게도 나는 아직 차를 맛으로 음미해가면서, 그리고 차향이 흐르는 분위기에 고즈넉이 젖어 차를 마셔본 일은 한 번도 없다. 물론 "그 겨울의 찻집" 같은 낭만으로 마신다는 건 언감생심 상상도 못해본 사람이다. 그래서 그 노래가 가슴을 후비는지도 모르겠다.

그냥 다방에 들렀으니 자리 값으로 차를 마셨고, 내 집에 손님이 찾아왔으니 빈 입으로 보내기가 뭣해 차를 내놓았을 뿐이다. 말하자면 차 마시는 걸 목적으로 다방을 찾거나, 차를 마시기 위해 사람을 불러들인 일은 없었다는 말이다. 그게 지금까지 내가 살아오면서 차를 마신 관행이다. 평생을 월급쟁이로 팍팍하게 살았다보니 천성이 그런 식으로 굳은 것과도 무관하지 않으리라.

가끔 누가 다문화니, 다도(茶道)니 어쩌고 해도 그런 일도 있겠지, 한가한 사람들이나 찾는 일로만 생각해왔을 뿐 나 같은 사람과는 거리가 멀 수밖에 없다. 차 한 잔 마시는 걸 두고 이러쿵저러쿵

한다는 건 성미에도 맞지 않을뿐더러 사치스런 생각이 먼저 든다.

누가 뭐래도 차는 하나의 기호품이다. 그리고 음식이다. 따라서 마시는 데에도 번거로움이 따라서는 곤란하다고 보는 게 내 생각이다. 차 한 잔 마시는데 새삼스레 정장을 하고, 무릎을 꿇고, 기도하듯 엄한 격식을 갖춘다는 건, 다른 사람들은 어찌 생각하는지 모르지만, 나는 이해가 잘 안 된다. 왜 구속받아야 하는가 말이다.

끽다(喫茶)에도 여러 유형은 있다. 갈증을 씻는 차도 있고, 식당에서 식순의 하나로 나와 숭늉 마시듯 먹는 차도 있을 것이다. 아는 사람을 만나면 첫 인사가 '차나 한 잔' 하자는 게 우리네 습속이다. 여기에 무슨 격식이 필요하겠는가. 굳이 갖춤이 있어 찾는다면 서로가 편할수록 좋을 것 아니겠는가. 아마 다반사(茶飯事)라는 말도 그런 데서 나온 것이 아닐까 생각해본다.

어느 핸가 직장생활을 하면서 하기휴가 때 일이다. 가야산 등산을 갔다가 내려오면서 갑자기 비를 만나 어느 조그만 암자에서 잠깐 쉬어서 온 일이 있었다. 그때 스님이 우리 앞에 끓인 찻주전자를 들고 나와 한 잔씩 쳐주었다.

감잎차라고 했다. 나한테는 이름도 생소한 차였는데, 들척지근한 게 맛이랄 것도 없었다. 기억에는 맛보다도, 몸이 비에 젖어 오슬오슬 떨렸기 때문에 이를 차 기운으로 조금이나마 녹일 수 있다는데 더 무게가 실린, 어쩌면 차와는 무관한 그런 분위기만 남아 있을 뿐이다.

그때 스님이 건너 쪽 기슭으로 허물어진 석탑을 가리키면서 말했다. 기단과 아래 부분 2, 3층만 남아 있는 낡은 탑이다.

"저기가 법수사(法水寺)라는 절간 있었던 곳입니다. 신라 때 지은 거라고 하는데 주춧돌이 놓여 있는 간격을 보면 꽤 큰 절이었던가 봐요. 신라의 마지막 완 경순왕한테 왕자가 둘 있었는데 맏이인 마의태자는 금강산 장안사로 피난을 가고 둘째는 이곳 법수사로 숨어와 범공(梵空)이라는 스님으로 여기서 일생을 마쳤다고 그러대요. 나도 여기 와서 그런 이야기를 처음 들었습니다. 그 뒤로 좀 더 알아봤는데 절간 이름만 그렇게 전해왔지 언제 없어졌는지 아무런 자료가 없더라고요."

무료한 시간을 보내기 위해 풀어놓은 이야기치고는 그 내용이 너무 쓸쓸하고 많은 것을 품고 있는 듯해 탑 쪽으로 던진 시선이 쉽게 돌아오질 않는다.

마의태자 이야기를 듣자 갑자기 정비석의 수필 〈산정무한(山情無限)〉이 떠올랐다. 고등학교 3학년 국어교과서에 실린 그 글을 나는 외우다시피 여러 번 읽었기 때문에, 그 이야기가 잠깐이나마 가슴을 뭉클하게 했던 것이다.

망국의 한을 안고, 울며 소맷귀 부여잡는 낙랑공주의 섬섬옥수를 부리치고 금강산으로 입산한 마의태자도 그렇지만 동생 또한 왕자로서 고난의 길을 이곳에서 마쳤다고 생각하니, 어설픈 상상이나마 마음이 흐느적거렸다.

나는 차 이야기만 들으면 차와는 무관한 것인데도 곧잘 그 이야기를 한 번씩 떠올리곤 한다.

몇 년 뒤 다시 그곳을 한번 지났는데 어느 틈에 그 골짝에도 개발 바람이 불어 암자도, 스님도 흔적이 없고 풍마우세로 하체만 지닌 탑 하나만이 그날 그 모습으로 안내판에 의지해 허허벌판에 버려져 있었다.

차 이야기를 하자면 초의선사(草衣禪師)를 한 번 안 부르고 넘어갈 수가 없다. 그가 지었다는 동다송(東茶頌)이 '차의 바이블'이라니 초의라는 법명도 그래서 붙여진 건 아닌지 모르겠다.

선사의 다론(茶論)의 요체는 이렇다.

"팔덕(八德)을 겸비한 진수(眞水)를 얻어, 진다(眞茶)와 어울려 체(體)와 신(神)을 규명하고, 거칠고 더러운 것을 없애고 나면 대도(大道)를 얻는 건 어렵지 않다."

속세의 모든 집착을 차를 통해서만이 무사통달해서 마침내 무아(無我)에 이르고 종국엔 바라밀(波羅密)을 만난다는 메시지다. 이른바 다선일미(茶禪一味)의 이데아를 맛본다는 이론이다. 나 같은 사람은 그럴싸해서 따라 베끼긴 해도 무슨 말을 해놓은 건지, 예술하는 사람보다 그것을 평하는 설명이 더 어렵게 들릴 때가 있듯, 이 또한 아리송하게만 들릴 뿐이다. 뭔가 있기는 있는 것 같은데 얼른 감지가 안 된다.

추사(秋史)의 휘호 가운데 '명선(茗禪)'이라는 예서체 글씨가 있다. 초의선사와 추사는 동갑내기 친구로, 그들은 요즘 말로 하면 당대를 대표하는 신지식인들인 셈이다.

추사가 55세 때 제주도로 귀양을 가 위리안치 형을 살게 되었다.

그때 초의선사는 그에게 차를 보냈던가보다. 왜 차를 보냈는지는 미루어 짐작이 가능하다. 그 답례로 추사가 써 보낸 글이 명선(茗禪)이라고 했다. '명'은 건 잎이 다 자라고 난 뒤에 딴 차를 말하고 '선'은 깨달음이나 정려(靜慮)를 의미함이니, 우리로선 거저 그들만이 소통하는 우정의 형이상학적 표현이거니, 생각해볼 뿐이다.

그런 사람들이 마시는 웅숭깊은 차의 맛을 우리 같은 속인들이 어떻게 알 수 있으랴만, 다만 우리로선 그렇게 별나게 마시는 차도 있는가보다 생각해볼 수는 있다. 아마 다선론(茶禪論) 같은 이야기도 그런데서 나온 말이 아니겠는가.

달력 그림에나 나옴직한 푸른 언덕 위 빨간 지붕의 별장을 지어 놓고, 그런 집 창가 흔들의자에 묻혀, 뜨개질을 하고 있는 아내와 마주하고, 김이 모락모락 피어나는 다향에 취해, 젊은 날의 회억으로 눈을 지그시 감고 있는 서양영화 속의 노신사처럼, 나도 가끔 한 번씩 그런 꿈을 그려볼 때도 아주 없는 건 아니지만, 갈증이 나면 내손으로 포트에 물을 데워 한 잔씩 마시는데 익숙한 현실과는 너무 먼 거리에 있는 내 깜냥이 마냥 불쌍한 따름이다.

그러나 오늘은 마음으로나마 그런 창가를 서성이며 모처럼 마른 꽃 한 다발을 걸어 놓아본다.

스마트폰, 그 올레길을 거닐며

 스마트폰, 오늘도 나는 그 속에 있는 무한의 사이버 올레길을 거닌다. 스마트폰을 만나게 된 후로 내 생활에 새로운 변화가 생긴 것이다.

 스마트폰을 갖기 전엔 나는 틈만 나면 곧잘 뒷산을 오르곤 했다. 우리 아파트 뒤 감람산은 해발 3백 미터 남짓 되는 높이여서 여가 시간의 산책코스로는 더 이상 없는 안성맞춤 올레길이다. 요산요수에다 인자요산이라는 말도 있고 해서, 우리 같은 백수들한테는 어울리는 생활이기도 하려니와 "산을 노니는 것은 독서와 같다(遊山如讀書)"는 말 또한 무의한 것만은 아니어서, 틈만 나면 주로 뒷산 산책으로 소일을 하곤 했는데, 그게 스마트폰을 갖게 된 뒤부터는 조금 달라진 것이다.

 오늘 나는 프랑스 루브르박물관을 찾는다. 연간 850만 명이 넘는 관광객이 찾는다는 루브르박물관. 언제쯤 나는 저 박물관을 한번 들릴 수 있을까 갈망했는데 오늘은 뒷산 산책 가듯 그곳을 찾은 것이다.
 나의 시선을 끈 것은 〈만종〉이었다. 저녁노을로 아름답게 물든 하늘을 배경으로 종일 들일을 마치고 감사의 기도를 드리는 한 쌍의 부부, 나는 그 그림을 50년도 더 전 우리 동네 이발소에서 처음 보았다. 머리를 깎을 때마다 한 번 씩 보았으니까 한 달에 한 번씩은 싫든 좋든 봐야 했던 그림이다. 그러나 당시 나에게 그 그림은 '이발소에 걸린 그림'일 뿐이었다. 더군다나 먼지투성이 낡은 액자에다가 파리똥이 눌어붙은 그림이어서 별 감흥을 불러일으키지 못했다.
 그 그림이 유명한 밀레의 〈만종〉이라는 걸 안 건 고등학교에 들어가서다. 그런데 오늘 나는 지금까지 안 내용과는 다른 또 하나의 새로운 사실을 알게 되었다. 한 안내원의 설명은 이러했다.
 〈만종〉이 처음 태어났을 때 거기 바구니에 담긴 것은 감자가 아닌 아기라고 했다. 아빠 엄마가 밭에서 일하는 동안 주변에서 놀도록 두었던 아기가 혼자 허우적대다가 지쳐 죽었다는 것이다. 그래서 그 부부는 아이를 바구니에다 담아놓고 하늘나라에 가서 행복하게 살아달라는 부모의 뉘우침과 못 다한 정성을 담아 저녁 종소리를 들으며 기도드리는 그림이라고 했다.

그런데 뒷날 그의 친구가 보고는 그림이 너무 안타깝다고, 보는 사람들에게 그런 슬픔을 안겨줘서야 되겠느냐며 고치라고 해서, 바구니 속에 있는 아이를 지우고 감자를 그려 넣었다는 것이다.

그날로 〈만종〉은 내게 세 번의 탈바꿈을 해서 찾아왔다. 지난날 달력 같은 데서 오려다놓은 것으로만 알았던 이발소의 그림 속에 그런 아름다운 이야기들이 숨어 있었다. 오늘 모처럼 보는 〈만종〉은 참으로 감동이었다.

이왕에 한 걸음 몇 군데를 더 둘러본다. 루브르가 소장한 회화작품은 모두 3,022점으로 15~19세기의 유럽회화의 최고걸작들은 거기 다 있었다. 다비드의 〈나폴레옹 대관식〉은 높이 6.21미터, 너비 9.79미터의 초대형작품이었다. 이야기로만 들어온 라파엘로의 그림 〈세례 요한과 함께 있는 성모와 아기예수〉도 보였다. 〈모나리자〉는 드농관 1층 6실에 있었다. 눈썹은 없는 게 확실했다. 과일과 곡식으로만 조합해 사람얼굴을 만들어 놓은 이탈리아의 화가 아르침볼도의 〈가을〉이라는 그림도 거기 있었다. 내게는 모두가 장관이었다. 무엇보다도 루브르에 가지도 않고도 루브르를 간 사람보다 더 재미있고 소상하게 볼 수 있었다는 게 내게는 더 없이 좋았다.

스마트폰의 고마움을 새삼 절감한다. 마음만 먹으면 보고 싶은 곳, 가고 싶은 곳은 언제든지 갈 수가 있고, 만나고 싶은 사람은 언제든지 만날 수 있으니 일찍이 세상에 이런 편리함이 있었던가.

또 하나의 산업혁명이라는 인터넷, 인생후반기를 스마트폰으로 즐기리라곤 꿈에도 생각하지 못했던 일이다. 전화가 문명의 이기라고 기고만장하던 때가 엊그제 같은데, 어느 틈에 생필품의 영역도 벗어나 나 같은 사람한테까지 주류천하의 혜택을 누리도록 해 주었으니 이런 광영이 있는가. 명실 공히 꿈의 통신이 분명하다.

스마트 통신을 스티브 잡스는 IT와 인문학의 결합이라고 했으며 또 즐거움을 주는 오락물(Entertainment)이 되어야 한다고 했는데 그대로 들어맞는 말이다. 손금을 보듯 세상을 소상하게 들여다본다는 말이 스마트의 등장으로 그대로 실현된 셈이다.

얼마 전에는 스마트 올레길을 헤매다가, 길을 잘못 들어 어쩌다가 북망산을 들리게 되었는데, 거기에 낙수(落穗)로 돌아다니는 이야기가 또 한 번 나를 울가망하게 만들었다.

'낙양성 십리허에 높고 낮은 저 무덤'들이 있는 그 북망산에 백제의 마지막 왕 의자왕의 묻혀 있다는 것이다. 소설 삼국지의 끝머리에 등장하는 오(吳)나라 마지막 임금 손호(孫晧)의 무덤 옆자리라고 하는데 소문만 그렇게 전해왔지 아직 흔적도 못 찾았다는 것이다. 생각만으로도 가슴이 저민다.

해동의 증자(曾子)라는 왕손이 어쩌다가 삼천궁녀를 거느린 폐왕이 되었으며, 거기에다가 당나라로 붙잡혀 가 북망산천에 묻혔다니 이런 통한이 있는가. 누구의 죽음이든 막장은 두견총으로 남는다고 하지만 천년을 넘게 이국하늘에 떠도는 영혼을 생각하면, 우연히 떠난 올레길에서 만난 이야기로는 잠시나마 하늘을 쳐다보게 만든다.

 앞으로 스마트폰과 친구가 돼 지내자면 자의든 타의든 만날 일들이 어디 그런 일들뿐이겠는가.

 어쨌거나 스마트폰은 요즘 내 삶을 업그레이드시켜 즐겁게 해주는 일상의 새로운 반려가 된 셈이다. 스마트폰만 곁에 있다면, 마치 어린아이가 좋아하는 장난감과 함께 지내듯 한나절쯤은 언제든지 신나게 지낼 수가 있다. 아마 엔터테인먼트라는 말도 그래서 갖다 붙인 것 같다.

 이미 영화로도 나온 바 있는 소설 〈Office Wife〉의 여류작가 미국의 페이스 볼드윈은 사무실에만 나오면 곁에서 조언과 신변잡무를 도와주는 여비서를 '사무실 아내'라고 불렀는데, 아마 그가 스마트폰을 보았더라면 'pocket wife'라고 부르지 않았을지 모르겠다.

 스마트폰은 백과사전이요, 백화점이다. 도서관이며, 박물관이다. 동물원이요, 수목원이며, 만물상자다. 동서양 어디든 돌아다닐 수 있는 교통수단이며, 수천 년 전 공룡들이 살고 있다는 주라기 시대에도 내왕이 가능한 타임머신이기도 하다.

 외출 길에 스마트폰을 깜박하고 나가면 마치 보호자 없이 혼자 미아가 된 듯 불안하고 초조하다. 가끔 버스로 시내에 나가다가도 두세 정거장 지나서 그 사실을 알고는 다시 들어와 갖고 나간 일이 한두 번이 아니다. 아내의 휴대폰 번호까지 스마트에 의지하고 있으니 어쩔 수가 없다. 비망록도 그 속에 들어앉아 있다. 그렇다보니 스마트폰이 주머니 속에 없으면 그대로 멍텅구리가 된다. 바보가 되기 십상이다.

요즘 사이버 공간에서는 SNS의 등장으로 술렁거리며 설레게 하고 있다. SNS는 무한한 가능성을 품고 있기 때문이다. 그 가능성이란 게 "세상을 흔들어놓는다"는 순기능만 의미하는 건 아니다. "무심코 던진 돌멩이 하나가 맞는 사람에게는 치명상을 준다"는 역기능도 얼마든지 포함하고 있기 때문이다.

환락극혜애정다(歡樂極兮哀情多)라는 말이 있다. 누릴 걸 다 누려 환락에 젖어 살다가보면 끝은 비참하게 된다는 이야기다. 한무제가 읊었던 추풍사(秋風辭)의 한 대목이다. 한나라 전성기 때 그가 누린 환락이 어떤 것이란 건 충분히 짐작이 간다. 그러나 그런 시를 자신이 읊었다는 건 그 환락에 빠질 수 있는 자기를 구했다는 이야기가 아닌가 짐작된다.

학문적, 과학적 문화의 성취를 환락에다 비유한다는 건 염치없는 짓일지도 모르나 나 같은 사람이 집구석에 앉아 고금동서를 넘나든다는 건 분명히 하나의 환락이다.

지난여름 태풍 때 종일 정전으로 인해 편하기 그지없던 아파트 생활이 얼마나 불편했던가를 경험한 나로서는 스마트폰이 만들어준 그 환락의 끝도 한번쯤 생각 안 해볼 수가 없다. 오르내림의 출입은 물론 식사, 용변, TV시청, 냉장고, 목욕 등 하나도 해결되는 게 없었다. 그야말로 감옥살이 같았던 문명이 만들어준 재앙이었다. 호사다마라는 말이 그래서 생겨난 말이 아닐까 싶게 생활이 마비상태에 놓였다.

　문명은 분명히 자연의 반대되는 개념이다. 문명이 발달되면 발달될수록 자연은 황폐해지고 소외될 수밖에 없다. 사람이 사람다움을 잃고 기계의 하수(下手)로 허둥지둥하는 것도 마찬가지 이론이다.

　최근에 내가 겪은 두 가지 예가 그것을 잘 증명해준다. 하루는 스마트폰을 집에 두고 나왔다가 관리사무소의 도움을 받아서야 들어간 일이 있다. 집에는 아무도 없지, 출입문 번호는 오락가락하지, 식구들한테 전화도 할 수가 없지, 너무 스마트폰에만 의지했던 게 잘못이었다.

　"야 이놈아, 아무리 노래에 빠져도 그렇지, 지 에미가 같은 버스에 타는데도 한번 안 쳐다보는 자식이 어디 있냐. 니가 언제쯤 나를 알아보려나 싶어 일부러 내색 않고 내 옆에 가만히 붙어 있어 봤다. 내릴 때까지 모르더구나."

　어느 날 외출했던 아내가 아이와 같이 들어오면서 투덜거린 이야기다.

　아마 스마트폰이 없었더라면 내가 내 집에 못 들어와 허둥지둥하는 일은 없었을 것이고, 아이가 같은 버스로 오면서 남도 아닌 제 어머니를 옆에다 세워두고 오는 일은 천만에 없었을 것이다. 허투루 짚고 넘길 일만은 아니다.

　세상에 모든 개발은 잘 살아보겠다고, 행복해보겠다고, 욕구불만의 해결과 참다운 인성의 소재를 찾기 위함인데, 그것을 외면한 개발이라면 한 번쯤 깊은 성찰이 필요하지 않을까, 생각해본다. 어떤 일에든 역기능과 순기능은 다 있다. 우리가 곧잘 필요악이라면서 받아들이는 것들은 순기능에 더 무게를 두기 때문일 것이다.

루브르박물관을 찾은 스마트폰의 신통함에 만족하고 찬사를 보낼 것이 아니라, 오늘은 내가 만난 작품들 가운데 하나인 〈만종〉이 내게 주는 그 감동, 하루 일과를 무사히 끝내고 돌아가면서 저녁 종소리에 감사의 기도를 드리는, 그 영혼에 나 또한 감사를 하면서 나를 새삼스레 돌아본다. 스마트폰은 어디까지나 길이나 다리 같은 수단이지 만나는 대상은 아니기에 말이다.

혼자 감람산 올레길을 한참 걷다가보면 어느 틈엔가 나를 만나서 대화를 나누고 있듯, 스마트폰 올레길 또한 나를 위해 나를 찾아서 떠나는 길로 만들어야지. 지란지교(芝蘭之交)의 친구, 고맙고 부담 없고, 옆에 있는 것만으로도 마음이 푸근한 그런 친구를 만나듯.

달빛 연가

　새벽 두세 시쯤은 됐지 싶다. 화장실을 들렀다가 나오는데 거실이 환했다. 방에서 나올 때만 해도 잠결이어서 알아채지 못했는데 이상하게 밝아 새삼스레 한번 돌아보니 달빛으로 가득 넘실거린다. 따스한 느낌, 반들거리는 윤기와 은은한 흔들림이 마치 월광단을 깔아놓은 듯 30여 평 아파트의 거실이 고대광실 같은 느낌을 준다.
　그동안 무관심하게 지내 그런지, 이 아파트에 산지가 여러 해 되었지만 이처럼 고운 달빛이 집단으로 거실을 점령한 일은 일찍이 본 적이 없었다. 그러나 말이 그렇지, 달이 어제오늘 생긴 것도 아니고, 하루 이틀 산 집도 아닌데 왜 없었겠는가. 다만 그동안 고단

한 삶에 뒤엉켜 살다가보니 본숭만숭 한 것이리라.

나는 방으로 바로 들어가려던 걸음을 접고 잠옷 바람 그대로 엉거주춤 소파에 앉는다. 달빛을 거기다 혼자 두고 들어가자니 영 발길이 떨어지지 않아서다. 기다렸다는 듯 달빛도 무릎 위에 포근히 안겨든다. 달빛과 모처럼의 해후. 좁은 공간이긴 하지만 아파트 거실이 이렇게도 푸근한 정감을 가져다줄 줄이야. 오늘따라 거실이 모처럼 제구실을 한다.

아파트에도 달빛이 찾아 드니 이렇게 좋구나. 영창이 있고, 휘어 돌아가는 돌담이 있고, 가을바람에 잎이 흔들리는 오동나무 골목에, 섶다리 밑 돌돌돌 흐르는 개울물 속에, 눈꽃으로 수놓은 야산 기슭에 뒹구는 달빛만 아름다운 줄 알았지, 아파트를 찾은 달빛도 사람 마음을 이렇듯 흔들어 놓을 줄은 미처 생각 못했던 일이다. 통유리에 비친 달빛이 너무 화사하다. 달을 송두리 채 나 혼자서 독점한 기분이다.

강원도 어디에 가면 달이 호수에도 뜨고, 수평선에 뜨고, 술잔 위에서도 뜨고, 님의 눈 속에서도 뜨고, 가슴에도 뜨고 어쩌고 해서, 한 자리에서도 여덟 군데서 뜨는 달을 구경할 수 있는 곳이 있다더니만, 하나밖에 없는 달인데도 그런 게 하나 안 부럽다.

암스트롱이 남겨놓은 발자국으로 해서 달이 우리한테 주는 정감이 많이 훼손되긴 했지만 그래도 달은 노래에서, 글에서, 그림에서 우리들 심금을 마냥 흔들어놓는다. 만인의 연인으로, 살아있는 낭만열차로, 회억의 산실로 우리들 가슴을 울가망하게 만들어놓는 게 달빛이다.

  둥근달님 따다가 바퀴 만들고
  딸기넝쿨 걷어서 채를 두르고
  메뚜기를 잡아다 말을 삼아서
  우리아기 태우고 놀러 갈래요.

아가야 나오너라 달마중가자
앵두 따다 실에 꿰어 목에다 걸고
검둥개야 너도 가자 냇가로 가자.

내가 어렸을 때 학교에서 풍금으로 배운 동요들이다. 세월 따라, 시절 따라 동요도 결국은 유행가가 되어, 어디로 숨어버렸는지 요즘은 통 들을 수가 없는 내 가슴속에만 남아 있는 가사지만, 잠시나마 달빛은 나를 그 시절로 색동저고리를 입혀 데려다 놓는다. 발가벗고 개울물에서 송사리를 잡던 그 동무들은 모두 어디에서 어떻게 살고 있을까. 그들도 지금쯤은 초로(初老)의 문턱에서 세월의 무게를 못 이겨 안간힘을 쓰고 있겠지.

"밤중을 지난 무렵인지 죽은 듯이 고요한 속에서 짐승 같은 달의 숨소리가 손에 잡힐 듯이 들리며 콩 포기와 옥수수 잎새가 한층 달에 푸르게 젖었다. 산허리는 온통 메밀밭이어서 피기 시작한 꽃이 소금을 뿌린 듯이 흐뭇한 달빛에 숨이 막힐 지경이다."

이효석의 단편 〈메밀꽃 필 무렵〉에 나오는 대목이다. 이 두 줄의 문장에 끌려 해마다 수많은 사람들이 봉평의 메밀밭을 찾아 테마 여행을 떠나는 데, 이것이 모두 달빛이 우리들 가슴을 휘저어놓는 힘이다.

미국 뉴올리언스 목화농장에 끌려간 흑인 노예들은 밤이 깊도록 일을 했다. 그들한테 달빛은 어머니 품안 같은 따스한 손길이었다. 노예살이의 서러움과 한을 달빛으로 달랬던 것이다. 그런 흑인들의 한이 엉켜 쏟아져 나온 울분이 곧 재즈(Jazz)라는 장르인데, 재즈는 밤과 달빛과 울분이 조화를 이룬 음악이라고 한다.

굴지의 다섯 벗 가운데 사람은 하나도 꼽지 않은 채 "동산 위에 떠오르는 달"을 마지막으로 넣은 윤선도의 오우가(五友歌)며, 월인천강지곡(月印千江之曲)에서는 달빛, 즉 월인(月印)을 불법으로 승화된 천 가닥의 강이 되어 곡으로 흐른다.

매월 보름만 되면 어머니는 달빛에 감나무 가지가 어른거리는 장독대 옆에서 정화수를 떠놓고 가족들의 행운을 빌었다. 내가 어렸을 때 가끔 본 어머니의 모습이다. 달빛아래 합장으로 꿇어앉은 어머니의 모습은 내 입으로 '엄마'라고 부르기에도 송구스러울 만큼 높은 곳에 있었다.

어머니가 일을 마친 그 자리에는 모서리가 하얗게 닳은 소반 위에 사기그릇이 하나 놓여 있었는데, 그 속엔 박 속 같은 하얀 달이 혼자 떠다니고 있었다. 어머니는 저 달에 무엇을 비셨을까. 그날 그

어머니의 기구와 정성이 오늘날 우리를 있게 한 원동력이 아닌가 생각해본다.

달빛에 하염없이 젖어 있노라니 문득 이장지도(弛張之道)라는 말이 생각난다. 활을 보관해둘 땐 시위를 풀어 두어야 한다는 말이다. 노상 시위에 당겨 묶어두면 탄력성 기능이 약화돼 제구실을 못한다는 뜻이다.

이를 우리 생활에 비유하면 매사를 손익에만 연관시켜 허둥대다 보면 인간 본연의 성품을 읽게 된다는 것으로도 비유가 된다.

오늘을 사는 사람들은 누구나 다 바쁘고 긴장으로 허우적거린다. 사는 게 곧 전쟁이라는 말이 횐소리가 아닐 만큼 세상은 힘들고 가파르다. 어제가 옛날인 세상, 어찌 고달프지 않겠는가. 그러나 그렇다고 무작정 달릴 수만도, 무조건 죄이기만 할 수도 없는 게 우리들 심신이다. 최소한 줄이 끊어지도록 다그치는 일은 막아야 한다. 멀리뛰기 위해서는 움츠림도 필요하고, 새로움을 찾기 위해서는 사색도 필요한 것이다.

일에는 해가 도와주고 쉼에는 달이 도와준다. 달빛은 종일 햇볕 속에서 시달리며 지친 심신을 다독거려 풀어준다. 그래서 우리한테는 낮이 있고 밤이 있는 건 아닌지 모르겠다. 오늘따라 달빛이 어머니 품속처럼 따뜻하고, 정겨우며 고맙다.

조선왕조 오백년 역사에 세종 다음 명군으로 알려진 정조대왕은 자기가 자신의 아호를 '만천명월주인옹(萬川明月主人翁)'으로 지었다고 한다. '온 냇가를 밝은 달이 되어 밝게 비춰주는 주인'이라는 뜻으로, 단순한 국왕의 범위를 넘어 군사(君師)로서 만백성과 나라를 교화시키겠다는 의지와 포부를 담고 있다.

'명월'이 황진이(黃眞伊) 같은 풍류의 아호로만 등장하는 게 아니라 한 나라 군주의 아호로도 빛날 수 있다는 건, 달빛의 감화를 새삼스레 엿보게 한다.

운명

 이 세상에 태어난 생물은 누구든 그때부터 나이를 먹는다. 나이를 먹고 자란다. 생물뿐만 아니라 건물이며, 백청자 같은 물건들도 나이를 먹는다. 연식(年式)이니, 연기(年紀), 연수(年數)가 다 나이 아닌가. 세상에 존재하는 건 무엇에든 예외를 두지 않는 게 나이다.
 나이는 생성과 쇠락을 동시에 안겨다준다. 나이를 먹으면 성장으로 좋기도 하지만 결국은 그 나이로 인해 사멸하게 된다는 말이다. 여기에든 누구든 피할 수가 없다. "나이 앞에 장사가 없다"가 그 말이다.
 불로초 불사약을 찾아 동남동녀 삼천을 해동으로 보내며 발광했던 진시황도 나이 앞에서는 손을 들고 말았다. 쉰 나이를 겨우 누리고 떠났다니 오히려 역효과를 본건 아닌지 모르겠다. 나이는 피할 수도, 대들 수도 없다. 공손하게 정중히 받아들이는 게 도리며 섭리다.

선정의 대명사로 오르내리는 요순시대도 가버렸고, 수천 년을 지탱할 것 같았던 로마제국도 결국은 망하고 말았다. 르네상스도 사라졌고, 무천(舞天), 동맹(東盟), 영고(迎鼓) 등의 축제도 역사의 기록으로만 남아 있을 뿐 이 세상에 존재하지 않는다. 해방 전까지만 해도 명절이었던 단오, 한식들도 이미 그 기능을 잃어 색이 바랜지 오래다. 이렇게 나이는 모든 것에 생로병사의 과정을 거치게 만든다.

그런데 여기에도 안티족은 있다. 딱 하나, 바로 인간이다. 인간만이 이에 거부반응을 보이며 앙탈이다. 알량한 지능을 믿고 대항하는 것이다.

가장 대표적인 것이 화장이다. 젊고 성성하게 보이기 위한 발버둥이 곧 화장 아닌가. 젊은이들은 그런 게 필요 없다. 오히려 덧칠일 뿐이다. 스무 살 안팎이면 거울 앞에 앉게 되는데 그때부터 몸뚱이는 이미 조금씩 시들고 있는 것이다. 화장은 물론 의복이 그러하고, 머리카락을 잘랐다가 길렀다가 그것도 모자라 볶기도 해보다가, 이런저런 장식물을 붙이고, 온갖 변통을 찾아 별의별 짓을 다해 보는 것이다.

그러다가 급기야는 체형마자 뜯어고쳐 환골탈태를 저지르기도 한다. 신체발부는 부모님한테 물려받은 것이니 여기에다 칼을 대는 건 불효라 해서 금기로 여겼는데, 어느 틈에 그것도 막무가내가 됐다.

그러나 잠깐 '눈 가리고 아웅'은 될지 모르지만 말짱 도루묵이다. 죽었다가 깨나도, 천지가 개벽을 해도 그것만은 안 된다는 말이다. 거기에는 매달리면 매달린 만큼 심신만 고달플 뿐이다. 하지만 그것과는 상관없이 매달려 발광을 해보는 것이다.

6학년 7반이니, 5중대 4분대니, 6번 홈 4번 출구니 해서 제 나이까지도 바로 말하지 않고 혼란스럽게 밝힌다. 쥐약 먹은 걸 속이면 속였지 나이는 못 속인다고 했는데 그렇다고 희어지는 귀밑머리가 다시 검어질 턱은 천만에 없다. 특히 연예인들 같이 얼굴로 먹고사는 사람들에게 나이를 묻는 건 신상명세를 까발리는 것과 같은 의미가 돼 버렸다. 어떤 이는 자기 나이를 바로 말하기가 뭣해 '단풍 같은 연치'라고 이야기하는 이도 있다. 고운 색깔과 곧 낙엽이 될 운명을 얼버무려 넘기겠다는 수작이다.

"청춘아, 내 청춘아, 어딜 갔느냐(나훈아)"고 애타게 울부짖어도 보고, "청춘이 묻힌 무덤 근처를 배회하면서 다시 한 번 청춘이 돌아오기를(민태원)" 통한으로 외쳐 봐도, 지난날 회상에 젖어 "이놈들아, 나도 한때는 젊었다. 젊다고 너무 유세하지마라.(김소운)" 며 넋두리를 해보지만 한번 지나간 청춘은 두 번 다시 돌아오질 않는다. 한번 물레를 돌린 물은 그냥 바다로 흘러가야한다. 그게 철칙이다. 나이가 우리에게 가르쳐주는 교훈이다.

나이 이야기가 나오면 우리는 곧잘 논어에 나오는 공자의 이야기를 들먹이곤 한다.

"나는 열다섯에 학문에 뜻을 두었고(吾十有五志學), 서른에 목표를 이루었으며(三十而立), 마흔에는 망설이지 않았고(四十而不惑), 쉰에는 하늘이 명령을 알았고(五十而知天命), 예순에는 누가 무슨 이야기를 하더라도 기꺼이 들어주었으며(六十而耳順), 일흔에는 종심(從心)으로 마음먹은 대로 어떤 일을 하더라도 거리낌이 없었다(七十而從心所欲不蹂拘)"가 그것이다.

마흔 줄에 얹힌 사람이 "사십 불혹이라 했는데 자꾸 이렇게 흔들려서야 되겠느냐"고 자탄을 한다거나, 회갑 넘긴 이가 "이순은커녕 아직 불혹에서도 못 헤어났다"고 심기가 불편함을 털어놓는 일이 모두 그런 일들이다. 정말 그게 우리들에게도 기준이 될 수 있을까.

위의 기록은 2천여 년 전 공자가 "나는 그렇게 살았다"는 자기의 살아온 이야기를 적은 것인데 그게 무슨 모범적 교범이나 되는 것처럼 거기다가 초점을 맞춰 살려니 힘이 들 수밖에 없고, 어처구니없는 일도 생긴다. 다만 우리가 하나의 참고로 본을 받으려 노력한다는 건 한 번 생각해볼 일이다. 모두 다 그렇게 산다면 공자의 의미가 없어진다.

루소는 〈에밀〉에서 이런 말을 했다. "10대에는 과자에, 20대에는 연인에, 30대에는 쾌락에, 40대에는 야심에, 50대에는 탐욕에 움직인다. 얼마를 더 먹어야 영지(英知)를 좇을까." 아마 인간을 끝없는 야욕의 덩어리로 본 모양이다. 어쩌면 그게 사실일지도 모른다.

또 쇼펜하우어는 "인생의 전반기 40년은 본문, 후반기 40년은 주석(註釋)"이라는 말을 했다는데 뭔가 알쏭달쏭한 느낌을 갖게 한다.

그밖에도 나이를 표현하는 말들은 많다. 약관(弱冠), 고희(古稀), 희수(喜壽), 망구(望九), 미수(米壽), 백수(白壽), 등등 많은 이름들이 있다. 어떤 이는 졸수(卒壽)라 해서(아마 90세를 중국의 간자체로 卒을 그렇게 쓴 모양이다) 남의 잔치에 "祝 卒壽" 봉투를 내밀었다가 죽는 걸 축수하는 거냐며 욕을 얻어먹었다는 이야기도 있다.

사실 초면 자리에서 나이를 묻는 건 하나의 예의다. 그래야 서로가 실수가 없다. 그런데 언제부터인가 그게 큰 결례로 돼버렸다. 특히 얼굴로 먹고사는 사람들한테는 금기사항으로 변했다. 아예 나이는 들먹거리지도 말라는 이야기다.

"세월을 피해 다니시우, 점점 젊어지네요."

빤한 거짓말인데도 우리는 이런 엉터리 인사를 잘 한다. 역시 빤한 거짓말인 줄 알면서도 그런 소리를 들으면 기분이 좋아지는 건 어인 까닭일까.

늙고 오래 되면, 다시 말해 나이를 먹게 되면 누구나 추하고, 딱하고, 서글프게 되어 있다. 보기도 싫고, 따라서 보이기도 싫은 것이다. 아름답다, 싱싱하다, 잘났다, 이는 모두 젊은이한테 해당되는 것이지 나이 먹은 사람한테 해당되는 말이 아니다. 그건 이상한 것도 아니고 삼라만상의 질서이며 자연현상이다. 오히려 그러하지 못한 것이 이상한 것이다.

"나이는 숫자에 불과하다"는 건 그렇게나마 한번 앙탈을 부려보는 거지 세상에 그런 허사가 없다. 화장품으로, 6학년 5중대로, 환골탈태로 될 일은 언감생심, 천만에 아니다.

〈마타하리〉, 〈춘희〉등으로 잘 알려진 그레타 가르보라는 배우가 있다. 스웨덴 출신으로 1930년대 은막을 풍미한 "세상에서 가장 아름다운 스크린의 여자"라는 말을 들을 만큼 세계적 미인이다. 그런데 그녀는 36세에 은퇴를 했다. 더 이상 늙은 모습을 세상 사람들한테 보이기 싫다는 것이 그 이유다. 그 뒤로 50여 년을 숨어 지내다가 향년 85세로 세상을 떠났다. 은퇴이후의 사진이 없을 만큼 그녀는 철저하게 몸을 가리고 다녔다는 후일담도 전한다.

나이 든 모습 보이기가 그렇게 싫은가. 36세라면 뭣한 사람 같으면 이제 막 시작할 나이다. 우리 같은 사람들로서는 상상도 못할 일이다. 어찌 생각하면 그 사람들한테 늙는다는 건 그만큼 두려움의 대상이었는지도 모를 일이다.

사람의 나이는 임의적인 인식과 시스템의 산물이다. 우리는 이런 스스로 만든 인식에 보이게, 안 보이게 상당한 구속을 받으며 살고 있다.

'같은 울타리에 연령주의'라는 말이 있다. 여기에는 두 가지 뜻이 있는데 하나는 "찬물도 순서가 있다"는 일테면 장유유서의 개념이고, 다른 하나는 자기 나이에 어울리는 위계와 처신이 필요하다는 이론이다.

우리는 보통 후자의 지배를 많이 받는다. 신입사원은 20대 후반의 인생이고 40대 후반엔 이사직에 있어야만 제대로 된 삶이고 여기에서 이탈된 사람들은 패배자로 보는 사회적 인식 말이다. 계급정년 같은 제도는 후자의 산물인 셈이다.

  이제는 다 끝난 일들이지만, 한때는 나도 여기에서 못 벗어나 가슴앓이를 많이 했다. 가끔 신문의 '인사동정' 란에 등장하는 사람들을 대할 때마다 그 사람 나이를 먼저 찾아, 내 나이와 비교해보면서 나의 위치를 가늠해보곤 한 것이 바로 그것이다. 그때는 그래도 젊은 나이여서 '나도 저 나이쯤엔' 하고 혹시나 하는 꿈은 가져보았는데 이젠 그것마저도 흐지부지 돼버렸다.

  속기가 든 말이긴 하지만, 아마 나이와 어울리게 지위에다 부를 누리고 산다면 그보다 더 좋은, 타고난 복도 없을 것이다. 그러나 저마다 만족할 수 있는 위계가 어디에 있으며, 그런 사람이 세상에 몇이나 될까.

  나이는 대자연이 가장 공평하게 우리한테 주는 혜택이며 은총이다. 결코 원망의 대상은 아닌 것이다. 불청객으로, 불가항력으로만 받아들일 게 아니라, 정중하게 받아들이자. 다 긍정적으로 받아들이면서 나이만은 부정으로 받아들이는가. 신록의 아름다움이 있으면 단풍의 아름다움도 있다. 뜨는 해만 아름다운 것이 아니라 지는 해도 아름답다.

  나이를 잊고 사는 것만큼 좋은 보약은 없다고 하지만 세상이 어디 그런가. 자고새면 만나야 하는 남들에 의해 새삼스레 나이를 알게 되고, 아니 그보다도 아침마다 화장실의 거울이 물끄러미 쳐다보며 나이를 일깨워주는 데야 누가 무슨 방법으로 피할 것인가.

피천득(皮千得)의 수필에 "인생은 40부터도 아니요, 40까지도 아니다. 어느 나이든 다 살만하다"는 구절이 나온다.

하긴 학생으로서, 총각으로서 좋을 때가 있는가 하면, 결혼해서 배우자를 만나고 자식을 둠으로 해서 누리는 즐거움도 있을 것이며, 환갑 진갑 다 지내고 호호백발 노인네가 되더라도, 또 그 나이로서 누리는 행복도 찾아보면 분명히 있을 것이다.

바로 그게 나이를 이기는 지혜며, 바로 명철보신(明哲保身)이 아니겠는가.

두견총(杜鵑塚)을 아시나요

 산을 오른다. 우리가 사는 아파트 뒤에는 가람봉(伽藍峯)이라는 해발 200미터 남짓 되는 산이 하나 있다. 이름이 산이지 물매가 거의 없는 둔덕 같은 곳이어서 나잇살이나 든 사람들이 오르기엔 시쳇말로 딱이다. 바람 쐬러 나와 산책삼이 한 번씩 내왕해도 좋다. 일이 없는 날 나는 무시로 이곳을 오른다.
 "아이구, 오늘은 좀 늦습니다."
 나도 적은 나이는 아닌데 나보다 몇 살 더 해 뵈는 양반한테 인사를 먼저 받는다.
 "일찍 오셨네요."
 손을 들어 뵈며 내가 답례를 한다.

남이 보면 지기 같아도 우리는 아직 상대편 이름도 모른다. 면으로 지내다보니 그렇다. 짧게는 3, 4개월, 길게는 1년이 넘도록 산길에서 종종 만나지만 통성명도 없이 지낸다. 오히려 그런 만남, 그런 인사가 좋다. 깊이 안다는 것도 가끔은 부담스럽다.

부근 산 아래 동네에 살고 있겠거니, 나이가 있으니까 이젠 생활 일선에선 물러나 연금 같은 것으로 지내는 사람이거니, 그쯤 알고 지낼 뿐이다. 아마 그건 저쪽에서도 마찬가지일 게다.

그럼에도 우리는 어쩌다 한 번씩 의기투합을 해서 잘못 돌아가고 있는 세상을 꼬집어 질타하고, 위정자들의 아전인수가 못 마땅해 침을 튀기기도 한다.

물이 올랐다고나할까, 요즘 산 오르는 재미가 쏠쏠하다. 그동안 모르고 살았던 걸, 그리고 잊었던 걸 다시 얻은 듯한 기분이다.

한 번은 소원했던 친구가 요즘 어떻게 지내느냐고 묻기에 산이나 오르내리며 세월을 보낸다고 했더니 그 친구 다음 말이 걸작이다.

"야 이 사람아, 좀 있으면 마르고 닳도록 거기 가 지낼 판인데 뭐 한다고 벌써부터 거길 들랑거리는가."

"예행연습이 아니겠나."

친구의 객쩍은 소리에 선문선답 같은 이야기를 나눈 적도 있다.

요즘 매스컴에 아메니티(amenity)가 도시 형성의 비중 있는 경쟁력으로 오르내리는 것을 몇 번 본 일이 있다. 녹지공원, 문화 공간, 역사가 숨 쉬는 사적지, 쉼터 같은 것이 삶을 풍요롭게 하는 척도가 된다는 이야기다. 늦은 감이 없는 건 아니나 그만해도 고맙고 반가운 일이다.

한비자(韓非子)에 나오는 이야기다.

송나라의 어떤 사람이 옥돌을 주어 자공에게 선물로 바쳤다. 그런데 자공은 그것을 끝내 사양했다. 당시 공직자들한테는 드문 일이어서 그 까닭을 물었다.

"이건 가공만 하지 않았다 뿐이지 진품이며 값나가는 돌입니다. 고귀한 분들한테는 이보다 더 잘 어울리는 보물이 없는데, 왜 그런 걸 거절하는지요?"

"자네는 옥돌을 보배라고 말하지만 나한테는 그것을 받지 않는 마음이 더 보배라고 생각하네."

자공의 대답이었다.

아마 내가 진작 산에 오르내리지 않았다면 그게 왜 보물인지도 모를 뻔했다. 요즘 정치판의 이전투구를 보고 있으면 더 그런 생각이 든다.

산을 오르내리는 길목에 묵은 묘지도 더러 있는데 그쪽으로 눈이 머물 때마다 묘한 감정에 젖는다.

상석 하나 없이 풍마우세(風磨雨洗)로 무덤 본래의 모습을 잃은 채 잡초더미에 누워있는 묘지. 분명히 후손이 있을 텐데 이제 그들한테까지 외면당해 희미한 흔적만으로 남아있는 모습이라니. 머잖아 그 흔적마저 지워지리란 걸 생각하니 남의 일인데도 가슴이 울가망해진다.

누구의 무덤인지 모르지만 그 속에 든 사람도 한때는 세상 구성원의 한사람으로 나름대로는 열심히 살다가 갔으리라.

"저런 묘를 두견총이라고 그러더구만요."

누구에겐가 들은 이야기다.

"두견총이라구요?"

"네. 자손들로부터 잊혀진 묘를 그래 부른대요. 아무도 찾는 이가 없으니까 두견화가 피어나서 지켜준다나. 그래서 그래 부른답디다."

이순 나이에도 처음 듣는 이야기다. 듣고 보니, 누가 만든 말인지는 모르지만 그럴싸하다는 생각도 든다.

나이 탓일까, 그 옆을 혼자 지나노라면, 가끔 언젠가는 나도 저런 두견총의 모습으로 남을 것이 아닌가 싶은 게 요새는 그게 예사로 보이질 않는다.

제철이라 그런지 도토리를 줍는 아낙들이 더러 보인다.

"고만 다람쥐들이나 먹게 그냥 두지 저걸 주어다 어디에 쓸라는공. 온 산엣 걸 다 줘봐야 한 마대도 안댈 건데. 그것도 혼자 줍는 것도 아이고…."

동행해 오르던 한사람이 아낙들을 먼발치로 보며 중얼거린다. 다른 사람이 끼어든다.

"다람쥐라는 놈이 똑똑한 줄 알아도 저놈도 멍청이라는 구만요. 먹고 남을 땐 도토리를 여기저기 감춰두기도 하는 모양인데, 감춰

둔걸 반도 못 찾아 먹는답니다."

그러자 또 옆 사람이 끼어든다.

"나도 그런 얘길 한번 들었는데, 그건 다람쥐가 멍청한 게 아니라 천지신명이 그렇게 만들어놨답니다. 도토리나무가 다람쥐한테 먹이를 제공도 하지만, 그놈의 머리를 이용해서 자기 종족도 번식시킨대요. 못 찾아먹은 도토리들은 새 생명으로 태어나도록 한다는 거 아닙니까. 그런 거 보면 세상에 공짜도 없는 거지만 나무도 영리한 거 아네요."

아주 하찮은 일인데도 삼라만상의 얽히고설킨 구조가 참으로 조화롭다는 생각을 갖게 하는 이야기다. 상생이론이라는 게 바로 이런 것 아니겠는가.

우리가 몰라서 그렇다뿐이지 세상에 허투루 생겨난 건 하나도 없다고 봐야한다. 오늘도 책에서 못 배운 걸 또 하나 배운다.

내가 가람봉을 자주 찾는 이유는 여러 가지다. 요즘은 내게 남는 것은 시간뿐인데, 그 여가시간을 그런 식으로나마 소비하는 것도 물론 이유의 하나다. 그러다가 보면 건강에도 도움이 되겠지. 그 가운데서도 내가 가장 비중을 두는 건 그동안 잊고 있었던 나를 만날 수 있다는 데 있다.

어디에서도 나를 만날 수가 없었는데 가람봉을 오른 이후부터 나는 가끔 나를 만나곤 한다. 동행자도 없이 혼자 한참 가다가보면 또 하나의 내가 나를 맞아준다.

지금까지 나는 동물적 본능으로 살아왔다. 호구지책으로 아등바등 살아온 게, 돌아보면 하나에서 열이 모두 그렇다. 남보다 조금 더 가지면 그게 성공으로, 행복으로 생각했던 일에 대부분 시산을 낭비했다. 아닌 줄 알면서도 그런 일에 매달려 아옹다옹한 게 부지기수였다. 막상 지내놓고 보면 그 결과는 아무것도 아니었다. 내 집 하나도 온전히 못 지니고 살면서도 부라퀴 같은 생활에 매달려 허둥지둥 헤맸던 것이다.

봄이 와도 겨울이 가도, 하늘에 별이 있어도 그 별을 한번 쳐다보질 못하고 살았다. 괜한 일에도 눈에 숯불을 피우고는 혼자 안달로 발버둥을 쳐온 세월이었다. 남 보기에만 그럴싸하게 일거수일투족을 계산기로 두드리며 살아왔지, 얻은 거라곤 거저 허망함과 어처구니없음뿐인 게 모두였으니 이런 안타까움이 있는가.

산을 오르내리면서 만난 나와 나는 주로 이런 이야기를 나누면서 서로 위로도 하고, 얼싸안는다. 후회와 고마움이 소용돌이 칠 때는 혼자 푸른 하늘을 쳐다보면서 나도 모를 눈물을 한 번씩 찍어내기도 한다.

조식(曺植)의 시 한 구절이 생각난다.

人之愛正似 (인지애정사)
好虎皮相似 (호호피상사)
生前欲殺之 (생전욕살지)

死後方稱美 (사후방칭미)

(사람들의 사랑이란 게 호랑이 가죽 좋아하는 것과 흡사하네, 살았을 땐 서로 죽이려 아옹다옹하다가 죽은 후엔 칭찬에 침이 마르니.)

사람 사는 세상, 염량세태의 정곡을 찌른 말이 아닌가 생각된다. 영욕이 부침하는 인간사의 이기적 심성이 묘하게 묻어 있는 시구가 아닌가.

산을 오르내리노라니 지나온 삶이 부끄럼으로 안길 때가 많다. 너무 늦었지만 산에서 참으로 소중한 것을 하나씩 새삼스레 배운다. 배워서 써먹을 데가 없으니 그 배움이 더 가치가 있는 것이 아닐까 생각해본다. 산을 찾지 않았더라면, 거기에서 나를 만나지 않았더라면 아직도 모르고 있을 터인데, 마냥 고마울 뿐이다.

절(인사)과 악수

객지에서 직장생활을 하고 있는 막내는 2, 3주마다 한 번씩 집에 들른다. 토요일 느지막이 들러 일요일 오전에 가기 때문에 한 집에 있어도 나는 얼굴 못 볼 때가 태반이다. 자정이 넘어야 들어오고 이튿날은 내가 오전부터 나가야 하는 엇박자가 나오기 때문에 일부러 자지 않고 기다리거나, 깨우지 않으면 못 본다.

묘한 건, 내가 나가면서 녀석 얼굴이나 한번 보려고 깨울라치면, 모처럼 집에 들렀는데 잠이나 실컷 자게 그냥 두라는 아내의 역성이다. 일이 이렇다보니 자연스러운 상면은 어렵게 돼 있다. 부모보다 친구들이 좋은 때라 이해는 하지만 모양은 좀 그럴 때가 있다.

출필고반필면(出必告反必面). 외출할 때는 부모에 고하고, 귀가

해선 반드시 뵈어야 한다. 내가 어렸을 때 부모한테 배운 인사예절이다. 외출도 그러할 진데 객지생활에서는 말할 것도 없다. 부모님을 뵈옵는 건 선착순 첫 번째다. 그게 최소한 도리고, 그때마다 절은 당연히 따랐다.

절은 모든 생활문화의 한가운데 있으며 처음과 끝은 언제나 절의 몫이다. 인류의 사례인 관혼상제에서는 물론, 모든 의식을 절로 시작한다. 국기 앞에서도, 부처 앞에서도, 상사 앞에서도, 부모 앞에서도 절은 항상, 반드시 따랐다.

길에서 아는 어르신을 만나도 마찬가지다. 일 하다가 만나면 일을 잠깐 쉬고 인사로 절을 했고, 만에 하나 절을 올려야 할 사람에게 실수로 못했다면 다음에 변명을 해야 마음이 놓일 만큼 큰 실례였다.

절 하나만 잘해도 "뉘 집 자식인지 사람이 꼭 됐다"는 착한아이로 칭송받았다. 절은 생활문화에만 중심에 있는 게 아니라 인성교육이며 도덕적 윤상의 기본이었다.

절은 알게 모르게 상호간의 존경과 복종, 권위의 상징이다. 그만큼 절은 인간사를 어우르는 최고의 윤리, 최고의 덕목, 이른바 동방예의지국의 대표적 문화다.

절에는 여러 가지 유형이 있다. 수하(手下), 수상이 주고받는 반절, 온절이 있으며, 가풍에 따라 존속한테는 문외배(門外拜), 문내배가 있고, 예날 신분이 낮은 사람들이 하는 하정배(下庭拜)가 있다. 여자들은 가례 때에 올리는 큰절, 평상시에 하는 평절 등이 있다. 손은 어떻게 잡는다는 공수를 비롯한 입성 등 몸가짐에도 격식이 따름은 말할 것도 없다.

절 하나 잘해서 출세한 사람이 있는가 하면 절을 올려야 할 사람에게 절을 제대로 하지 않아 낭패를 본 사람도 있다. '귀거래사'로 잘 알려진 도연명이 대표적 예다. 팽택(彭澤) 영감으로 있을 때 중앙에서 상사가 온다는 소식을 듣고도 오두미(五斗米) 녹으로 사는 처지에 마중까지 나가 인사할게 뭐냐며 버티었다가 그 자리에서 쫓겨났다. 그 덕에 귀거래사라는 명문이 나오기는 했지만.

삼고초려(三顧草廬)의 절은 유비가 제갈량을 찾아 그를 군사로 모시기 위한 간곡한 소망과 읍소가 담긴 절이요, 삼배구고두(三拜九叩頭)의 절은 호란에 패한 인조가 삼전도에서 청태종 앞에 무릎을 꿇은 치욕과 수모의 절이며, 북향재배(北向再拜)는 정암 조광조가 사약을 받아놓고도 충절을 맹약하는 지조가 담긴 절이다. 이렇듯 절에는 역사적으로도 영욕이 엇갈리는 대목이 많다.

우리는 하늘과 일월성신, 산천에 이르기까지 경외의 대상에는 어디에든 절을 앞세워 동화를 구했고 손을 내밀었다.

절은, 어떤 모양이든 한마디로 인사(人事)다. 단어 풀이 그대로 사람들이 해야 할 일이다. 그리고 최소한의 예다. 예의는 손아래 사람만 갖추는 게 아니라 손위 사람도 당연히 갖추어야 한다. 그 속에는 공경, 사랑, 우애, 화친, 배려 등의 인간의 따뜻한 감정이 다 들어 있다. 그렇기 때문에 거기엔 당연히 그만한 정성과 격식이 따르게 되어 있다. 형식만 갖추는 게 아니라 마음도 담아야 한다.

나를 찾아온 사람을 길목에서 만나면 집으로 안내해 새로 의관을 정제하고는 새삼스레 절을 한다. 어떤 이는 비 오는 날 길에서 어르신을 뵈었는데, 그 자리에 어른을 세워놓고 널찍한 돌을 하나 들고 와 그 위에서 무릎을 꿇어 절을 했다는 이야기도 전한다. 비생산적이란 것과는 별개의 문제다. 그만큼 절에는 무게가 실려 있다는 말이다.

나는 어렸을 때 사랑방에 웬만한 손이 찾아와도 아버지에게 불려 나가서 절을 했다. "이 어른은 나한테 외오촌이 되니까 너한테 촌수보다 진외가로 할아버지뻘이 되시는구나, 택호는 수촌으로 쓰고, 영동 와룡면에 사신다. 그리고 얘는 우리 큰 앤데 작년에 중학교에 들어갔습니다." 절 끝에 아버지는 양쪽을 소개한다. "아따 그놈 똘똘하게 생겼네, 지 애비보다 월등 낫구먼." 할아버지 된다는 어른의 덕담도 당연히 따른다.

새로운 사람을 만나는 것도, 새로운 세상의 문을 두드리는 것도 모두 절로서 출발을 한다.

설날의 세배도 이에 못지않다. 존비속 친인척간에는 절은 말할 것도 없고 형제간에도, 부부간에도 당연히 했으며, 동네 아는 어른들은 다 찾아뵈었다. 설날 다 못하면 기억해두었다가 이튿날도, 그다음날도 했었다. 어쩌다가 빠트리면 오히려 받는 쪽에서 흡사 권리를 행사하듯 "이놈, 너 금년에 나한테 세배하러 안 왔지" 하고 야단을 쳤고 우리는 그것을 지엄하게 받아들였다. 아버지가 아시면 꾸중도 이중으로 들어야 했다.

문화도 생로병사를 한다고 했던가. 이렇듯 실생활의 한가운데에 있던 절도 언제부터인가 생략되고 있다. 절 대신에 악수와 포옹이라는 스킨십(모두 쓰니까 소통을 위해 같이 한번 쓰긴 하지만 사실 Skin ship이란 Coffee time과 같은 우리식 표현으로 사전에는 없는 말이다)이 성행하는 것도 새로운 풍조다. 절을 하더라도 그냥 고개만 꾸벅하는, 그리고 거수경례로 대신하는 경우가 대부분이다.

연속극에 보면 장모가 사위와 포옹하는 건 기본이다. 시아버지가 며느리하고 악수하는 것도 예사가 됐다.

촌각을 다투는 세상 간단한 것, 편한 것, 직감적인 것만 좇다가보니 어쩔 수 없다는 게 이유다. 이제 무릎 꿇어하는 절은 거의 보기가 드물다. 세배 때나 폐백자리에서 한 번씩 보는 게 전부다. 그것도 그저 의식으로, 통과의례의 하나로 하는 거지 절에 정성을 쏟아하는 건 없다고, 사라졌다고 봄이 옳다. 시쳇말로 패러다임이 그렇게 바뀌어가고 있는 것이다.

절이 사라짐으로 해서 생활정서가 변하는 것도 사실이다. 인정이 메마르고 모든 일을 직선적 감정을 앞세워 처리하려고만 든다. 친화가 통하지 않으니 인심이 야박해질 수밖에. 부부사이에, 친구사이에 경어를 쓰면 불화로 인한 다툼이 반 이상 줄어든다는 통계가 반면교사로 잘 설명해준다.

"야, 이놈아. 집에 들렀으면 부모부터 먼저 찾아뵙고 절을 해야지"

내가 배운 대로라면 모처럼 들른 막내에게 최소한 이 말이 한 번은 나와야 한다. 아니, 야단을 치더라도 그렇게 가르치는 것이 옳은 일일 것이다. 그런데 나부터 그게 안 된다. 어떤 가치보다도 나 자신이 먼저 시대에 뒤처진 부모가 되고 싶지 않다는 변명 아닌 변명에 지배당하니 말이다.

얼마 전 한 예식장에서 본 주례의 이야기가 가슴을 울린다.
"신랑, 신부는 잘 들으세요. 상견례 순서가 되는데 지금 하는 이 맞절은 부부가 살아생전에 하는 절로는 처음이자 마지막입니다. 그러니까 여기에는 두 사람이 평생 쏟아야 할 공경, 사랑, 아낌, 베풂, 더 나아가 상대방 부모님께 드리는 효심까지 다 담아야 합니다. 때문에 이 주례가 그만 할 때까지 고개를 계속 숙이고 계시기 바랍니다. 자, 신랑신부 경례. … 신랑은 고개를 더 숙여요, 신부도 마찬가집니다. 더, 더, 더, 아직 멀었습니다. 더 숙이세요."

여기저기서 하객들의 웃음이 쿡쿡 터진다. 나이 든 주례가 새로 출발하는 신랑신부에게 간곡한 염원이 담아 챙기는 당부의 말씀이 뜻밖의 코미디로 연출된다. 마침내는 엄숙해야 할 주례마저 웃음을 물고 있으니 이제 절의 의미도, 모습도 시절 따라, 세월 따라 변해가고 있음이랴.